大宋開國

黃袍加身

陳︙
巧︙釋兵權×澶淵之盟，在和平中建立王朝，
機，為仁宗盛世奠定基礎！

為周世宗託孤重臣，卻在「陳橋兵變」中黃袍加身，
趙匡胤自導自演，抑或背後有人策劃這一切？
平登上帝王寶座後，太祖如何讓下屬乖乖奉上權勢？
文輕武的治理方針，埋下了日後國家衰頹的隱患……

范學輝 —— 著

面對契丹、党項等外族的強勢侵略，宋初皇帝們該怎麼應對？
從五代亂世到真宗即位，隨本書一同進入紛擾的宋初六十年！

目錄

第六章
經略幽燕：從小三國到大三國

第七章
宮闈風雲：親情與權力

宋朝開國六十年大事年表

參考文獻

後記

關於通俗歷史讀物的幾點思考 —— 寫在范學輝《大宋開國》出版之際

　　撰寫通俗歷史讀物，當然並不是將歷史學論著改寫得通俗易懂就可以了，實際上它應該是一個再創作的過程。

　　史學論著對以往發生的人類社會活動展開研究，那些活動既然早已是往日煙雲，今天的人們想要了解它們，討論它們，首先要做的是搜集一切可能找到的歷史資料，來復原相關的歷史事實。因為，與研究當代社會不一樣，在歷史上哪些事情發生過，它是怎樣發生的，很多都是未知數，必須首先將它們弄清楚。於是史學家們就不得不花極大的精力來復原歷史事實。這就是為什麼史學家們常常強調要「文章不寫一字空」，或者「字字有根據」的原因。史學與文學不一樣，不能虛構，所復原的史實必須以可靠的歷史資料為依據。但是由於種種原因，保存下來的歷史資料總是那麼殘缺不全，很難令人滿意。尤其是關於歷史上人們生活的許多細節，以及歷史人物的各種心理活動等等，更是如此。這樣的情況，當然會對史學研究造成許多困難。有的時候，史學家不得不放棄對某些史事的探討，造成史實的「留白」現象。

　　由於這一緣故，史學論著常常會花大量篇幅來展開對史實的考證，而且有時仍無法得出明確的結論，只能提出某些也許相對接近史實的假設。也因此，史學著作常常會給人以一種過於「繁瑣」的印象。

　　與此同時，史學家們之所以花如此大的精力來復原史實，是因為學術研究的目的是要理解歷史，所以他們還必須根據復原的史實來分析、討論歷史上人類社會的各種現象，對它們做出解釋，分析各種歷史現象相互的因果關係，回答種種關於歷史上人們社會活動的「為什麼」。這就是史學研究的兩大基本步驟：史實復原與現象解釋。但是，由於人類社會運作的

機制實在太過複雜，無數因素交織在一起，更何況必須的資訊還那麼不充分，如果說宇宙是自然界最為複雜的研究對象，那麼在人文社會科學界，人類社會本身就無疑是與宇宙相對應的、同樣複雜深邃的研究對象，因此史學家們對歷史現象的解釋大多數也不得不是試探性的，只能小心地一步步探索深入，常常無法給出清晰並且確定無疑的答案。

由此可見，對於絕大多數史學著作來說，僅僅將它們用相對平易的語言改寫一番，是難以寫出令人滿意的通俗讀物的。史學家們必須根據自己對歷史的理解，利用自己所掌握的歷史知識，對它們作一番重組。在很多情況下，為了滿足通俗敘述的需求，他們還必須對一些在分析研究中不一定需要的歷史細節展開專門的探討，才有可能寫出令多數讀者滿意的讀物。

具體而言，在這一過程中史學家所必須做到的，首先自然是要言出有據。正如學輝在他的〈後記〉中所說的，「每一句話，甚至每一個字，都要做到有出處，有史料依據，有研究支撐」，這是史學家撰寫通俗歷史讀物的原則與底線，有逾於此，就會逸出史學，走進文學的範疇。學輝多年從事北宋初年軍政史研究，其所達到的深度與涉及的廣度，無疑為他這本二十萬言的《大宋開國》提供了最好的基礎。其二，學輝雖未聲言，明眼人一看即知，為了撰寫這本通俗讀物，他深入到了比分析討論所需要的更多的歷史細節之中，例如他關於趙匡胤的拳術和棍法的敘述就是。其三，就是針對史書中原本有相互歧異記載、史學界有不同認知的問題，史學家應該依仗自己的學識，做出正確的判斷與選擇，將相對明確的歷史知識傳達給讀者。正如學輝在〈後記〉中所言，「或擇一而從，或兼採眾說，或另提新解」。總之與研究性論著不同，在絕大多數情況下，通俗讀物不能充分展開關於各種可能性的討論，並將最後判斷的任務交給讀者來完成。這一過程看似主觀，但卻是有必要的。因為史學家建立在深入研究基礎之

上所作的選擇與判斷，反而更具客觀性，可以達到「雖不中，不遠矣」的境界。這對於大多數讀者來說，大概是不能勝任的。

如何將通俗性歷史讀物寫得「有趣」，對多數讀者有吸引力，對於史學家來說顯然是比做到讓它們通俗易懂更難、更不容易應對的挑戰。時下坊間常見的或者筆下生花的炫耀文采，或者脫離史實依據的憑空想像，甚至虛構離奇的歷史情節等等寫法，當然都不可取。事實上，人類社會千萬年來的演進，其精彩複雜，跌宕起伏，乃至歷史人物所表現的聰明智慧與豐富的情感世界，是遠遠超越任何虛構的文學作品所能企及的水準的。細心提煉，平實敘述，以展現歷史的波瀾壯闊與非凡智慧，無疑是通俗歷史讀物引人入勝的不二法門，學輝這一本《大宋開國》正是這方面的傑出例證。

由此可見，撰寫通俗歷史讀物並非易事，沒有堅實的學識基礎，真正做到深入淺出，很難寫出合格的作品。進一步講，對於通俗歷史讀物，史學家與讀者雙方可能都需要作必要的心態調整。對史學家來說，應該認知到將自己的特地研究心得以通俗的形式向大眾傳播，本來就是自己分內的事，應該盡可能提升自己，在精深研究與通俗寫作兩方面都做到得心應手；對於大多數讀者而言，也需要將自己從傳統的歷史演義與當代的戲說電視劇中了解「歷史」的習慣中走出來，明白史學與文學的不同，追求在了解深邃的人類歷史運動中來獲得精神的愉悅。

我曾說過：「人們常常誤解歷史學家，以為他們都是冬烘先生，食古不化，事實上，優秀的歷史學家絕不是這種被歪曲的形象。熟悉科學的研究方法，擁有宏觀的視野與綜合分析的思維方式，更兼因為了解史事而常常帶有通達的心態，這些都是歷史學專業訓練所可能賦予人們的能力與品格。」一般閱讀，雖然主要只是為了獲得更多的歷史知識，但我相信對於形成更為周全的思維習慣，也是大有幫助的。

學輝英年早逝，學界同仁至今不能忘懷。出版社有意再版他的《大宋開國》（原書名為《宋朝開國六十年》），友人敦促我寫「序」，因此寫下自己關於通俗歷史讀物的幾點思考，藉以表達對這位執著於學術的真性情漢子的懷念。

包偉民

於定海小居

第一章
引子：五代群雄太平夢

憶昔開元全盛日，小邑猶藏萬家室。

稻米流脂粟米白，公私倉廩俱豐實。

九州道路無豺虎，遠行不勞吉日出。

齊紈魯縞車班班，男耕女桑不相失。

宮中聖人奏雲門，天下朋友皆膠漆。

百餘年間未災變，叔孫禮樂蕭何律。

—— 杜甫〈憶昔〉節選

大宋的歷史，要從五代寫起⋯⋯。

唐昭宣帝天祐四年（西元九〇七年），立國近三百年的大唐帝國轟然倒下。潮起又潮落，花開更花謝！自古無不亡之國，無不敗之朝。改朝換代是古代王朝政治不變的定律，是所有王朝的宿命，大唐自然也不例外。不過，大唐的歷史儘管走到了終點，大唐曾經作為人類文明燈塔的無上輝煌和榮光，卻不會隨之灰飛煙滅。那「天可汗」唐太宗李世民開創的萬國來賀的「貞觀之治」，「太平天子」唐明皇李隆基造就的「開元盛世」，早已在詩人的筆下和人們的心中，幻化為如歌如夢的太平盛世的傳奇，超越了一家一姓的興亡成敗，在歷史的天空永遠定位於永恆。

時勢造英雄，英雄造時勢。朱李石劉郭，梁唐晉漢周！你方唱罷我登場的五代群雄們，究竟誰是真正大英雄，誰將與唐太宗、唐明皇比肩而立，「太平天子」的桂冠將花落誰家？還是大浪淘沙，重整山河待後生？畢竟，夢還在，希望就在⋯⋯。夢回大唐，一曲慷慨悲歌，古今傳唱。

▎亂世梟雄：朱溫滅唐

大唐謝幕，五代登場。

大唐僖宗中和四年（西元八八四年）五月十四日，深夜，開封郊外四十里的上元驛。下榻於此的大唐河東節度使李克用一行，突然遭到了猛

烈的襲擊。真相很快大白，事件的籌劃者竟是大唐宣武節度使朱溫！朱、李二人白天尚且把酒言歡，為李克用擊敗黃巢舉行慶功宴，夜間朱溫即乘李克用醉酒之際發動突然襲擊，並四面縱火，圖謀置李克用於死地。

真是人算不如天算。從天而降的一場瓢潑大雨不期而至，澆滅了大火，李克用本人也及時地從醉酒中清醒過來，在養子李嗣源的拚死護衛下，狼狽不堪地衝出了重圍，但他的三百餘名衛隊被朱溫全部消滅。這就是有名的「上元驛事件」。

上元驛，作為五代的起點，被記入了歷史。也許並非是巧合，七十六年後的建隆元年（西元九六〇年），同樣是在上元驛，宋太祖趙匡胤兵變於此，最終結束了五代。只不過，那時的上元驛已經更名為「陳橋驛」了……。

朱溫成功地打破了一個舊世界，他廢黜唐昭宣帝，改國號為梁（西元九〇七至九二三年），成為五代的第一位皇帝，梁後梁的開國之君梁太祖。朱溫建都東京開封府（今河南開封），他的開國年號是「開平」，也就是「開創太平」的意思。但他真正開創了一個新的太平時代嗎？

據說，朱溫素懷大志，有志於「經營王業」，放豬出身、後來參加黃巢起義軍的他，了解民間疾苦，也確實推行了不少打擊門閥、減輕稅賦的利民政策。洛陽地區在梁後梁時期，就最早從戰爭的廢墟中恢復了過來。但除了這一抹難得的亮色之外，整個梁後梁時期的國政乏善可陳。

更何況，朱溫雖然堪稱白手起家的一代梟雄，其剛猛英斷，殺伐用兵，皆不輸於三國時的曹操，但他有一個致命的弱點，那就是急於稱帝。從「安史之亂」之後，各藩鎮節度使們跋扈稱雄，都是各地實際的土皇帝，但他們通常並不嘗試用武力推翻唐中央政府，至多是控制朝廷，力圖挾天子以令諸侯。這是唐末各藩鎮心照不宣的潛規則。

當朱溫連弒昭宗和昭宣帝兩位大唐皇帝，又貿然將唐室一腳踢開，第

一個打破了這一潛規則之後，本來就虎視眈眈的天下群雄，豈能甘居其下，善罷甘休？割據太原、人稱「獨眼龍」的河東節度使李克用，隨即打出了「中興唐室」的旗幟，割據江南的楊行密、割據四川的王建等大大小小的軍閥，也大多聞風回應。其實，李克用也好，楊行密也罷，這些人也都不好說是什麼大唐帝國真正的「忠臣」，只不過是借題發揮，樂得揮舞朱溫免費贈送給他們的「勤王討逆」的金字招牌罷了。連他自己陣營當中的心腹大將、鎮守重鎮潞州（今山西長治）的丁會，當得知朱溫殺唐昭宗的消息之後，也立即宣布討伐篡逆，不戰而降李克用，致使朱溫經略幽州（今北京）、河東的大業功敗垂成。

可以說，朱溫登上皇帝寶座的那一天，也就是他眾叛親離的開始。這一點，倒十分類似於後來民國的袁世凱的命運。相比而言，當孫權遣使勸曹操稱帝時，曹操當即就洞察了孫權的險惡用心：「這小子，不過是要把我放在火爐子上烤！」一笑置之。後來，他又公開表白說：「若天命果真在曹氏，那我就做周文王好了。」經過曹操多年的苦心經營，他的兒子曹丕果然就像周武王一樣，水到渠成、順理成章地坐穩了皇帝寶座。

朱溫急於稱帝，不但使自己損兵折將，他的梁後梁政權和朱氏子孫也落了個淒慘的下場。難怪他的大哥朱全昱就當面罵他此舉一定會使朱氏「覆宗滅祀」。說到底，朱溫畢竟沒有曹操的胸懷。

當然，朱溫推翻大唐，也與他黃巢起義軍大將的本色有關，從這一點上來說，他當年背叛黃巢投降唐朝，確實是迫於形勢所逼。黃巢戰敗之後，其餘部絕大部分歸附了朱溫，成為朱溫勢力的主要骨幹。由他來置唐朝於死地，也算是曲折完成了黃巢起義軍的使命。

▌英雄立馬起沙陀：李克用、李存勗父子

　　李克用和李存勗父子，則始終以「中興唐室」為號召，與篡奪大唐的朱溫勢不兩立，李存勗同光元年（西元九二三年）稱帝後也仍然以「唐」為國號，為表示與朱梁劃清界限，李存勗還下令將都城由開封遷往大唐的東都洛陽。李克用死後被李存勗追諡為「唐武皇」，李存勗自己則被諡為後唐「莊宗」。

　　不過，李克用其實不姓李，他出身西突厥沙陀部落貴族，長期活動於代北地區，即今天的山西北部、河北西部和內蒙古中部一帶，其祖上本姓「朱邪」，因世代效忠大唐，多次出兵勤王，被唐朝皇帝賜姓為李，並列入了皇室的族譜。李克用和李存勗父子，遂自稱大唐後裔，以大唐合法的繼承人自居。

　　李克用因為一隻眼睛長得大，一隻眼睛長得小，外號「獨眼龍」。他自幼驍勇善戰，還利用部落當中認乾兒子「義子」、「太保」的形式，糾集沙陀、突厥、回鶻、粟特等代北地區蕃漢各民族的雄傑赳武之士，組建了一支絕對效忠於他個人的剽悍的武裝「義兒軍」。

　　大唐僖宗中和三年（西元八八三年）七月，李克用率兵南下進關勤王，以三萬多一點的兵力，以少勝多，大破黃巢主力十五萬眾於沙苑（今陝西大荔）附近的梁天阪，殺得橫屍三十里，隨即一舉奪回長安。經此一戰，曾稱雄天下的黃巢起義軍江河日下，迅速敗亡。李克用則一舉成名，身為絞殺黃巢起義軍最凶惡的劊子手，被大唐封為檢校司空、同中書門下平章事、河東節度使，自此雄居重鎮太原。「獨眼龍」李克用和他的沙陀鐵騎「義兒軍」，就此成為令中原軍閥們聞風喪膽的噩夢。

　　李存勗膽勇過人，英武更勝其父，他十一歲開始從軍打仗，二十五歲的時候繼父位為晉王、河東節度使，執掌河東兵權，一舉痛殲了乘李克用之死來犯的梁後梁精銳，連其死敵朱溫聞訊後都模仿曹操稱讚孫權

的語氣，心悅誠服地慨嘆道：「生子當如李亞子！」後唐同光元年（西元九二三年）十月，李存勗力排眾議，親率精騎，置梁軍的糾纏於不顧，出其不意地直取梁後梁都城開封，不僅顛覆了梁後梁政權，為朱梁、李唐二十年夾河苦戰畫上了句號，更是古代戰爭史上的經典傑作，堪稱「斬首行動」的範例。

此前，李存勗已先後消滅了幽州劉仁恭、劉守光等當時的梟雄，制服了成德（治河北正定）、魏博（治河北大名）等地半獨立的河朔強藩，這是自唐代「安史之亂」之後，整個華北地區第一次真正意義上的統一。他還一度統一了四川，並多次擊敗了契丹的開國君主耶律阿保機，將契丹的勢力牢牢阻擋在幽州之外。李存勗時期的後唐，是整個五代時期版圖最大的。

更為傳奇的是，李存勗以衝鋒陷陣為樂，在向敵陣發起衝鋒的時候，李存勗本人和全軍將士往往都要齊聲高唱戰歌，伴隨著軍樂隊的奏樂，真正是凱歌行進，響遏行雲。這些慷慨激昂的戰歌，都是由李存勗親自吟詩作賦，親自作詞作曲，人稱「御制歌」。

李克用和李存勗父子叱吒沙場的壯舉，使他們成為五代家喻戶曉的英雄傳奇，被尊奉為「戰神」。宋太祖的父親趙弘殷，就是李存勗的追隨者，宋太祖本人也是以李存勗為偶像，他在即皇帝位後，曾經特地禮聘了一位曾經侍奉過李存勗的宦官李承進，特地向他打聽李存勗的事蹟。宋太祖自己也酷嗜音樂戲曲，在軍中組建了頗具規模的軍樂隊「鈞容直」。這一切，顯然都有李存勗的影子。

毫無疑義，李克用和李存勗父子是五代最出類拔萃的、最優秀的職業軍人，他們統率的沙陀鐵騎是五代歷史上最為強大的武裝力量之一。但是，正所謂「馬上」得天下，卻不能「馬上」治天下。僅憑強大的武力，未必能打出一個太平盛世來。一名優秀的軍人，若要成為稱職的政治家，

還必須要經歷痛苦轉型的過程，否則就難免在戰場上稱雄，卻在政壇上被淘汰。李克用父子的軍事生涯，可以稱之完美而無愧，但他們身為政治人物卻是比較失敗的，甚至較之於老對手朱溫也尚遜一籌。

李克用空負足以睥睨當時的沙陀鐵騎，卻在朱溫連珠炮似的打擊下一籌莫展，長期局促於太原一隅。他沒能在政治上打開像樣的局面，拿不出什麼辦法，以至於縱容士兵自行燒殺搶掠，當然難以成事。可以說，李克用骨子裡只是沙陀鐵騎的軍頭，至多只是優秀的河東節度使，而不是合格的「晉王」。

李存勗登上皇帝寶座之後，雖貴為皇帝，依然百分百地保持著軍人的本色，沒大仗可打的他意猶未盡，或者是成天帶隊行圍打獵，圍剿豺狼狐兔；或者是變本加厲地痴迷於梨園戲曲，在粉墨登場當中尋找廝殺的感覺。他還為自己起了個藝名「李天下」，但這位「李天下」，實在是只知如何「打天下」，哪知如何「理天下」！

可以說，李存勗從來就沒有真正找到過做皇帝的感覺，對軍中的部下，他懂得克盡統帥職責，盡可能地重賞厚賜以收其心，然百姓疾苦、國計民生等皇帝的分內之事，他就既不擅長，更沒有什麼興趣。據李存勗本人所說，他十三歲的時候就通讀了儒家的經典《春秋》，還曾多次親手抄錄。但從他稱帝後的所作所為看，他的這一說法，要不是純屬自我誇耀，就僅是死記硬背，根本就未能體會到儒家經典中安邦治國精髓的一分一毫。

李存勗的夫人劉皇后則是貪財好貨。為勒索錢財，她竟然腆顏認當時的洛陽首富張全義為乾爹，當劉皇后窮困潦倒的親爹上門認親的時候，卻被她命人一頓亂棍給打了出去。偏偏李存勗有「愛美人」的英雄通病，對如此一位夫人言聽計從，任由她搜刮民脂民膏，還下令各地交納的稅賦貢品都要先運送皇宮內庫，經由劉皇后過目挑選。如此一來，本來就一團亂

麻的政府財政更加吃緊，連軍餉都無法按時發放，劉皇后私人所藏的金銀財寶堆積如山，但卻一毛不拔。

樞密使郭崇韜是李存勗的謀主，他在軍事上是一位幹才，但在政治上也十分的短視。因為姓郭，郭崇韜就自稱大唐名將郭子儀之後，裝模作樣地以名門望族自居，還以提拔、扶植崔、盧、李、鄭等為代表的「中朝士族」為己任，對真正有能力的人，反而以「家無門閥」為理由拒之門外，演出了一場烏煙瘴氣的門閥貴族捲土重來的鬧劇。

後唐君臣行事如此，焉能不敗？果然，同光四年（西元九二六年）四月，李存勗就在主要由一群伶官發動的政變當中戲劇性地死於非命。此時，距離他滅亡後梁，才不過剛剛過去短短的兩年多一點的時間。

▌「小康」之治：後唐明宗李嗣源

相比而言，李克用的養子後唐明宗李嗣源，倒是在治國理政方面頗有些建樹。天成、長興（西元九二六至九三三年）七年之間，他開創了五代一個「年穀屢豐，兵革罕用」的難得的「小康」局面。

李嗣源，外號「李橫衝」，沙陀人，自幼追隨李克用，以「義子」的身分擔任李克用的貼身親兵衛士。上元驛事件的時候，年僅十七歲的李嗣源拚死衝殺，護衛李克用，當被逼到牆角的生死關頭，李嗣源以罕見的神勇，背負著李克用跳出牆外，得以逃脫了朱溫的追殺。從此之後，李嗣源就被李克用視為心腹愛將，在李氏父子軍中青雲直上，由親兵衛士而衛士長，由衛士長而獨當一面的大將，由大將而中書令、蕃漢內外馬步軍都總管，成為後唐禁軍的最高統帥。同光四年（西元九二六年）兵變爆發後，李嗣源受命平叛，但當他率兵迅即南下收拾殘局時，卻被部下們擁戴，登上了皇帝的寶座。此時，他已經年逾六旬。

李嗣源雖然也是沙陀軍人發跡，但與李克用父子相比，他有一個很大

的不同，那就是：李氏父子世襲酋長，是沙陀最為顯赫的部落貴族，而李嗣源幼年時連自己的姓氏都沒有，只有一個小名「邈佶烈」，被李克用收養為義子之後方得名「李嗣源」。李嗣源也沒有受教育的機會，畢生大字不識一個，當了皇帝之後，看不懂大臣們所上的奏章，只能是讓人念給他聽。可見，李嗣源完完全全是出身貧賤的部落平民。早年的平民生活，加以多年充當性情暴戾的李克用的親兵衛士的經歷，都使他養成了謹小慎微、深沉穩重的性格。

身為大將的時候，李嗣源作戰勇猛，戰功最大，但從不爭功，更不跋扈，表現得十分的低調。因此，儘管有人以「功高位重」、功高震主為理由，建議莊宗李存勖早日除掉他，而李存勖也對他產生了懷疑，曾一度解除了他的兵權，但李嗣源終於安然度過了危機，重掌兵權，靠的就是韜光養晦，讓李存勖既抓不著什麼把柄，又低估了他的能力和雄心。當然，這並不是容易做到的。

登上皇位之後，李嗣源一如既往地較為低調，表現得頗有自知之明。和莊宗李存勖相比，李存勖奢侈淫逸，後宮佳麗三千人，充斥著來自幽州（今北京）、鎮州（今河北正定）和定州（今河北定州）各地的美女。李嗣源生活儉樸，將她們大都遣散，後宮中僅留百餘名老年宮女負責灑掃，年輕漂亮的都放出宮去，與家人團聚。在古代帝王當中，這一直是被視為很難得的「盛德」之舉，自然也減輕了朝廷財政供應的負擔。李存勖曾向功臣們豎起手指，傲氣而又囂張地說：「我從十個指頭上得天下！」李嗣源卻謙和地表白：「我是被大家擁戴到這個位子上的，哪裡能治理天下！」李存勖擅長吟風弄月，自誇手抄《春秋》。李嗣源目不識丁，卻喜歡聽儒生講解儒家經典，向他們請教和從中體會治國安邦的道理，更勇於承認自己治國才能有限的事實，放手重用馮道、任圜、趙鳳等漢人士大夫為宰相。

馮道此人後來在歷史上的形象不太光彩，但此時的馮道，風華正茂，全然沒有「長樂老」的世故和暮氣，他擔任宰相之後，不顧高門大族們的冷嘲熱諷，大刀闊斧，斷然將濫竽充數的門閥子弟從朝廷中攆了出去，破格提拔、任用了一大批有才能、有見識的平民才俊之士，使得後唐莊宗以來門閥回潮的逆流為之丕變，尚不愧為「真士大夫」。任圜也是一個「以天下為己任」的人，性格耿直，而且精於理財，他出任宰相兼財政主管三司使之後，不到一年的時間，朝廷的府庫都開始充裕，軍民的生活也得以改善。

　　李嗣源充分發揮了漢人士大夫們治國理政的才華，又清除了宦官、伶人等亂政的毒瘤，使得莊宗末年烏煙瘴氣的朝政，很快就煥然一新。

　　尤其難得的是，貧賤出身的李嗣源即使在登上帝位之後，仍然沒有完全忘本，對民間的疾苦總有一份割捨不下的共鳴，一首控訴苛政重稅的〈傷田家詩〉：

> 二月賣新絲，五月糶秋穀。
> 醫得眼下瘡，剜卻心頭肉。
> 我願君王心，化作光明燭。
> 不照綺羅筵，偏照逃亡屋。

　　就能讓他淚眼婆娑，當即下令廢除兩稅加耗等多項苛捐雜稅，還特地讓人把這首詩謄錄在臥室的屏風上，時常吟誦；魚肉百姓的貪官污吏，總令他怒不可遏，痛斥他們都是罪該萬死的「老百姓的蠹蟲」，曾一口氣下令處死了三、四名州刺史一級的高級貪官……。

　　直到一百多年之後，當宋朝史學家歐陽脩編撰《新五代史》的時候，他仍然親耳聽到了許多民間口耳相傳的關於後唐明宗李嗣源「為人純質，寬仁愛人」、「純厚仁慈」的佳話，於是乎揮筆潑墨，為李嗣源寫下了這樣一段激情洋溢的讚語：明宗「不邇聲色，不樂遊畋。在位七年，於五代

之君，最為長世，兵革粗息，年屢豐登，生民實賴以休息」。

七年的「小康」之治，時間不算長，但其意義卻無法低估。按史書的記載，後唐天成元年（西元九二六年），李嗣源登基之後，每天晚上都在皇宮中焚香向上天禱告說：「我是一個胡人，只是因亂世才被眾人擁戴到皇帝的位子上，但願上天早日降生真正的聖人，為萬民之主。」因宋太祖趙匡胤恰恰出生在天成二年（西元九二七年），宋人在談論這段歷史的時候，這往往是他們最津津樂道的一件事。范仲淹、蘇軾等宋代的名流們，就異口同聲地說：「我太祖皇帝應期而生。」「應期」云云，當然是神化宋太祖，不足為憑，但也不能說是純屬無稽之談，因為，范仲淹們畢竟講清楚了這樣一個基本的事實：

正是有了後唐明宗七年的「小康」之治，不僅使剛剛經過二十餘年梁、唐慘烈廝殺的民眾有了一個難得的休養生息的機會，更使趙匡胤等新生代們有了一個還能說得上大致安寧、祥和、溫馨的童年生活，能夠得以健康地成長……。

▌草原天驕：遼太宗耶律德光的「大同」夢

長興四年（西元九三三年），李嗣源病死，他的幾個兒子爭奪皇位，後唐政局大亂。李嗣源的女婿、北京留守、河東節度使石敬瑭趁機在太原起兵，遷都開封，建立了後晉政權（西元九三六至九四六年）。石敬瑭發跡於突厥沙陀軍人，實際上是昭武九姓粟特人的後裔。至於石敬瑭稱帝以後，自稱為春秋時期衛國的大夫石碏和西漢的丞相石奮之後，那就純屬典型的亂認祖宗了。

昭武九姓粟特人，也叫「九姓胡」，是中國南北朝、隋唐時期分布於今天中亞阿姆河和錫爾河兩河流域的古老民族。粟特人是一個商貿民族，隨著絲綢之路的繁榮，他們大量東移中國。定居中國的粟特人，通常以自

己的城邦為姓氏，主要的有康、石、米、史、何、安等。「安史之亂」中的安祿山，就是粟特人，幽州城就是粟特人主要的聚居區之一。宋太祖的皇后宋氏，妹夫米福德，將軍康延澤、安守忠，徽宗時的大書法家米芾，也都是粟特人。其他的，像「安史之亂」的史思明、鎮州軍閥王鎔、宋朝開國元勳石守信等，也都有或多或少的粟特背景。

石敬瑭的父親，名叫「臬捩雞」，一聽就是一個落魄的部落無賴。出身如此低微的石敬瑭卻能夠開創帝業，當然是一個梟雄式的人物。他在位的六年多時間裡，據說就做到了「禮賢從諫」。石敬瑭的謀主，宰相桑維翰，更是一個很有能力的人，宋太祖趙匡胤就十分欣賞他，曾當著宰相趙普的面說趙普為相不及桑維翰。

但是，石敬瑭的皇位，得來的卻實在是太不光彩了。他的「大晉」國號，竟然是契丹君主耶律德光賜予的；他的大晉皇帝，也是耶律德光冊封的；他能夠打敗後唐的政府軍，攻進洛陽，依靠的也是契丹的五萬騎兵。

世界上從來沒有免費的午餐。作為交換，石敬瑭主動提出和答應了契丹許多極其苛刻、屈辱的條件，如向契丹稱臣，每年向契丹交納絹帛三十萬匹，還要稱契丹主耶律德光為父，自居於「兒皇帝」。其實，石敬瑭要大耶律德光九歲多。

最為致命的條件，是石敬瑭承諾把以幽州為中心的十六個州的土地，即幽（今北京）、薊（今天津薊縣）、瀛（今河北河間）、莫（今河北任丘）、涿（今河北涿縣）、檀（今北京密雲）、順（今北京順義）、新（今河北涿鹿）、媯（今河北懷來）、儒（今北京延慶）、武（今河北宣化）、雲（今山西大同）、應（今山西應縣）、寰（今山西朔縣東馬邑鎮）、朔（今山西朔縣）、蔚（今河北蔚縣），都割讓給契丹。這就是著名的「燕雲十六州」，也叫「幽雲十六州」。

「燕雲十六州」的割讓，不僅使中原王朝喪失了十六州的土地和人

民，更重要的是使中原失去了險要的長城關隘。因為，「燕雲十六州」一帶，正是萬里長城從北京至山西一線的所在地，「關山險峻，川澤通流，據天下之脊」。幽州自身的城池也十分堅固，堪稱天下之冠。

契丹此前攻擊過幾次幽州，都遭到了慘敗。石敬瑭把這一大片戰略要地拱手奉送給契丹，使得廣大中原地區無險可恃，原本完整的北方防線出現了一個無法彌補的大缺口；而契丹鐵騎則居高臨下，俯視華北，以幽州城為屯兵基地，進可以長驅直入華北大平原，直接威脅河南的汴京開封，退可以據城固守，以逸待勞，因而在與中原王朝的軍事較量當中牢牢居於進退自如的優勢地位。

由於「燕雲十六州」是契丹憑藉條約「合法」取得的，所以當後周和宋朝經略幽燕的時候，就不得不尷尬地面對石敬瑭的這一「歷史遺產」，契丹遼國一方反而更加師出有名，宋仁宗時遼就曾以此為據，「義正詞嚴」地來索取被周世宗用武力收回的瀛（今河北河間）、莫（今河北任丘）二州之地，經過一番交涉之後，宋朝也只能被動地答應增加「歲幣」了事。

石敬瑭為了稱帝的一己私利，不惜出賣中原地區的核心利益，難怪成為中國古代歷史上最為聲名狼藉的皇帝，永遠在歷史中留下不光輝的一頁。如此奇恥大辱換來的皇帝寶座，當然既不會有什麼榮耀，也是不容易坐穩的。道理很簡單，契丹既然能立石敬瑭當皇帝，當然也就可能名正言順地把他給廢掉。不論石敬瑭如何竭盡全力地侍奉，契丹的貪欲都會水漲船高。更何況，如此窩囊的皇帝，對內怎麼可能有威信可言！各地方藩鎮節度使乘機異動，此起彼伏的兵變讓石敬瑭焦頭爛額，很快就在內外交困之中憂鬱而死。

石敬瑭的姪兒即位後，對契丹略有反抗的表示，契丹立即興兵南下，攻破了開封城，滅亡了後晉。石敬瑭的子孫都當了俘虜，被契丹流放到

了東北的黃龍府（今吉林農安附近），也就是後來金朝流放宋徽宗和宋欽宗的地方。「決鯨海以救焚，何逃沒溺；飲鴆漿以止渴，終取喪亡。謀之不臧，何至於是！」這是《舊五代史》當中對石敬瑭的評價，可謂蓋棺論定。歐陽脩在《新五代史・晉高祖本紀》當中，更是乾脆沒有給他寫下哪怕一個字的評語。

石敬瑭充其量就是一個傀儡。後晉天福元年（西元九三六年）至遼大同元年（西元九四七年）的十餘年間，真正強有力的人物，要屬大契丹國的皇帝耶律德光。

契丹是我國東北地區一個十分古老的民族，興起於「松漠之間」，即今天遼河、潢河和大凌河流域等廣闊而富饒的地區。宋人稱其為匈奴的後裔，但他們一直稱自己是中華民族的人文始祖黃帝和炎帝的嫡系後代。北魏時，契丹開始見諸史冊。隋唐時期，契丹發展到了部落聯盟的階段，由八個部落組成，部落聯盟的首領由八部貴族「大人」輪流擔任，任期通常為三年。唐朝中央政府在當地設立了「松漠都督府」，授予契丹貴族以都督、刺史等大唐官職，管轄契丹的事務。

「安史之亂」爆發後，北方大亂，契丹的勢力趁機突飛猛進。開平元年（西元九〇七年）初，大約在朱溫建立梁後梁略早一點，契丹當時的「夷離堇」即軍事首領耶律阿保機，以世代互相聯姻的耶律氏和蕭氏兩大族系的聯盟為基礎，又得到了韓知古等契丹化的漢人士大夫的謀劃和支持，剷除了其他各部「大人」，取得了契丹可汗位，建立了「大契丹國」。貞明二年（西元九一六年），耶律阿保機正式稱皇帝，年號「神冊」。

契丹開國後，耶律阿保機向東攻滅了當時的東北大國渤海國，又與中原梁後梁朱溫、後唐李存勗、幽州劉仁恭等多股勢力相互周旋，縱橫捭闔，以優厚的條件大量吸納逃亡的漢人，力量愈來愈大。到他的兒子耶律

德光即位的時候，契丹擁鐵騎十餘萬，成為名副其實的北方強國，已經具備了逐鹿中原的實力。

耶律德光和後來元朝的元世祖忽必烈很相似，都是北方草原誕生的氣魄宏大的英主，都是對中原漢文化有著極其濃厚的興趣，身邊也都聚集著一批中原的漢人士大夫，在他們的影響之下，耶律德光不滿足於僅僅當契丹的可汗，而有志於做中原的皇帝。耶律德光在唾手而得「燕雲十六州」之後，就沒有強行在當地推行契丹制度，而是很有創造性地推出了胡、漢並行的「南北面官制」，即實行一國兩制，在以幽州為中心的漢人地區仍然實行原來的漢制，允許漢人保留農耕民族的生產方式和髮型、服飾等生活習俗，並放手重用韓、劉、馬、趙等當地的漢人大族直接管理，因而很快就得到了燕雲十六州多數當地人的真心擁戴。相比於後來金朝一度強迫金統治區內的漢人剃頭辮髮，清軍入關後更下野蠻血腥的「剃髮令」，耶律德光的民族政策顯然是相當開明的。

正因為有在燕雲地區成功的經驗，耶律德光對自己坐穩中原的皇位信心十足。大同元年（西元九四七年）正月初一，耶律德光進入開封。二月初一，耶律德光就於開封舉行了盛大的典禮，在胡族貴族、漢人官僚們的簇擁下登上帝位，將「大契丹國」改為「大遼」，並改元為「大同」元年。

引人注目的是，耶律德光出席大典的時候，頭戴通天冠，身披絳紗袍，手執玉珪，完完全全是一幅中原皇帝的裝束。為《資治通鑑》作注的元代學者胡三省就此評論說：「契丹主猶知用夏變夷。」其實，不僅是改服中原衣冠，耶律德光改「大契丹國」為「大遼」，意指「蕃漢一家」，與後來忽必烈改「大蒙古國」為「大元」，皇太極改「金國」為「大清」，意義是一樣的，都是為了淡化本民族的色彩，表示要做天下華、夷的共主。

至於「大同」的年號，更具有特別的象徵意義，其典出自儒家經典《禮記》中最為有名的〈禮運〉篇：

> 大道之行也，天下為公。選賢與能，講信修睦。故人不獨親其親，不獨子其子。使老有所終，壯有所用，幼有所長，矜寡、孤獨、廢疾者皆有所養。男有分，女有歸。貨惡其棄於地也，不必藏於己。力惡其不出於身也，不必為己。是故謀閉而不興，盜竊亂賊而不作，故外戶而不閉。是謂大同。

可見，「大同」是儒家學說當中「天下為公、四海一家」的最為美好的理想時代。按照漢代經學家鄭玄的解釋「同，猶和也，平也」，大同，也就是最和諧、最太平的時代的意思。中國古代大王朝的皇帝公開以「大同」為年號，公開以「大同」為目標，遼太宗耶律德光算是第一次，也大概是唯一的一次，從中不難看出耶律德光的雄心壯志。范仲淹、王安石等宋代的士大夫們後來所打出的治國旗幟，也是復「三代之治」，即超越漢、唐，重建「大同」。從這個角度上說，耶律德光也可以說是他們的先行者。

無獨有偶，在清朝末年天下大亂的時候，康有為也曾以「大同」為標題，寫下了著名的《大同書》，集中闡發他所理解的理想社會。當代的一位偉人還不無惋惜地評論其人其書說：「康有為寫了《大同書》，他沒有也不可能找到一條到大同的路。」

那麼，勇於以「大同」為年號的耶律德光，他找到了一條通向「大同」的道路了嗎？答案似乎是不言而喻的。但耶律德光起碼是頗有些許體會：他一進入開封城的時候，就特地登上了城樓，任民眾圍觀，還命人向驚慌奔走的開封市民喊話說：「我來開封，是為了讓你們過上太平的好日子。我雖然是契丹人，但也是人，大家都不要害怕！」他還曾當面向名臣馮道請教：「天下百姓，如何可救？」又對文武百官們自信地表白說：「自

今以後，不修甲兵，不買戰馬，減免賦稅和徭役，天下太平矣！」可以說，如果耶律德光能夠把他上述的見解真正落實的話，由他開創一個混融華、夷，並包中原、漠北、遼東的大遼王朝，絕對不止是一個烏托邦式的空想。

按照傳統的儒家的政治文化，「《春秋》大一統者，天地之常經，古今之通義」。「大一統」，是第一位的，也是古代政權合法性最主要的來源。「自古帝王，非大一統者，不得為正統」，說的也就是這個道理。至於是由中原華夏還是邊地夷胡來具體地實現「大一統」，則是第二位的。當然，胡族入主中原要取得合法性，還必須「以夏變夷」，即服膺華夏文明。相應的，「夷狄進於中國，則中國之」，胡族若服膺華夏文明，推行仁政，中原則要開懷接納，彼此無間。

大同元年（西元九四七年）的遼太宗耶律德光，既手握有能力一統天下的強大鐵騎，又主動地「以夏變夷」，服膺華夏文明，還表示要解救天下百姓，興致「大同」、太平，他完全有資格也有可能坐穩中原的皇帝。此前的北魏拓跋氏是如此，後來的蒙元和清朝也是如此。更何況，五代的後唐、後晉以及後漢，都是由突厥沙陀人建立的王朝，因而有「沙陀三王朝」的稱呼。沙陀既然能做中原之主，炎黃的子孫「大契丹國」的皇帝耶律德光，又有何不可？因此，當耶律德光入主開封時，馮道對他所說的：「此時天下百姓，佛再出也救不得，唯有皇帝救得。」其他大臣也再三向耶律德光表示：「天無二日。夷、夏之心，皆願推戴皇帝！」都不能簡單地認為是騙耶律德光高興的鬼話。當耶律德光徵召各地的節度使入朝表態的時候，多數的藩鎮節度使們雖然各擁兵馬，但也是飛馬進京，爭先恐後地向耶律德光上表稱臣。「大同」的太平旗幟，無疑是有強大的號召力的。

可惜的是，耶律德光設想的、已經在燕雲地區初步實現了的「蕃漢一

家」的局面，並沒有在中原大地如期出現。在短短一兩個月的蜜月期之後，中原各地反而很快是烽煙四起，驅逐契丹人的民眾暴動此起彼伏，愈演愈烈。面對雪片一樣飛來的告急文書，耶律德光懊惱地說：「我沒有想到中原的民眾竟然如此難以治理！」胡三省在《資治通鑑》注當中駁斥道：「中原的民眾，困於契丹的陵暴掊克，才起而為盜，哪裡有什麼難以治理的！」

顯而易見，這種混亂局面的出現，耶律德光本人的失策、遼軍以占領軍自居的凶暴和倨傲，無疑才是真正的主導因素。耶律德光後來在撤退時總算是恍然大悟，他總結說：「我此行有『三失』，一是縱容士兵掠奪糧草，二是搜刮市民私財，三是不早放各節度使還鎮。我有這『三失』，中原百姓都背叛我是很應當的。」這個說法，倒真是一個很難得的、實事求是式的自我批評。

除了「三失」之外，客觀地說，契丹和中原民眾之間相互之間的不了解，對雙方衝突的激化也起了推波助瀾的作用。耶律德光自己曾對後晉的大臣們說：「中原對契丹的事情都不了解，而我對中原的情況卻瞭若指掌。」事實上，中原民眾對契丹的事務固然是知之甚少，但契丹對中原的了解主要也是來自於傳聞，又能真正知道多少呢？眾所周知，連兩個普通人之間融洽關係的建立，尚且需要較長的時間來互相了解，互相相處，當然也需互相調整，更何況曾彼此衝突的兩個兄弟民族呢？雙方的了解，無疑需要更多的時間。

時間偏偏沒有站在耶律德光一邊。那一年的夏天來得似乎特別的早，三月的開封城已經是烈日炎炎，耶律德光和契丹將士都來自經年冰天雪地的東北，習慣了寒冷氣候，實在無法忍受酷暑，只能是被迫北返。四月初一，耶律德光離開了開封。在北返的途中，他仍然是雄心不已，在給自己弟弟的信中，他還自信滿滿地說：「只要再給我一年的時間，太平不難指

掌而致。」然而，就在當月的十三日，耶律德光就因為中暑而得了重病，二十二日病死於欒城（今河北欒城）的殺胡林。此時，距離他進入開封，才只有一百一十二天；距離他在開封稱帝，更只有八十二天。

耶律德光壯志未酬，他的「大同」夢，只做了八十二天就破滅了。遼太宗終究沒能像唐太宗那樣，做成華、夷的天下共主。這無疑是他個人的悲劇。遼太宗死後，契丹在絕大多數的時間裡，重新回歸於「草原本位」政策，不再主動大規模地南下中原，更無一統華、夷的雄心大志，連他的「大遼」國號，在太平興國八年（西元九八三年）的時候也被改回為「大契丹國」。即便是歷史上鼎鼎大名的大契丹國「蕭太后」蕭燕燕，她雖然揮師南進到黃河北岸的澶州（今河南濮陽）城下，距開封城僅一河之隔，但她的目標仍然不過以戰迫和而已。這對此後歷史的走向，究竟是福？還是禍？恐怕都是很難做出判斷的。若天假其年，耶律德光果真實現了以大遼為主導的華、夷大一統，是不是後漢的亂局以及北宋、契丹之間慘烈的戰爭，就很有可能避免了呢？當然，歷史是無法假設的。

▌三十年致「太平」：商人皇帝周世宗

遼從開封退兵之後，中原群龍無首，坐鎮太原的後晉北平王、北京留守、河東節度使劉知遠趁機自立為皇帝。因為劉知遠姓劉，遂定國號為「漢」，劉知遠就是漢高祖。然此漢高祖，非彼漢高祖。據《新五代史》的記載，劉知遠紫色面龐，白眼睛，是純粹的突厥沙陀人，親隨石敬瑭得以發跡，與歷史上的漢高祖劉邦沒有任何關係。

相比劉邦開創的四百餘年帝業的大漢帝國，劉知遠開創的後漢（西元九四七至九五〇年）卻是先天失調，更後天不足，僅僅存在了短短的四個年頭，不但是在五代，就是在中國歷代稍具規模的王朝當中，也是最為短命的一個政權。

後漢開國伊始，整個華北地區，經過後晉與契丹多年殘酷戰爭的破壞，早已是瘡痍滿目。乾祐元年（西元九四八年），河中（今山西永濟）、鳳翔（今陝西鳳翔）、長安（今陝西西安）的三鎮節度使又聯合起兵反叛，持續一年多的叛亂雖然最終被平定了，但原本尚屬富庶的關中地區也就此遭到了毀滅性的摧殘，後漢更加奄奄一息了。

　　客觀的形勢如此惡劣，偏偏後漢內部的權力鬥爭更如火如荼，四分五裂。劉知遠只當了還不到一年的皇帝就去世了，臨終前他指定由樞密使楊邠、郭威、侍衛親軍都指揮使史弘肇和宰相蘇逢吉、蘇禹珪五位文武心腹為顧命大臣，輔佐他的兒子漢隱帝劉承祐。但劉知遠一死，顧命大臣們立即分裂成為兩大集團，楊邠、郭威、史弘肇三位武將為一夥，蘇逢吉、蘇禹珪兩位文臣為一夥，彼此水火不容，勢不兩立。武將們兵權在手，又由於劉知遠留有遺囑：「朝廷大事不要與書生商量，書生們怯懦膽小，必將誤國。」所以，武將集團占盡了上風，楊邠最討厭書生，多次揚言：「國家府庫充裕，兵力強大，才是當務之急，什麼文章禮樂，都是糊弄人的。」史弘肇亦然，他曾當面辱罵宰相蘇逢吉說：「安朝廷，定禍亂，靠的是我手裡的長槍大劍，你那毛錐子能做什麼用呢？」還拔刀相向，險些上演了火拚的鬧劇。蘇逢吉手無縛雞之力，只能是忍氣吞聲。

　　至於皇帝劉承祐，眾將們也不把他太當回事，一次朝堂議事，劉承祐剛剛說了一句：「此事大家要好好商量。」楊邠當即厲聲呵斥：「陛下還是閉嘴吧，凡事有我們幾個處理。」劉承祐當時只有十八歲，正是血氣方剛的時候，不甘心當傀儡皇帝。於是，他聯絡宰相蘇逢吉，於乾祐三年（西元九五〇年）十一月十三日一大早，在皇宮裡埋伏了數十名武士，趁楊邠、史弘肇上早朝的時候，冷不防地一擁而上，把兩人殺死在朝堂之上。

　　劉承祐還不分青紅皂白，極其殘酷地將楊邠、史弘肇等人的家屬、親戚、黨羽、故舊、僕從全部屠殺，連婦女兒童都不放過，製造了空前的血

案。一夜之間，後漢朝堂為之一空。郭威是楊邠、史弘肇的死黨，當時以樞密使、鄴都留守、天雄軍節度使的身分坐鎮重鎮鄴都（今河北大名），主持河北防禦遼軍的戰事，因而僥倖逃脫了一死，但他的家屬都被劉承祐殺死。

郭威，河北邢州堯山（今河北邢臺隆堯）人，綽號「郭雀兒」，出身貧賤，自幼父母雙亡，十八歲當兵，追隨石敬瑭和劉知遠，從士兵一步一步地做到了樞密使。三十年的軍旅和官場生涯，把他錘鍊為一個老謀深算、城府極深的政治人物。劉知遠能夠成功稱帝，郭威居功至偉。後漢黨爭呈現白熱化之勢時，郭威又棋高一著，主動前往河北督師，因而一則避免了成為衝突的焦點，可以坐山觀虎鬥，二則重鎮在握，兵權在手，又可以虎視開封，居於進退自如的主動地位。開封事變的消息傳來，郭威搶先下手，即刻以「清君側」為旗幟起兵。劉承祐倒是敢作敢當，御駕親征，在開封北郊的劉子阪迎擊郭威，但他只是個養尊處優的公子哥兒，哪裡是郭威的對手？雙方接戰，劉承祐死於亂軍之中，郭威大獲全勝，攻進了開封城。

郭威控制了開封，皇位已然在握，但他偏偏樂此不疲地以大漢「忠臣」自居，經過為劉承祐發喪、擁立劉知遠的姪子劉贇即位、領兵北上抗遼等幾番聲情並茂的充分表演，最終方以兵變澶州（今河南濮陽）極其戲劇性化的一幕而收場：士兵們蜂擁而上，大漢「忠臣」郭威東躲西藏，仍被士兵們按住，把一面黃色的軍旗當作黃袍披到了他的身上，並山呼萬歲，擁戴他當皇帝。郭威見無法逃避，遂放聲大哭，竟一連昏過去好幾次。

正所謂「司馬昭之心，路人皆知」。郭威這些欲蓋彌彰的騙人把戲，雖然令人眼花撩亂，但其實都是自欺欺人，表演得太過了，也就糊弄不了旁人，倒是顯得自己小家子氣，白白落了個「奸雄」的罵名，還不如直接

稱帝來得光明磊落。頗具諷刺意味的是，趙匡胤後來推翻後周的陳橋兵變，與郭威的澶州兵變如出一轍，這倒也不奇怪，在澶州向郭威山呼萬歲的那群官兵，其中就有趙匡胤，輕車自然熟路。廣順元年（西元九五一年）正月，郭威正式稱帝，因他自稱是周文王的後裔，遂定國號為周，史稱後周（西元九五一至九六〇年）。

郭威奪權過程中的最大敗筆，就是縱容士兵洗劫開封城。早在南下之初，為滿足士兵們的貪欲，郭威就公開傳令：「打下開封城，將士們可大搶十天！」入城之後，郭威果然任由士兵們自行肆意妄為。結果，僅僅一天一夜的時間，開封城上至官府的金庫，下至官民的私財，都被郭家軍搶劫一空。如狼似虎的亂兵還趁機到處放火，殺人越貨，無惡不作。若不是部下提醒郭威：再不禁止燒殺，開封城就要化為一座廢墟。郭威說不定真要兌現他「大搶十天」的承諾呢。

郭威兵變，五代的動亂達到了頂點。然而，物極則必反，否極則泰來。郭威處事蠅營狗苟，在位三年沒有多少作為，但在郭威之後即位的周世宗柴榮，卻是五代歷史上最為英武有為的皇帝，正如南宋大學者朱熹所說的：「五代時什麼樣，周世宗一出便振！」五代由亂而治的歷史轉折點，終於真正出現了。

> 趙州石橋什麼人修？玉石欄杆什麼人留？什麼人騎驢橋上走？什麼人推車軋了一道溝？
> 趙州石橋魯班爺爺修，玉石的欄杆聖人留。張果老騎驢橋上走，柴王爺推車就軋了一道溝。

這是一首流傳很廣、膾炙人口的河北童謠〈小放牛〉。歌中所唱的趙州（今河北趙縣）石橋，指的是隋代工匠李春修建的石拱橋「趙州橋」，有「天下第一橋」的美譽；柴王爺，指的就是周世宗柴榮。歌謠裡柴王爺「推車」賣貨的形象，可以說是周世宗早年經商經歷的極為傳神的寫照。

周世宗柴榮，河北邢州龍崗（今河北邢臺龍崗）人，家境貧寒，自幼投奔姑母郭威的夫人柴氏，後來被姑父、姑母收養為義子。因為郭威常年在外當兵打仗，為了補貼家用，柴榮就和當地一位名叫頡跌氏的商人一起搭夥經商。

　　當時，江南地區出產的茶葉在北方最為暢銷，茶葉的集散中心，在荊南高氏政權的首府江陵（今湖北荊州）；河北定州（今河北定州）則是北方的瓷都，曲陽（今河北曲陽）定窯出產的白瓷是當時的搶手貨。所以，柴榮主要就是推車販運這些特產，奔波在江陵和定州之間。趙州橋是定州和邢州間的必經之路，所以當地留下了許多關於周世宗的傳說。

　　周世宗經商十餘年，憑藉著推車販賣瓷器和茶葉，很快就發了大財，郭威從政也得到了源源不斷的資金資助，終至開創了帝業。由於郭威的兩個親生兒子都被漢隱帝劉承祐所殺，柴榮就以養子的身分成為郭威的繼承人。顯德元年（西元九五四年），周世宗登上了皇位。這一年，他三十三歲。

　　也許是因為靠販運瓷器發了大財，周世宗當了皇帝之後，還特地下令在開封（一說在鄭州）設立了御用瓷窯，稱「御窯」，大宋開國後就改稱「柴窯」，柴窯出產的瓷器，以「青如天，明如鏡，薄如紙，聲如磬」馳名，是瓷器中公認的精品。到清代的時候，即使是柴窯瓷器的殘片，都已經是價值連城，遠比黃金貴重。

　　說起來，周世宗的姑母柴氏也是一位了不起的人物。她本來是後唐皇宮中的妃嬪，侍奉過後唐莊宗李存勗。後唐明宗李嗣源遣散宮女的時候，她在離宮返鄉的途中，認定當時只是一介小兵的郭威是一個將來能夠大富大貴的人物。父母嫌貧愛富，斥責她說：「你是侍奉過皇帝的人，最差也要嫁個節度使，哪能便宜這個窮小子！」她卻不為所動，當即委身下嫁。她的五萬貫私房錢，就成為郭威在政治上創業的第一筆「啟動」資金，郭

威能夠攀附上劉知遠，靠的就是這一大筆錢。柴氏夫人，一介女流之輩，能在風塵中識得英雄好漢，能夠「奇貨可居」，堪稱是女「呂不韋」。

五代的絕大多數皇帝都發跡於軍隊，像周世宗這樣有著多年經商經歷的，可以說是絕無僅有。在整個中國古代歷史上，周世宗也許是唯一的一位商人出身的皇帝。在中國傳統文化當中，商人似乎總是與「無商不奸」、「坑蒙拐騙」等一類字句連繫在一起，其社會形象一直是比較負面的，重農抑商也是多數王朝的主流政策。

其實，且不說「農不如工，工不如商」，商業對經濟發展的促進作用是不可估量的，重農抑商是非常愚蠢的。商人作為一個職業群體，或許有這樣那樣的毛病，但他們走南闖北、見多識廣的長處同樣突出。更何況，一個能夠在商場上取得成功的商人往往都具備這樣的優秀素養：目標遠大，計畫周密，尤其是眼光敏銳，關鍵時刻勇於放手一搏。周世宗就是如此。這位商人皇帝的執政風格，處處凸顯著與眾不同的精明。

周世宗是五代第一個公開宣布有志於做唐太宗第二的皇帝。他甫一即位，立即在朝堂上說：此後絕不會再苟且「偷安」，而是要以唐太宗為楷模，親征創業，平定天下。後來更宣布了一個為期三十年的宏偉計畫：「十年開拓天下」，「十年養百姓」，「十年致太平」，決心開創一個堪比「貞觀之治」的太平盛世。宰相馮道暮氣沉沉，只會冷嘲熱諷：「唐太宗可不是容易學的喲，陛下您真相信自己有這個潛力嗎？」其實，凡事不怕做不到，只怕想不到。如果連想都不敢去想，哪還能做成什麼事呢？只要敢想、敢闖，就會有成功的可能。「燕雀安知鴻鵠之志哉！」說的就是這個道理。

周世宗三十年「致太平」的計畫一提出，一大批有志之士都為之一振，如周世宗提拔的宰相李穀，在讀書時即立有大志：「中原若用我為相，取江淮如探囊取物！」最得周世宗器重的樞密使王朴，更是一個英氣

逼人、文武兼備的奇才。他們與周世宗志同道合，團結在周世宗的周圍，組成了一個以「天下蒼生為念」的、理想主義的新型政治群體，因而與只知保住個人權位的五代老朽舊官僚們劃清了界限。

周世宗拿出了五代第一個切實可行的統一天下的具體方案。他採納王朴的建議，確立了「先易後難」、「先南後北」的統一總方針，即循序漸進，以十年為期，次第擊敗南唐、後蜀等南方政權，然後積聚力量，全力對付北方的契丹遼國和北漢，最終完成收復燕雲十六州的戰略目標。從後周到北宋，除了有必要的微調之外，統一實踐大致上遵守了這一方案，說明這是一個十分高明而且計劃周密的方案。

周世宗目光敏銳，關鍵時刻勇於抓住機會，以生死相搏。顯德元年（西元九五四年）的高平之戰，當後周軍隊全線動搖的危急時刻，周世宗卻以罕見的神勇，僅率五十餘名親兵衛士躍馬直衝北漢最強的中軍。皇帝的英雄壯舉激勵了全軍的將士，終於挽狂瀾於既倒。戰後，周世宗又以前所未有的魄力，一天之內斬殺七十餘名臨陣脫逃的禁軍中高級軍官，隨即破格提拔了趙匡胤等七十餘名青年才俊，提前完成了禁軍的新陳代謝。勇於如此嚴懲驕兵悍將，這在五代的歷史上還是第一次，其分量和意義絕不亞於在戰場上擊敗北漢和契丹的聯軍。

周世宗的經濟政策也是五代最為成功的。身為一名曾經的成功商人，周世宗在戰火紛飛的歲月，高度重視發揮商業的作用。例如他攻取南唐的江北諸州，除了攻城掠地之外，牢牢鎖定的目標之一，就是泰州（今江蘇泰州）的鹽場。透過推行鹽的專賣，當地豐富的海鹽資源就此成為後周朝廷戰略性的財源基地。

又如顯德二年（西元九五五年）的「滅佛」，主要目的之一是為了銷毀銅像以鑄造銅錢。因為，發展商業對銅錢等金屬貨幣的需求最為迫切，而銅礦大多在江南地區。周世宗為了解決銅錢的缺乏，曾特地派人到朝鮮

採購原銅，但遠水不解近渴。打擊佛教，既有利於避免社會資源的浪費，又解決了銅錢問題，堪稱是一舉兩得。

顯德六年（西元九五九年）二月，周世宗命樞密使王朴先後調動禁軍士兵和調發民夫十餘萬人，對以開封為中心的汴河、蔡河、五丈河等漕運水系進行了全面的疏通和整治，南北商賈就此雲集開封，奠定了開封成為商業中心大都市的基礎。這些舉措，當時就收到了良好的效果，為周世宗開拓天下提供了必要的財政支持，到了宋朝，更是為經濟的繁榮發揮了巨大的積極作用。

顯德六年（西元九五九年），後周的國勢蒸蒸日上，這年的四月，周世宗審時度勢，抓住了契丹「睡王」遼穆宗在位的千載良機，發傾國之師，果斷地向強敵主動出擊，只用了四十二天的時間，就一舉收復了燕雲十六州中的莫州（河北任丘）、瀛州（今河北河間）兩個州以及瓦橋關（今河北雄縣）、益津關（今河北霸縣）、淤口關（今河北霸縣信安鎮）等合稱為「三關」的戰略重地，後又收復易州（今河北易縣），共計十七個縣。契丹懾於周世宗的威名，準備放棄幽州，北逃沙漠。然而，就在這十年「開拓天下」的任務即將提前完成，三十年「致太平」也不再是夢想的時候，周世宗於軍前突發急病，七月就病逝於開封，享年僅三十九歲，在位前後才五年六個月。周世宗死後不到半年的時間，後周殿前都點檢趙匡胤就發動了陳橋兵變，黃袍加身，後周隨之覆滅，五代也隨之畫上了句號。

周世宗英年早逝，收復燕雲功敗垂成，令人扼腕長嘆，元代的學者郝經就曾寫過一首名叫〈白溝行〉的詩：

> 石郎作帝從珂敗，便割燕雲十六州。
> 世宗恰得關南死，點檢陳橋作天子。
> 漢兒不復見中原，當年禍基元在此。
> 溝上殘城有遺堞，歲歲遼人來把截。

周世宗才識過人，氣魄出眾，不僅在五代諸帝當中無與倫比，宋朝的宋太祖、宋太宗兄弟也僅能望其項背。如若他在位的時間能再延長幾年，那麼「十年開拓天下」、「十年養百姓」、「十年致太平」的宏圖完全有可能實現，起碼統一的局面要較宋朝好得多。這是古今史家的共識。出師未捷身先死，長使英雄淚滿襟！周世宗倒在了勝利的前夜，不禁讓人感慨生命的脆弱和命運的無情。

▌雨過天晴：步入大宋

周世宗走了，帶走了他三十年致「太平」的夢想，五代群雄的太平夢終究未能實現。這一歷史使命，就留給大宋去完成了。

然而，五代的歷史，是否就真得像歐陽脩《新五代史》那樣動輒「嗚呼」，真的就只是一個黑暗的戰亂時代嗎？答案當然是否定的。五代群雄固然未能一圓太平夢，但經過五十四年歲月的流逝和群雄的奮鬥，相比於唐代安史之亂以後的形勢，已經有了天翻地覆的變化：

一個最為明顯的表現，就是五代歷朝相承，苦心經營，中央政府手中掌握了一支愈來愈強大的禁軍，到了後周的時候，特別是經過周世宗的整軍經武，中央禁軍的總兵力已經高達二十萬以上，戰鬥力也有了根本上的提升。唐代中期以來，中央兵力寥寥無幾、雄兵猛將皆歸地方藩鎮的內輕外重局面，得以徹底地改變。五代時期，地方節度使跋扈稱雄者依然不少，但至遲從後唐開始，除非極其特殊的情況，真正有實力與中央進行軍事對抗的藩鎮已經是少之又少。這就為中央集權的重建、掃平地方割據勢力準備了最重要的前提條件。

其二，五代雖然是一個分裂的時期，但南北統一的趨勢越來越明顯。據《新五代史》的記載：到周世宗的時候，後周先後擊敗了北漢、後蜀、南唐和契丹四大強敵，分別從後蜀手中奪回了四個州，取南唐江北十四個

州，取契丹三個州，已經擁有了一百一十八個州。這個數字僅略少於後唐的一百二十三個州，但要多於後晉的一百零九個州和後漢的一百零六個州，更遠多於後周初年的九十六個州，占當時南北總計兩百六十八個州的百分之四十四強。而且，經過周世宗的南征北戰，北漢、南唐都遭到了致命性的打擊，南唐已經削去了帝號，改向後周稱臣，後蜀和南漢也成了驚弓之鳥，兩湖、吳越、福建等地的地方政權則早已向中原王朝稱臣納貢。即便是強大的契丹，也因為失去了幽州的關南屏障，對後周被迫採取了守勢。這一切，都為大宋統一南北奠定了堅實的基礎。

據說，周世宗曾親自規定：後周御窯所產瓷器的顏色為「雨過天青雲破處，這般顏色作將來」，以此來象徵後周的國運如「雨過天晴」般興旺發達。應該說，後周的國運最終並沒有能「雨過天晴」，仍然和梁、唐、晉、漢一樣，悲劇性地成為第五個短命的王朝。但就安史之亂後中國的歷史來說，經過周世宗的努力，確實已經是「雨過天晴」了。太平盛世的明媚陽光，已經就在眼前了。

如果把眼光放得再長遠一些，五代的歷史意義可能還不止於此。五代時期，五十四年的時間裡更迭了十四個皇帝、八個姓氏，混亂當然是混亂，但伴隨著一頂頂的皇冠被打落塵埃，漢、唐以來籠罩在皇冠上的「君權神授」的神聖光環也隨之被無情地打破，天子「惟兵強馬壯者為之」，槍桿子裡面出政權的本質，得以大白於天下。皇帝在民眾口中的稱呼，也由半神半人的「天子」下降為「官家」，也就是做官的人，後來更被戲稱為「老頭子」。五代以後的皇帝，很難再用天命、祥瑞、封禪一類騙人的把戲，就能廉價地換取民眾的效忠。他們必須要給民眾帶來實際的利益，否則就會被無情拋棄。

與此同時，伴隨著五代「手提寶劍喝西風」、「少提一劍去鄉里，四十年後將相還」，一幕幕社會底層人士透過個人奮鬥實現發跡變泰的英

雄傳奇，使得魏晉隋唐的門閥統治終於徹底終結了，五代以來「取士不論家世，婚姻不問閥閱」、「賤不必不貴，貧不必不富」的觀念深入人心，一個社會平等大為增強的新時代到來了。

宋朝開國之後，宋太祖在保護歷代帝王陵寢的同時，特地下令為梁後梁太祖朱溫、後唐莊宗李存勗、明宗李嗣源、後晉高祖石敬瑭的陵墓，各設守陵二戶，每三年由官府舉行一次正式的祭祀活動。至於後周的太祖郭威、世宗柴榮和恭帝柴宗訓，更是每逢忌日，都要由大宋朝廷出面隆重祭祀。宋太宗的時候，當有人上書建議宋朝直接上承唐朝，否定五代各朝的正統地位時，宋太宗當即就予以了拒絕。確實，這是對歷史應有的尊重，也是五代群雄應得的地位。無論如何，前人栽樹，後人乘涼，每一個犧牲都是偉大的，每一分耕耘也都會有一分收穫。

第一章　引子：五代群雄太平夢

第二章
江湖大俠：宋太祖早年傳奇

欲出未出光辣達，

千山萬山如火發。

須臾走向天上來，

逐卻殘星趕卻月。

—— 宋太祖〈詠日〉

　　按照宋太祖本人的回憶：他早年行走江湖的落魄時候，曾露宿過西嶽華山的山間小徑，拂曉之時，仰望冉冉東升的旭日，遂有感而發，脫口吟成了這首〈詠日〉詩。當然，與其說是詩，還不如說是個順口溜。宋朝中葉，文化昌盛，在官修國史的時候，有好事的文臣認為太祖此詩江湖味太濃，與漢、唐以來的「帝王氣度」不符，於是代為捉刀，將後兩句修改為「未離海底千山黑，才到天中萬國明」。但更多的人認為，如此改動純屬畫蛇添足，「文氣卑弱」，反而使原作氣魄盡失。

　　原版和山寨版的兩首〈詠日〉詩，究竟誰更高明？可以暫且置而不論。然宋太祖確乎與漢、唐的「帝王氣度」有所不同。中國古代的皇帝，或者出身英雄顯貴，或者出身流氓地痞，因為英雄有所憑藉，而流氓無所顧忌。前者以唐太宗李世民為代表，後者以漢高祖劉邦為代表。像宋太祖這樣有過數年江湖俠客經歷的皇帝，不僅與漢、唐諸帝大異其趣，在中國歷代大王朝的皇帝當中，也是個性鮮明、獨樹一幟的。

▍風雲際會：龍虎會鄴都

　　乾祐三年（西元九五〇年），後漢王朝最後一個年頭，總攬河北兵權的軍事強人郭威，坐鎮鄴都（今河北大名），積草屯糧，厲兵秣馬，廣招天下豪傑，準備引而待發。一場改朝換代的政治風暴正在緊鑼密鼓地醞釀之中。

　　河北鄴都，天雄軍節度使的駐節之地，堪稱是五代名副其實的英雄

城。它距東京汴梁只有不到十天的路程，中間僅隔一條黃河，既是汴梁在河北最重要的屏障，又似一隻隨時可能重擊過來的鐵拳。同光元年（西元九二三年），後唐莊宗李存勗稱帝於鄴都，然後揮戈南下，直取東京汴梁，滅亡了梁後梁政權。二十八年過去，只是彈指之間。當年的英雄們都已經遠去了，但他們所譜就的五代最為高亢的英雄傳奇，卻鑄就了這座英雄城永恆的輝煌，鐫刻在歷史的印記裡，激勵著他們的後輩去開創屬於自我的榮光。此番郭威在鄴都登高一呼，號令天下群雄，自然是應者雲集，前來投奔者絡繹不絕。一時間，龍虎聚鄴都，風雲再際會。

五代本來就是一個激情燃燒的歲月，凡屬熱血男兒，哪個沒有「發跡變泰」的追求，哪個沒有建功立業的鬥志，又有誰會甘於平淡，碌碌終老？轟轟烈烈，快意恩仇，在戰場上用自己的雙手，博一個榮華富貴，博一個封妻蔭子，博一個青史留名，是那一個時代人們實現自我人生價值的首選途徑。

這年的四月，一位應募前來的青年英雄，懷著對未來的憧憬，正大步流星走在從澶州北來鄴都的大路上。

此人中等身材，頭戴一條青色的頭巾，身穿破舊的褐色布衫，這是那個時代社會底層人物的標準裝束。雖然衣衫襤褸，但此人紫紅色的臉龐，濃眉大眼，又有一根引人注意的齊眉鐵桿棒橫擔在肩上，加上身邊的一頭不時嘶鳴幾聲的小毛驢，落魄之中倒也不失好漢的英氣。要知道，桿棒儘管是當時江湖人士慣用的兵器，但大多數都是用蠟木棒，像他這樣敢用分量很重的鐵棒，非膂力過人、棒法精熟者不可。

再說這頭小毛驢吧，別看牠瘦巴巴的，還真是頗有些來頭呢！牠原是洛陽（今河南洛陽）長壽寺藏經院住持老和尚的坐騎，此人路經洛陽的時候，曾在長壽寺裡小憩，與老和尚有了一面之緣，據說老和尚認定他氣宇不凡，是當世的一位英雄人物，於是就慷慨解囊，不僅贈送給他來鄴都的

路費，還把自己的小毛驢也送給了他。

此人，當然就是大名鼎鼎的大宋王朝的開國皇帝──宋太祖趙匡胤。只不過，此時距離他成為皇帝還有整整十年的時間。此時的趙匡胤正在為自己的前程苦苦奔波。

宋太祖發跡之後，他手持的鐵棒就成為宋朝的鎮國之寶，被珍藏在皇宮大內之中，宋徽宗的時候，就曾拿出來讓臣子們瞻仰。更有許多的文人墨客賦詩讚頌不已，如宋元話本《趙太祖千里送京娘》中就稱讚宋太祖說：「說時義氣凌千古，話到英風透九霄。八百軍州真帝主，一條桿棒顯雄豪。」

又如古代四大名著之一《水滸傳》的楔子：宋太祖「英雄勇猛，智量寬洪。自古帝王，都不及這朝天子。一條桿棒等身齊，打四百座軍州都姓趙」。

倒是那頭小毛驢，卻冷落得很，少有人問津，其實，「往日崎嶇還記否？路長人困蹇驢嘶」，「此身合是詩人未？細雨騎驢入劍門」，向來與詩人雅士為伴的小毛驢，此番竟也曾陪伴了開國的英雄豪傑一程，難道不更值得詠嘆嗎？騎著小毛驢，在政治舞臺上開始亮相的宋太祖，一開始就少了幾分高頭大馬的霸氣，反而多了幾分別樣的韻味，他所開創的大宋，成為華夏文明歷史上文化最為細膩、最為昌盛的王朝，難道是偶然的嗎？

▋洛陽少年：出身軍人之家

趙匡胤，後唐明宗天成二年（西元九二七年）二月十六日出生於洛陽的夾馬營之中，大宋開國後，這一天就定為了「長春節」。這一年是「丁亥」年，所以趙匡胤屬豬。巧合的是，他的弟弟趙匡義生於後晉天福四年（西元九三九年），比他小整整十二歲，同樣是屬豬。

夾馬營，也作甲馬營，是後唐禁軍騎兵的駐屯軍營。趙匡胤的父親趙

弘殷，當時是後唐禁軍中一個番號叫「飛捷」的騎兵部隊的指揮使，所以趙匡胤就出生在軍營之中。

趙匡胤祖籍涿州（今河北涿州），因為涿州隸屬於幽州的節度使管轄，所以趙匡胤有時也自稱幽州人。趙匡胤的祖上，按照宋朝最權威的官修史書《宋會要》的說法，可以上追到西漢宣帝時的著名清官趙廣漢，因趙廣漢也是涿郡人，但這基本上屬於亂認名人當祖宗，沒什麼能說得清楚的依據。

從認祖歸宗的角度說，天下所有的趙姓都來自甘肅天水，天水是趙姓公認的郡望，因此，趙宋皇室也被稱作「天水趙氏」，趙宋王朝則被稱作「天水朝」或「天水一朝」。

趙匡胤確有史可考的先祖，包括他的高祖父趙朓、曾祖父趙珽、祖父趙敬和父親趙弘殷，大宋開國後，趙匡胤分別追尊趙朓為僖祖，趙珽為順祖，趙敬為翼祖，趙弘殷為宣祖。根據《宋會要》等的相關記載，他們都是大唐的官宦出身，趙朓「以儒學顯」，當過幽州下轄的永清、文安和幽都三個縣的縣令，趙珽做過藩鎮從事兼御史中丞，趙敬歷任營州（今河北昌黎）、薊州（今天津薊縣）和涿州（今河北涿州）三個州的刺史。趙匡胤當然也就算是官宦名門之後了。

其實，這些官都不大，趙珽的兼御史中丞聽起來好像挺大，實際上只是一個很小的空銜，沒什麼意義。而且，幽州城是安祿山的大本營，安史之亂的策源地，安史之亂後則是強橫的「河朔三鎮」的地盤，始終處於實際上的半獨立狀態。趙匡胤祖上的這些官職，都是幽州的軍閥自封的，與大唐朝廷關係不大。更何況，最晚到了趙匡胤父親這一代，趙家就完全敗落了，下降到了一個完全依靠騎馬射箭博取功名的河朔武人之家了。

趙匡胤的父親趙弘殷，身為禁軍騎兵部隊「飛捷」的指揮使，管轄著三、五百人，勉強算是個中級的軍官。因為他驍勇善騎射，在禁軍中頗有

些名氣。母親杜氏，人稱「杜三娘子」。說起來，趙匡胤父母的結合，真是十分的傳奇：

話說趙弘殷當年窮困潦倒，在老家實在是待不下去了，被迫背井離鄉。當他走到定州安喜縣杜家莊時，已是大雪紛飛的隆冬時節。為了避雪，趙弘殷躲到了一家大戶人家的屋簷下，巧遇宅子的主人杜爽。杜爽見他忠厚老實，就留他在家中做事，後來還和夫人范氏商量，把女兒「杜三娘子」許配給了他，招趙弘殷做了上門女婿。

杜家是當地的大族，當李存勗在鄴都稱帝的時候，也拉起了百十人的隊伍，就由趙弘殷率領這支武裝，加入了後唐的禁軍。趙弘殷驍勇善戰，很得李存勗的賞識，被任命為飛捷指揮使。由於他是上門女婿，又靠女方家族的勢力起家，所以他在家中地位平平，倒是他的夫人杜氏閫威不凡，家中大事小情都歸她掌管，是趙家真正的大家長，子女們也都對母親言聽計從。

趙匡胤本是趙弘殷的第二個兒子，但因為長兄不幸夭折了，人們都稱他為「趙大郎」。因為趙匡胤後來當了皇帝，就一直流傳著許多關於他出生的優美傳說：

一是說他父親趙弘殷的名字起得好，正好應了濟公和尚的讖語：「有一真人在冀州，閉口張弓左右邊，子子孫孫萬萬年。」

一是說他母親杜氏的老家杜家莊的風水好，家門口有個水窪，叫「雙龍潭」，所以趙匡胤和他的弟弟趙匡義都當了皇帝。

一是說趙匡胤出生時，夾馬營的趙家宅院「紅光」沖天，且香氣撲鼻，三天不散，趙匡胤剛生下來的前三天，全身金光閃閃，甚至於連胎盤都呈現出荷花的奇特樣子。影響很大的佛教史書《佛祖統紀》，據此就斷定趙匡胤「神光金體」，是「佛大士之瑞相」。還有一種說法更乾脆，直接說趙匡胤就是定光佛轉世。定光佛，也叫燃燈佛，據佛家的說法，他是

佛祖如來的啟蒙老師。

到《水滸傳》裡，趙匡胤更被說成了霹靂大仙下凡。霹靂大仙是道教中武力強大的雷電之神，在家喻戶曉的《寶蓮燈》的故事當中，主人公沉香就是師從「霹靂大仙」，因而能夠戰勝凶惡的二郎神。

一是說趙匡胤出生的日子好，是後唐明宗李嗣源每晚向上天祈禱的結果，也就是「上應天命」。據說，有一次杜氏用擔子挑著趙匡胤、趙匡義兄弟倆出門避亂，正好碰到了「老神仙」陳摶，陳摶當即吟詩道：「莫道當今無天子，都將天子上擔挑。」

顯而易見，這些傳說要不是神乎其神，要不是牽強附會，就是故意編造，目的都是把趙匡胤神化為真龍天子，都不能視為歷史的真實。

現在看來，趙匡胤出生於明宗時期的後唐都城洛陽，確實是十分的幸運。

五代時期，洛陽是最早從戰爭破壞當中恢復過來的大都市，梁後梁定都東京開封，同時以洛陽為西京陪都。到後唐定都的時候，洛陽已然一派太平都市的繁華景致。每到春夏之際的花季，城中繁花似錦的牡丹花四處綻放，花團錦簇；香煙裊裊的寺廟，更隨處可見，人們手持牡丹花，獻花禮佛，行走在整齊的大道上。童年的趙匡胤，呼朋引伴，也時常穿梭在洛陽的花叢當中……。

從歷史上看，以洛陽為中心的河洛地區，是華夏文明公認的最早的發祥地，也一直是周公、孔子等儒家禮樂文化的中心，更曾經是東周、東漢等十三個王朝的首都，大唐的東都。華夏文明的底蘊，在這裡始終都是最淳厚的。

後唐明宗李嗣源，則是五代難得的賢君，他統治下的天成、長興年間（西元九二六至九三三年），政局穩定，經濟繁榮，被公認為五代的「小

康」之治。

　　當時禁軍很少出動打仗，趙匡胤的父母就有條件送兒子上學讀書，跟隨一位名叫辛文悅的教書先生，學習儒家的經典《五經》。接受了系統的儒家文化的啟蒙教育，和大多數目不識丁的同時代的武將相比，趙匡胤無疑就高出了一大截。趙匡胤當了皇帝之後，就恭恭敬敬地把自己的老師請到了都城開封，還破格讓他出任了很尊貴的官職。

　　趙匡胤生於軍人之家，當然不是一心唯讀聖賢書的讀書種子，舞槍弄棒、行軍打仗才是他的最愛。每天放學回家，他都要把同伴們排成整齊的佇列，他自己在旁邊喊著行軍號子，還真有幾分大將軍的威風。連大人們看到趙匡胤麾下的「孩兒兵」們走過來了，都要遠遠地退讓三分。至於痴迷騎馬射箭，更是軍人子弟與生俱來的本能，趙匡胤住在騎兵軍營裡，酷嗜飛馬狂奔，越是難以馴服的烈馬，他越是愛騎。不用馬鞍、馬韁繩就能制服烈馬，是他的絕活。趙匡胤很早就是一個百發百中的神射手，在馬上射中飛奔的狡兔，射中搖擺的柳樹枝，都是他的拿手好戲。到了晚年，趙匡胤就把自己射箭的心得，寫成了一部《射訣》，在宋軍中普及推廣，據說其威力驚人，能夠做到「搦折弓弝，絕力斷弦，踏翻地面，射倒箭垛」。

　　天福三年（西元九三八年），後晉高祖石敬瑭遷都東京汴梁（今河南開封），洛陽復為西京陪都，趙匡胤跟隨父母也來到了開封，但他一直對洛陽有著深厚的感情。大宋開國，定開封為東都，同時定洛陽為西京，居於陪都的地位。直到晚年，趙匡胤愈加懷念洛陽的壯麗山河，懷念洛陽的民風淳厚，懷念洛陽的牡丹盛開、花香鳥語，有意將大宋的都城從開封遷回洛陽，特地命人重修了洛陽的宮殿，甚至自己的陵墓永昌陵，他也親自選在了離洛陽城不太遠的鞏縣……

▌江湖俠客：一條桿棒顯英豪

後晉、後漢之際，是五代最動盪也最黑暗的時期，趙匡胤的人生也發生了重大的轉折。大約在乾祐元年（西元九四八年）年初，也就是後漢隱帝劉承祐即位的那一年，二十一歲的趙匡胤離家出走，開始了流浪江湖的日子。關於他離家的原因，有兩種較有影響說法：

一是說趙匡胤的父親在禁軍中一直官運坎坷，鬱鬱不得志，在禁軍前後任職都有二十多年了，還是個小小的指揮使。趙匡胤志向遠大，認為再在父親身邊，依靠父親的卵翼，也不會有什麼大的出息，於是毅然離開京城開封，試圖到別的地方去尋求施展抱負和創業的機遇。

一是說趙匡胤性如烈火，為人耿直，好打抱不平，又嗜酒如命，時常闖出禍來，是一個「管閒事的祖宗，撞沒頭禍的太歲」。有一次竟然「在汴京城打了御勾欄，鬧了御花園，觸犯了漢末帝」。觸犯了皇帝，這還了得，趙匡胤只能是溜之大吉，逃難天涯。

這兩種說法，各有各的道理，究竟哪一種更可靠，現在已經很難準確考證了。但不管怎樣，趙匡胤就此浪跡江湖是確鑿無疑的。他這一走，就是三年。

在家千日好，出門一時難。趙匡胤在開封城的時候，最不濟也算是個公子哥兒，過著衣食無憂的日子，但離家出走之後的流浪生活，可就完全不一樣了。身無分文，風餐露宿，那是常有的事。運氣好的時候，才可以到寺廟裡借宿和混吃混喝。據說，趙匡胤走投無路時，曾偷摘過開封城郊外的普安寺和尚們種的萵苣充飢，廟裡的和尚發覺後也沒有為難他。襄陽（今湖北襄樊）、涇州（今甘肅涇川）長武鎮、洛陽長壽寺等地寺院的長老們，更曾善待和資助過他。尤其是襄陽的老和尚，在資助的同時，還向他指點迷津，提醒他不要再往南走，而要一直向北，就會有機遇。趙匡胤後來北上投奔鄴都的郭威，據說就是聽從了襄陽老和尚的指點。宋朝開國

之後，趙匡胤也投桃報李，斷然停止了周世宗嚴厲的「滅佛」政策，中國佛教史上最後一次的「法難」終於結束了。

　　對於一個流浪漢來說，如此的好運氣，當然不會經常遇到。在更多的時候，趙匡胤只能是面對鄙夷的白眼和無情的面孔。復州（今湖北天門）的防禦使王彥超，是趙匡胤父親的老戰友，但當趙匡胤前去投奔他時，卻吃到了冷冰冰的閉門羹，王彥超只是命手下人給了趙匡胤十貫錢，像打發叫花子似的就把他打發走了。

　　隨州（今湖北隨州）的刺史董宗本，雖然一度收留了趙匡胤，但董宗本有個兒子叫董遵誨，卻是個盛氣凌人的紈絝子弟，時不時地辱罵趙匡胤，趙匡胤不甘心寄人籬下，只得另謀出路。

　　還有一次，趙匡胤流浪到西北的潘原縣（今甘肅平涼），飢腸轆轆，偏偏他身無分文，只好與當地人賭博碰碰運氣，誰知趙匡胤手氣不錯，贏了不少錢，願賭本應服輸，但當地人仗著人多勢眾，竟耍起賴來，一陣拳打腳踢，把趙匡胤給打了出去……。

　　趙匡胤當了皇帝後，曾當面問過王彥超：「我當年前去投奔你，你為什麼不收留我呢？」王彥超也算是伶牙俐齒，當即回答道：「一勺水哪能容得下神龍。我當時只是個小小的防禦使，哪裡敢留陛下您這樣的大人物呢？再說，如果我收留了您，您還會有今天嗎？」對於王彥超的辯解，趙匡胤一笑置之。對董遵誨，趙匡胤也把他視為故人，任命他擔任很重要的軍職。

　　對潘原的賭友們，趙匡胤也沒拿他們怎麼樣，只是一度想把這個縣給廢掉。倒是當地人覺得「耍賴」怠慢了皇上，實在是臉上無光，後來當地就像魯迅先生筆下的阿Q一樣，連「賴」字都避諱了。

　　畢竟，此一時彼一時。當年的趙匡胤，只是一個流浪漢，又怎敢奢望人人都能於風塵中識得英雄好漢呢？

江湖險惡，但江湖也是一所大學校。趙匡胤本來就精於騎馬射箭，數年行走江湖，又練就了過人的拳腳和棍法。正如金庸先生著名的武俠小說《天龍八部》第十九章〈雖萬千人吾往矣〉中所說的：

　　眾人盡皆識得，那是江湖上流傳頗廣的「太祖長拳」。宋太祖趙匡胤以一對拳頭，一條桿棒，打下了大宋錦繡江山。自來帝皇，從無如宋太祖之神勇者。那一套「太祖長拳」和「太祖棒」，當時是武林中最為流行的武功，就算不會使的，看也看得熟了。

　　小說家言，當然不可盡信，但也並非完全無憑。根據宋代的一部筆記《鐵圍山叢談》的記載：宋徽宗時，曾把皇宮中珍藏的一對玉拳頭和一條純鐵打造的鐵桿棒，拿出來讓親信大臣們瞻仰。不用說，玉拳頭是趙匡胤雙拳的模型，鐵棒就是他親手使用的鐵桿棒。據說，雖然時間已經過了一百多年，但鐵棒上趙匡胤的指頭印記依然十分清晰。這部書的作者，來頭可不小，是宋徽宗時宰相蔡京的兒子蔡絛，他經常出入皇宮，其所記載的可信性是有保證的。

　　趙匡胤的拳法，明代抗倭名將戚繼光的名作《紀效新書》就稱其為「太祖長拳」，書中的〈拳經捷要篇〉一節就把「宋太祖三十二勢長拳」，列為「古今拳家」中的第一大家，並附有各勢的拳訣和拳譜，如「探馬勢」就說：「探馬傳自太祖，諸勢可降可變。進攻退閃弱生強，接短拳之至善。」

　　至於趙匡胤的棍法，人稱「太祖棍」、「蟠龍棍」，或「騰蛇棍」，舞將起來「如金龍罩體，玉蟒纏身，迎著棒，似秋葉翻身；近著身，如落花墜地。打得三分四散，七零八落」。明代軍事理論家何良臣所撰的《陣紀》中就評價道：古今棍法，以「趙太祖騰蛇棍為第一」。和戚繼光齊名的抗倭名將俞大猷，以擅長棍術著名，號稱棍棒「妙天下」，他的師傅趙本學就是宋太祖的嫡系後裔。俞大猷在所著「集古今棍法而大成之」的

《劍經》當中，把自己棍術的淵源上溯至宋太祖趙匡胤。

趙匡胤生活的時代，擅長騎馬射箭、戰場廝殺的勇士，可以說比比皆是，但像他這樣既能衝鋒陷陣，又精於拳術、棍術等江湖武術的，卻是鳳毛麟角。趙匡胤一到鄴都，就被郭威和柴榮看中，被選為柴榮的貼身親兵衛士，後來成為柴榮的衛士長，無疑與此有著最為直接的連繫。

武功高強，還需武德高尚，救危濟困，行俠仗義，才配得上一個「俠」字。趙匡胤就是如此。他自己淪落江湖，窮困潦倒，但卻仗義疏財，視金錢如糞土，只要手上的錢超過了一百個銅錢，就一定要周濟更困難的窮人。趙匡胤嫉惡如仇，勇於路見不平，除暴安良，他自己曾經自豪地說：「我這個人，一輩子都不曾欺善怕惡！」從宋代開始，民間就廣泛流傳著他俠肝義膽、除暴安良等許許多多的故事，其中最著名的，要算千古佳話「千里送京娘」了。按宋元話本《趙太祖千里送京娘》裡的說法：

趙匡胤一路風塵，行俠仗義來到山西太原。他的本家叔叔在太原的清油觀當道士，於是趙匡胤就在那裡住了下來。一天，他偶然發現觀中一座緊閉的殿房裡關著一位美麗的姑娘，打聽之下，得知這位名叫京娘的少女是蒲州（今山西蒲縣）人，被強盜們搶到了這裡。年輕的趙匡胤頓生惻隱之心，遂單身一人，步行千里，憑藉著一條出神入化的鐵桿棒，殺退了一個個前來追襲的強盜，將這位萍水相逢的京娘姑娘安全地送回了蒲州家鄉。京娘仰慕趙公子乃英雄豪傑，早就有意以身相許，她的父母在感激之餘，也提出要將女兒嫁給她。

正當事情就要以「英雄救美」、姻緣成就的大團圓結局的時候，趙匡胤卻嚴詞拒絕，並當即拂袖而去。更令人意外的是，京娘是一位烈性的女子，因為趙匡胤的拒絕使她的父母十分尷尬：「人無利己，誰肯早起？」一對青年男女伴行千里，怎會沒有親密的關係？如若最終不成夫婦，女兒的清白和貞節怎麼辦？父母的懷疑和盤問使京娘感到絕望和悲憤，最終的

結局是一個令人震驚的悲劇：京娘懸梁梁自縊而死，用死抗議父母對他和趙匡胤的胡亂猜疑。趙匡胤稱帝以後，追封她為「貞義夫人」，還在當地建立祠堂來紀念她。

英雄難過美人關。漢高祖劉邦、唐太宗李世民，是中國歷史上十分傑出的兩位皇帝，但劉邦多有流氓行為，李世民更無恥地霸占了自己的兄弟媳婦，在個人生活方面都不怎麼光彩，「髒唐臭漢」嘛！趙匡胤能夠不貪戀女色，當然難能可貴，在人生境界和品德境界方面就有超越漢高祖和唐太宗的地方，難怪話本的作者要賦詩稱讚他說：

不戀私情不畏強，獨行千里送京娘。
漢唐呂武紛多事，誰及英雄趙大郎。

當然，趙匡胤並非不懂憐香惜玉，更不是不解風情的莽漢，他之所以如此堅決地拒絕這一婚事，因為他千里相送，出於一個「義」字，講的是江湖豪俠的「義氣」。更何況，此時的趙匡胤，耳聞目睹了民間太多的苦難，像他多次往返的關中地區，就一直是白骨山積，後漢三鎮聯合叛亂製造了駭人聽聞的血腥，僅當地一個和尚就掩埋了二十萬具之多的遺骸！趙匡胤連一個弱女子受人欺凌，尚且於心不忍，毅然千里相送，面對百姓如此慘劇，如何能安享溫柔鄉。此時的趙匡胤，已然是胸懷大志，以「掃蕩煙塵」、「救民於塗炭」、「救一方百姓」為己任，自然無意於過多地再糾纏於兒女情長。

「為國為民，俠之大者」。此時的趙匡胤，已然是一位真正的「大俠」。對京娘這個多情的女子來說，這可能是個悲劇，但對戰亂中掙扎的百姓來說，這卻是個天大的福音。

正是這一段風塵豪俠的精彩傳奇，正是三年浪跡天涯，憑一雙拳頭和一根鐵桿棒行俠仗義的經歷，趙匡胤走遍了南北名山大川，開闊了眼界和胸襟，也見慣了世態炎涼，增加了人生的閱歷，徹底脫去了開封城裡公子

哥兒的驕、嬌二氣，由一個毛頭小子，歷練為「鐵骨錚錚，直道而行，一邪不染」、穩重老練、沉默寡言、深有城府的「大俠」，已經成長為有能力把個人榮華富貴的實現與民眾的命運相連繫，有能力把民眾的幸福擔於自己肩頭，頂天立地的男子漢！

　　乾祐三年（西元九五〇年）四月，趙匡胤結束了江湖流浪的生活，加入了鄴都郭威的隊伍，從此踏上了飛黃騰達、開創大宋王朝的征程。此時，趙匡胤二十四歲，正是風華正茂的好時光。

▎高平之戰：一飛沖天

　　趙匡胤抵達了郭威軍中之後，據說善於望氣看風水的術士，就已經看出郭威大軍中有「三天子」氣。「三天子」，當然是指後周太祖郭威、世宗柴榮和宋太祖趙匡胤了。但這十有八九是事後諸葛亮。因為趙匡胤當時只是應募當了一名小軍校，在大軍當中很不起眼。郭威南下奪位，趙匡胤至多充當了搖旗吶喊、高呼萬歲的馬前卒，還輪不上他有什麼表演的機會。

　　趙匡胤真正的機遇，在於他被選中到柴榮的身邊，由衛士而衛士長，一直都跟隨在柴榮的左右，因而與柴榮建立起了極其密切的主從關係。廣順元年（西元九五一年），柴榮出任鎮甯軍節度使坐鎮澶州，趙匡胤就在其節度使的幕府之中任職，還由此結識了後來的宋朝開國名將曹彬。廣順三年（西元九五三年），柴榮由鎮甯軍節度使回京就任開封尹、晉王，趙匡胤也隨之擔任開封府馬直軍使。

　　近水樓臺先得月。古今官場，最容易升官的，都是長官的「秘書」。軍隊當中，則是主將的親兵衛士，總比其他將士有更多的晉升機會。按照唐代以來軍中的慣例，節度使以上的高級軍官，都要招募三、五十名貼身親兵衛士，主將平時提供給親兵衛士們遠高於普通士兵的待遇，戰時親兵

則跟從主將出征，「每出入敵陣，得以隨身」，親兵們負責保衛主將的個人安全。在政治上，主將與親兵之間也結成了一損俱損、一榮俱榮的膠固連繫，親兵衛士幾乎都是主將的「腹心」、死黨。親兵效忠主將，被當時人視作軍中美事，反過來，主將也都是優先提拔自己的親兵衛士。

如果主將的身分是皇太子，那就更不得了，一旦皇太子即位，這些親兵衛士們立刻就會被視作攀龍附鳳的「從龍」之士，也叫「隨龍」之士，最容易得到破格提升，去充當新皇帝控制軍隊的心腹之人。如宋太宗一上臺，不僅是他的警衛人員，甚至連原來負責為他趕車的、養馬的、看大門的勤雜士兵們，幾乎全部都陸續被提升到節度使的高位，真正是一人得道，雞犬升天。五代宋朝，幾乎都是如此。

趙匡胤跟隨柴榮之後，就踏上了這麼一條仕途的快車道。柴榮是郭威夫人柴氏的姪子，郭威的乾兒子，但郭威的幾個親生兒子都死於開封城，所以柴榮就有了準皇儲的地位。顯德元年（西元九五四年）郭威死後，柴榮登基，趙匡胤遂由開封府的馬直軍使，擔任了皇宮和皇帝本人警衛的「宿衛將」，專門負責保衛周世宗個人的安全，並從此青雲直上。許多資歷比他深，戰功不亞於他，甚至於在他之上的將領，都不如趙匡胤晉升得快，這是最為關鍵的原因。周世宗臨終前，突然提拔趙匡胤出任事關政權生死存亡的殿前都點檢要職，原因也就在於此。

當然，關係有了，能不能在軍中脫穎而出，還要看個人的能力和機遇。趙匡胤的能力沒得說，機遇也很快就來臨了。

顯德元年（西元九五四年）三月，後周與北漢和契丹的聯軍於高平（今山西高平）展開了一場空前規模的大會戰。北漢是郭威兵變取代後漢王朝所造成的副產品，就在郭威稱帝的同時，後漢開國皇帝劉知遠的弟弟、北京留守劉崇以恢復劉漢為號召，於太原稱帝，仍以漢為國號，乾祐為年號，史稱北漢。

北漢控制區僅有十二個州不到，然而太原城池堅固，當地又兵源充足，多出精兵猛將，李存勗、石敬瑭、劉知遠皆以此為根據地成就帝業。更何況劉崇又聯絡契丹，以向契丹稱臣和稱姪等屈辱條件，換取了契丹的軍事保護。北漢與後周勢不兩立，對後周構成了很大的威脅。二月，郭威去世，周世宗即位。三月，北漢、契丹的聯軍立即東下，意圖趁著後周國君新喪，一戰滅亡後周。周世宗針鋒相對，力排眾議，親率後周禁軍主力迎戰，雙方遂於高平爆發激戰。

　　戰鬥剛一打響，意外的情況就突然出現了，後周右翼主帥侍衛馬軍都指揮使樊愛能、步軍都指揮使何徽心懷異志，竟然臨陣脫逃，領著本部騎兵掉頭就跑，其麾下的上千名步兵乾脆就地倒戈，投降了北漢。

　　剎那間，後周陣腳大亂，全軍陷入危局。在這生死存亡的關頭，周世宗沒有絲毫的猶豫，第一個躍馬出陣，率五十餘名親兵衛士衝向敵陣。

　　此時的趙匡胤，正緊緊跟隨在周世宗的身邊，他一邊拚死護衛周世宗，一邊向其他將士大聲喊喝：「弟兄們！萬歲爺都衝上去了，大家還等什麼，都跟隨我一起衝啊！」皇帝的神勇，趙匡胤的表率，讓後周禁衛軍們爆發出了空前強悍的戰鬥力，他們吶喊著向北漢軍陣席捲而去。

　　趙匡胤頭腦冷靜，他向禁衛軍統帥張永德建議，兩人各自率領兩千名精銳騎兵，分左右兩翼，居高臨下，同時痛擊敵軍。張永德依計而行，布置妥當，趙匡胤高呼：「國家興亡，在此一舉！」衝鋒陷陣，所向披靡。他的部下也人人奮勇，以一當百，神射手馬仁瑀躍馬引弓，箭無虛發，接連射死數十名敵兵；馬全義也縱橫馳騁，殺得北漢紛紛敗退。趙匡胤從此與「二馬」結下了深厚的戰鬥情誼，「二馬」後來都成為趙匡胤所倚重的開國大將。

　　趙匡胤的凶猛攻勢，本來就讓北漢難以招架了，更加倒楣的是南風大起，處在下風處的北漢軍終於兵敗如山倒，全線崩潰，北漢國主劉崇騎著

契丹人賞給他的一匹黃驃馬，抱頭鼠竄，樞密使王延嗣、主帥張元徽都死於亂軍之中。北漢軍隊的主力遭到了殲滅性的打擊，就此一蹶不振。

這一切，都發生在三月十九日一天之內，交戰雙方的命運就像雲霄飛車一樣，搖搖擺擺，勝利女神終究還是青睞了周世宗，當然還有趙匡胤。

高平之戰是決定五代命運的關鍵性一戰，關係到是走向統一太平，還是繼續戰亂的大問題。如若契丹和北漢聯軍獲勝，後周必然被顛覆，契丹扶植「兒皇帝」石敬瑭禍亂中原的歷史就會再次重演，中原地區統一和太平的實現必定會遙遙無期。反之，後周奪取戰役的勝利後，不僅北漢奄奄一息，從此龜縮自保，坐以待斃，強大的契丹遼國也一時為之奪氣，對後周採取了守勢，中原來自北方的威脅，由此大大減輕了。周世宗混一天下、「致太平」的宏圖大志，才有了最起碼的客觀條件，中原復歸一統的進程就此開始。

對趙匡胤個人的事業來說，高平之戰也是至關重要的，他在戰鬥中衝鋒在前，立下奇功，為日後的發展奠定了良好的基礎。《資治通鑑》評價道：「太祖皇帝自此肇基皇業。」這是恰如其分的。

戰鬥剛剛結束，周世宗發了雷霆般的震怒，不僅將投降北漢的上千名步兵全部斬殺，又在一天之內處死了大將樊愛能、何徽以下七十多名中高級軍官，由七十多名立功的將士填補空缺。趙匡胤更被破格提升為殿前都虞候、領嚴州刺史，一舉成為後周禁軍最耀眼的少壯派將星。這一年，他剛剛二十八歲。

這真是空前未有的機遇！一般來說，能連升三級，在官場上可能就是十分難得的了，但趙匡胤此番還不止呢。趙匡胤戰前的職務，《資治通鑑》僅含糊地記載為「宿衛將」，如果估算得不錯的話，趙匡胤很可能是以其開封府馬直軍使的職務參戰的，因為周世宗二月即位，三月初就出征高平，很可能還沒來得及安排他的軍職。開封府的馬直軍使充其量只是

八九品不入流的小軍官，而殿前都虞候、領嚴州刺史就完全不同了。

刺史是五品官，已經算得上是高官。殿前都虞候，顧名思義，是殿前諸班直的統帥，統領著皇帝最貼身的禁衛親軍，當時更是殿前軍的第二號長官，是後周禁軍最重要的高級軍職之一。殿前都虞候與開封府馬直軍使，兩者之間的距離，說是天地之差也不太誇張。此前擔任這一職務的，都是李重進、張永德等位高權重的皇親國戚。難怪任命公布之後，一軍皆驚！後世很多研究者也認為難以置信。趙匡胤一夜之間所達到的位置，確是絕大多數軍人夢寐以求，畢生都無法達到的，但歷史的事實就是如此。

少壯派將星：編練殿前軍

周世宗在高平之戰中，目睹了禁軍險些自我崩潰的醜陋表現，決意對禁軍痛加整頓。後周的禁軍，名稱是「侍衛親軍」，設侍衛親軍司作為統帥機關，以侍衛親軍馬步軍都、副指揮使、馬步軍都虞候、馬軍都指揮使和步軍都指揮使為其高階指揮官。侍衛親軍的總兵力在二十萬上下，數量相當龐大，但其中的絕大多數都是從後漢、後晉和後唐「沙陀三王朝」繼承過來的，充斥著大量沾染了惡習的士兵，不僅政治上很不穩定，動輒兵變，賣主求榮，而且戰鬥意志低下，非常容易失去控制。

就是這樣一支沒有多少真正戰鬥力的軍隊，耗費的軍費卻高得驚人，用周世宗的話說，就是：「一百個農夫，還養不起一個士兵。何必空費民脂民膏，來養這些沒用的東西！」高平之戰後，周世宗撤換了侍衛親軍大部分老朽的軍官，提升少壯派軍官，又裁撤老弱殘兵，終於使得侍衛親軍的面貌有所改觀。

為了從根本上解決問題，周世宗下定了決心，另起爐灶，在侍衛親軍之外，另行組建了一支新軍——殿前軍，設殿前司為統帥機關，先是以殿前都指揮使、殿前都虞候為正副統帥，後來陸續增設，到了周世宗晚年

的時候，以殿前都點檢、副都點檢為統帥，下設殿前都指揮使、副都指揮使和殿前都虞候。從此，後周禁軍就有了侍衛親軍和殿前軍兩支部隊。

殿前軍以皇帝個人的禁衛軍「殿前諸班直」為核心，輔以鐵騎、控鶴等原本獨立成軍的禁軍部隊。由於殿前諸班直戰鬥力雖然很強，但兵力畢竟有限，周世宗於是下令招募天下英雄、江湖豪傑，以充實殿前軍，特別是殿前諸班直。

這一舉措，既加強了中央禁軍的實力，又釜底抽薪，削弱了地方各藩鎮的力量根基，是一項一石二鳥的英明決策。至於具體的檢驗、選拔和擴編、訓練等任務，周世宗就指定由殿前都虞候趙匡胤全權負責。

趙匡胤武功高強，何況他本人又有三年多浪跡江湖的傳奇經歷，在江湖好漢當中有很強的號召力，當然是極其出色地完成了周世宗交給他的任務，趙匡胤在很短的時間裡，就為殿前諸班直選拔到了一大批精兵猛將，並加以精心的訓練，使得殿前諸班直急劇地擴大到了至少三十六個班左右，主要番號有：散員、散指揮、散都頭、散祗候，都是由各地方來應募的豪傑組成，四個班；內殿直，選拔驍勇的軍官子弟組成，四個班。總兵力在萬人以上，而且都是清一色的精銳鐵騎。以殿前諸班直為骨幹，加上兵力在三、四萬左右的鐵騎和控鶴兩軍，殿前軍迅速成為一支稱雄天下的虎狼之師，「士卒精強，近代無比」，不僅戰鬥力遠遠超過了侍衛親軍，更壓倒了北漢、南唐等各地方政權的軍隊，與契丹鐵騎抗衡也不落下風。周世宗南征北戰，靠的就是這支王牌部隊。宋太祖趙匡胤、宋太宗趙光義後來平定天下，統一各國，也是主要依仗殿前軍的力量。

趙匡胤作為殿前都虞候，具體負責殿前諸班直的招募、選拔、訓練和成軍，也當之無愧地成為這支部隊最主要的實際指揮者，因而在殿前軍中扎下了極為深厚的「群眾基礎」，奠定了趙匡胤的軍中人脈和基礎重要力量。如張瓊、楊義、黨進、李懷忠等一大批宋朝開國的戰將，都是在這個

時候歸屬於趙匡胤麾下的。

不僅如此，殿前軍中的多名中下級重要軍官，也都與殿前都虞候趙匡胤氣味相投，互相支持，結拜為異姓兄弟，這就是著名的「義社十兄弟」。「十兄弟」當中，石守信、王審琦等後來都是陳橋兵變擁戴趙匡胤當皇帝的關鍵人物。

「治軍先治校」。可以說，就任殿前都虞候，具體主持編練殿前軍，是趙匡胤開創帝業的起點。這就如同近代的袁世凱，主持天津小站練兵，編練新軍，因而建立了自己的北洋派系，成為當時首屈一指的軍事強人；蔣介石能夠主宰國民黨政權，關鍵也就在於他出任黃埔軍校校長，組建了效忠於自己的「黃埔系」，因而兵權在手。個中的奧妙，大致是一樣的。

趙匡胤在高平之戰前後，還有了一大收穫，那就是與後周的皇親國戚、殿前軍的主帥張永德建立了密切的私人關係。他能夠晉升殿前都虞候，除了周世宗的寵信之外，張永德的推薦也十分關鍵。張永德是後周太祖郭威的女婿，又與周世宗稱兄道弟，相交莫逆，是周世宗在後周皇親國戚當中最主要的支持者，因而得以執掌殿前軍的帥印。

張永德的軍事指揮能力很平常，很需要有軍事上的幹才輔佐，趙匡胤在高平之戰中身先士卒的神勇和臨危不亂的決斷，都令張永德佩服得五體投地，所以張永德就放手重用趙匡胤。

趙匡胤雖然一戰成名，躍居殿前都虞候高位，又是周世宗的親信，但他畢竟是暴發戶，在後周禁軍和政治高層上還沒有什麼根基。張永德貴為駙馬爺，又是殿前軍的頂頭上司，對他的主動提攜，趙匡胤當然是求之不得。

於是，張、趙二人一拍即合，兩人聯手在殿前軍當中組成了一個派系小圈子。張永德當殿前都指揮使，就推薦趙匡胤當殿前都虞候；張永德升任殿前都點檢，趙匡胤就接替了他為殿前都指揮使；張永德被罷去殿前都

點檢之後，還是趙匡胤，接過了殿前都點檢的位子。張永德身為上級，還時常資助趙匡胤。趙匡胤結婚的時候，張永德一下子就拿出了好幾千貫的重金當賀禮；趙匡胤的弟弟趙匡義結婚，張永德又拿出了一大筆錢，資助趙家辦了一個體面的喜事。趙家當時沒有多少家財，因而一直對張永德的雪中送炭感激不已。

關於張永德和趙匡胤之間的親密關係，宋人還流傳著這樣一種傳說：張永德為人十分迷信，對道士的話言聽計從，所以外號叫「張道人」。因為道士曾經對他說過，他命中的貴人，是兩位屬豬的人，只要能遇到這兩位貴人，他就能享有五十年的榮華富貴。趙匡胤、趙匡義兄弟二人，都是屬豬的，張永德於是大喜過望，「傾身事之」。大宋開國後，張永德果然受到了趙匡胤和趙匡義的厚待和恩寵，以前朝駙馬的身分，依然在新朝出將入相，一直活到了宋真宗咸平三年（西元一〇〇〇年），享年七十三歲。從廣順元年（西元九五一年）郭威即位那年他二十四歲出任駙馬都尉、殿前都虞候算起，前前後後果然是安享了榮華富貴五十年！這在當時的政治人物當中，是絕無僅有的。

蘇轍在《龍川別志》裡就特地記載了這件事。這種說法神化趙匡胤和趙匡義，無疑只能當故事看。但不管怎樣，趙匡胤得到了張永德這位自己的頂頭上司和當朝駙馬爺的青睞，真可以說是官運亨通。

▎雄關漫道：官拜節度使

顯德二年（西元九五五年），後周大軍在北起淮河、南迄長江、東至大海的遼闊戰線上，向南唐發起了全面進攻。在這場決定南北命運的「淮海大戰」當中，趙匡胤率領護駕周世宗的王牌部隊，戰功卓著，得以由殿前都虞候晉升殿前都指揮使，並官拜節度使，真正躋身大將的行列。

淮河以南、長江以北的地區，因大唐設淮南節度使，多稱之為「淮

南」。又大致以濠州（今安徽鳳陽）為界，以東稱「淮東」，以西稱「淮西」，合起來稱為「兩淮」。淮東的中心在壽州（今安徽鳳臺）和合肥（今安徽合肥），淮西的中心在揚州（今江蘇揚州）。長江以南的南京，大致與揚州、合肥形成倒三角的態勢。

自古以來，凡是建都南京的南方政權，都是要以江北的淮河流域為立國屏障，以揚州、合肥、壽州等地為戰略據點，此所謂「守江必守淮」。因為，長江雖然號稱天塹，然其東西一字長蛇的態勢，其實並不利於防禦，如若對手在江北站住了腳跟，兵臨大江，隨時隨地都可南進，江防千里，受制於人，正如《孫子兵法》所謂「備前則後寡，備後則前寡，備左則右寡，備右則左寡，無所不備，則無所不寡」。豈能始終固若金湯？只要一點被突破，就會帶來全線崩潰的災難性後果。反過來，北方政權若要一統江南，首先就必須在江北大量殲敵，奪取江北兩淮地區。

淮南地區的得失，關係到南北政權的命運。三國時的孫權與曹操鏖兵於合肥，遂成鼎足之勢。南宋時在鎮江（今江蘇鎮江）和建康（今江蘇南京）設立了兩大軍府，控扼住了兩淮，就能頂住金兵的多次猛攻，立國江南。明初的朱元璋地跨大江南北，遂天下稱雄。

周世宗志在混一天下，興致太平，對淮南當然是志在必得。王朴的《平邊策》，也是將首先奪取的目標選定淮南。偏偏當時的南唐，並不是任人宰割的軟柿子。

南唐，是從五代初年楊行密建立的吳政權發展過來的，經過了楊行密、徐溫和李昇三個階段，至後晉天福二年（西元九三七年），李昇受吳「禪讓」，建都金陵（今江蘇南京），因他自稱大唐宗室後裔，遂改國號為唐，史稱南唐。年號「昇元」，也就是重振大唐基業、重興「開元」盛世的意思。

南唐擁有三十五個州，地跨大江南北，主要包括今天的江蘇、安徽、

江西全部，以及浙江、湖北、福建等部分。這些地區，多數本來就有良好的經濟基礎，如早在唐代，就有「揚一益二」的著名說法，揚州是當時天下最為繁榮的都市。又由於不論是楊行密，還是徐溫和李昇，都以「保境息民」為立國基本方針，用兵極為謹慎，在五代北方戰亂不休的時候，南唐卻難得地經歷了長達四、五十年的大致「太平」的環境。綜合國力當然也十分雄厚。

南唐當時在位的皇帝，是中主李璟。此人不但文采風流，是五代最為傑出的詞人之一，而且和周世宗一樣，李璟也胸懷統一天下的大志，有一年的科舉考試，他就出了個〈高祖入關詩〉的題目。可見李璟已經不再滿足於「保境息民」，而是有志於北伐中原，恢復大唐「天下一家」的盛世。後晉、後漢之際，他抓住北方大亂的機遇，出兵併吞了湖南和福建，並聯絡契丹和北漢、後蜀，儼然以對抗後周的盟主自居。湖南和福建，南唐後來是得而復失，空歡喜了一場，但南唐有力量接連滅亡兩個南方政權，確不愧為南方的頭號強國。為了抵禦北方的威脅，尋機進取中原，李璟以揚州為東都，以壽州為清淮軍節度使，在兩地分別屯駐重兵，作為兩淮防線的兩個最重要的戰略支撐點。

兩強相遇，針尖對麥芒，自然難免一場激烈的龍爭虎鬥。

後周掛帥南征的宰相李穀，據說與南唐的大臣韓熙載本來是同學好友，在韓熙載投奔南唐的時候，李穀送行，韓熙載說：「江淮若用我為宰相，當長驅以定中原。」李穀則說：「中原若用我為宰相，取江淮如探囊取物！」事實上，南唐此時沒用韓熙載為相，固然未能「長驅以定中原」，後周雖用李穀為宰相，但也未能做到「取江淮如探囊取物」。

這場「淮海大戰」，雙方反覆拉鋸，前後持續了四個年頭，僅周世宗本人的御駕親征，就有三次之多。對比於高平之戰僅用一天就分出了勝負，可見其戰爭的慘烈。待戰爭在顯德五年（西元九五八年）終於結束的

時候，周世宗離去世已經只有一年的時間了。可以說，周世宗主要的心血都耗費在這場曠日持久的大戰上。

激戰首先圍繞著壽州展開。壽州北依淮河，東近淝水，南靠八公山，是一座山水相連的軍事雄鎮。中國古代戰爭史最為經典的戰役之一「淝水之戰」，就發生在這一地區。南唐守將清淮軍節度使劉仁贍是一員智勇兼備的名將，他坐鎮壽州，防禦嚴密，並伺機反擊，把一座壽州城打造成了鐵桶一般。後周數次猛攻，都無功而返。周世宗御駕親征，雖然擊敗了前來增援的南唐援軍一部，但對壽州城的劉仁贍，仍然是一籌莫展。

為了早日拔掉這顆硬釘子，周世宗決定派兵繞過壽州城，直插到壽州後方的清流關（今安徽滁州西北），伺機奪取滁州（今安徽滁州），以截斷壽州的後援通道，既徹底孤立壽州，又可以威脅南京。周世宗指定由護駕的殿前都虞候趙匡胤，統率本部五千精兵，前去完成這一任務。

這可不是一個容易完成的任務。

清流關，因附近的清流水而得名，一直都是江南與中原往來的必經之地，有「九省通衢」的美譽。由清流關向東南二十餘里，就是滁州州城，滁州再往南，就是江南的南京。所以，清流關又被具體地稱之為「金陵鎖鑰」。

清流關、滁州在歷史上始終是兵家的必爭之地，元末的朱元璋即先得滁州，然後進取南京，終成一代帝業。明朝末年，李自成、張獻忠農民軍與明軍大戰於清流關，關邊的清流河都被血水染成了紅色。清朝末年，太平天國起義軍也在此地多次與清軍惡戰。

南唐建都南京，為了屏障都城，就在清流關一帶多年苦心經營，把關隘選在兩座山峰之間，依山而建，關兩旁的山峰，也因清流關而得名為關山。關洞為拱形，都用巨石砌成，深達十餘丈，氣勢雄偉，堪稱「一夫當關，萬夫莫開」的雄關要隘。至於滁州，也是一座易守難攻的堅城。宋朝

大文豪歐陽脩的名作〈醉翁亭記〉，一開篇就是說：「環滁皆山也。」歐陽脩當時正在滁州當知州，這可是他親眼所見。

清流關不僅地勢險要，南唐守關更兵力雄厚，至少在兩萬人上下，有趙匡胤的四五倍之多。守將皇甫暉也絕非等閒之輩。此人出自以強悍而聞名的魏博節度使牙兵，後唐莊宗時隨軍戍守幽州的瓦橋關，曾多次與契丹鐵騎交戰，都不落下風，號稱大小數十戰，從來沒有戰敗過。後來更與同夥發動了兵變，令後唐莊宗李存勗都焦頭爛額，最終死於動亂之中。追根溯源，皇甫暉也算是罪魁禍首之一。但皇甫暉一直視作莫大的榮耀，畢竟能置英雄無敵的李存勗於死地，可不是平常人能夠做到的。此時，皇甫暉已經老了，但虎老雄風在，依然被南唐視為善打惡仗的猛將。此番以奉化節度使、同平章事的高級官銜統兵駐守清流關，擔負呼應和支援壽州的重任。

如此雄關要隘，又有精兵猛將把守，正面強攻破關談何容易！趙匡胤抵達清流關之後，經過幾番試探，最後請到了當地的一位村民，他向趙匡胤指引了一條極其隱秘的小路，可以從清流關旁邊清流關山的山澗之中，繞道到清流關的後面，置關隘於無用之地。

這正是曲徑通幽處。趙匡胤立即依計而行，領兵悄然行進，疾速穿過了山間的小路，繞到了清流關的背後，並立即發起攻擊。南唐守軍腹背受敵，亂作一團，皇甫暉率敗兵狂奔滁州，並破壞了清流河上的橋梁，怎奈趙匡胤緊追不捨，指揮騎兵從清流河上涉水而過。

皇甫暉沒有喘息的機會，只好向身後的趙匡胤高喊：「軍人各為其主，你敢讓我整頓好隊伍，咱們再好好較量一番如何？背後偷襲算什麼英雄！」「兵者，詭道也。」戰場交戰，你死我活，以取勝為唯一目的，哪有什麼規矩！皇甫暉竟然向對手要求給自己擺開陣勢的機會，可謂完全昏了頭。也許是想起了當年江湖俠客的做派，趙匡胤笑著答應要與他進行一

場「公平」的決鬥，命令部下在城外列陣。

　　皇甫暉倒也算一條好漢，沒有食言，進城後略作休整，就率本部人馬衝了出來，兩軍再度交鋒。趙匡胤身為主將，卻第一個抱著馬頭，衝入敵陣，並向南唐官兵斷喝道：「我今天只取皇甫暉一人，其他人都不要找死。」皇甫暉措手不及，被趙匡胤揮劍砍下馬來，當了俘虜。南唐官兵早已是驚弓之鳥，又被趙匡胤的神勇嚇破了膽，紛紛作鳥獸散，趙匡胤唾手而得滁州城，清流關也順利地攻下。

　　激戰清流關，奪取滁州，殲滅了數萬唐兵精銳，更截斷了壽州後援的通道，壽州城就此成為一座苟延殘喘的孤城。南唐的都城南京也為之大震，李璟被迫派遣使者以割讓兩淮六個州的條件向周世宗乞和，但周世宗志在兩淮全境，當即予以拒絕。

　　這是趙匡胤第一次獨立指揮大戰，就取得了如此空前的大捷，尤其是勇於單挑敵將的神勇，使他更加威名大噪，成為後周禁軍中為眾人所矚目的少壯派將領的翹楚。

　　後來，趙匡胤的姪子宋真宗趙恆為了紀念清流關和滁州之戰，特地命人在滁州修起了一座廟宇，將其大殿命名為「端命」。意思是說：趙匡胤的功業和帝業都從這裡達到了一個新的高度。南宋的時候，大詩人陸游也寫了一首叫〈送張野夫寺丞牧滁州〉的詩，詩中歌頌趙匡胤清流關之戰說：

> 皇天方憂九州裂，建隆真人仗黃鉞。
> 陣雲冷壓清流關，賊壘咿嚶氣如發。
> 逋誅猾虜入檻車，北風吹乾草頭血。
> 一龍上天三百年，舊事空聞遺老說。

　　「建隆真人」指的就是趙匡胤，因為他的開國年號是「建隆」。一句「皇天方憂九州裂，建隆真人仗黃鉞」，就把此戰的意義，上升到了關係

「九州」大同的高度。陸游真不愧是大手筆。

這年的四月，戰爭的重點東移到了揚州。相比於壽州，南唐揚州的守將馮延魯是一介書生，賦詩填詞還行，哪裡會打仗！他防守鬆懈，後周一次偷襲，就輕易地得手。但是，揚州城與江南僅有一江之隔，南唐的反擊十分頻繁，也十分犀利，周軍立足未穩，揚州城有得而復失的危險。

周世宗再度打出了趙匡胤這張王牌，命令他率精兵兩千，出擊六合（今江蘇南京六合），迎戰由南京渡江前來反攻揚州的南唐部隊。南唐此番是竭盡全力，出動了護衛南京城的兩萬餘人馬，但其主帥齊王、諸道兵馬大元帥李景達，官銜高得嚇人，卻一直是養尊處優的王公貴族，監軍的陳覺位至宰相，更是一個書呆子，他們哪裡是趙匡胤的對手？一場激戰下來，南唐戰死五千餘人，淹死上萬人，其他的也全部潰散，兩萬大軍就這樣全軍覆滅了。六合一役，南唐的精銳主力基本上損失殆盡，南唐在兩淮全線最終戰敗的命運也就此注定了。

這年的十月，趙匡胤就憑藉清流關和六合的戰功，被晉升為同州（今陝西大荔）匡國軍節度使兼殿前都指揮使。

趙匡胤擁有了節度使的頭銜，不僅意味著他正式躋身大將的行列，地位和聲望有了大幅度地提升，而且開始有了一塊基本上屬於自己的地盤，也有權「開府」，可以名正言順地把精兵強將招攬於自己的麾下，英雄豪傑之士也會前來投奔。更何況，趙匡胤本來就是禁軍的殿前都虞候，此次老上級張永德晉升殿前都點檢，他又接替了殿前都指揮使的要職，儘管還是禁軍殿前軍的第二把手，但官位提升了許多。

顯德四年（西元九五七年），壽州守將劉仁贍病重，不省人事，他的兒子和部下盜用他的名義，抬著他向後周投降。周世宗受降後，立即封劉仁贍為天平節度使兼中書令，這可是位極人臣的高官，但此時的劉仁贍其實已經病死軍中，這只是給予這員忠心事主的猛將以哀榮而已。

壽州失守，南唐終於支持不下去了，經過一番討價還價，顯德五年（西元九五八年），南唐把約占國土三分之一以上的兩淮十四個州，六十個縣，拱手割讓給了後周，每年還要納貢十萬。南唐自動削去皇帝號，稱江南「國主」，去年號，用後周的正朔。從此以後，南唐這個南方的頭號強國，就降為後周藩屬的一個小朝廷，苟延殘喘。

▌如魚得水：初遇趙普

　　在征伐南唐期間，還發生了這樣幾件對趙匡胤影響很大的事情：

　　事件之一：趙匡胤駐防滁州城期間，他手下的士兵抓了一百多名「盜賊」，正準備全部處死的時候，被新任的滁州軍事判官斷然制止，經過複查，果然有七、八十人之多都是冤枉的。此人只是一個八品不到的小官，與殿前都虞候趙匡胤當然是天地之差，但畢竟是避免了一場大冤案，趙匡胤當然十分高興，就約見了這位芝麻官。

　　兩人甫一會面，趙匡胤當即感到此人氣宇軒昂，見識不凡，而且也姓趙，也祖籍幽州，也在洛陽生活過，與自己同宗同鄉，不禁高看一眼。趙匡胤是禁軍的名將，此人當然是十分仰慕，兩人一見如故，結下了非常好的交情。

　　巧合的是，趙匡胤的父親趙弘殷領兵路過，卻病倒在滁州，趙匡胤軍務在身，自然無法照料。就委託此人照看自己的父親。此人也問寒問暖，送飯遞藥，悉心地侍候趙弘殷。從此以後，趙匡胤和他的關係就更進一步，親如兄弟一樣了。

　　此人就是歷史上鼎鼎大名的大宋朝開國元勳、宋太祖和宋太宗兩朝的宰相趙普。因為他後來被追封為「韓王」，所以也有「趙韓王」的稱呼。此時的趙普，年方三十五歲，已經在好幾個節度使的幕府當中做了十幾年的小吏，也就是後代刀筆師爺一類的角色，但都鬱鬱不得志。直到顯德

三年（西元九五六年），才由於宰相范質的推薦，被派到滁州擔任軍事判官，沒想到在這裡因緣際會，結識了趙匡胤。趙匡胤為節度使之後，就立即禮聘趙普加入自己的幕府，出任節度使推官，後又晉升為掌書記，所以趙普也有「趙書記」的稱呼。

趙匡胤攀附周世宗，三十歲就當上了節度使，但他畢竟是一介武夫，缺乏官場沉浮的經驗。趙普要比趙匡胤大五歲，又有多年刀筆師爺的經歷，精於權術，多謀善斷，也不乏幾分陰險毒辣，對官場之事有強於趙匡胤的地方。趙匡胤平時把他當大哥看，視為「左右手」，無論大事小情，都要諮詢趙普的意見。趙匡胤的家人也不把趙普當外人，趙匡胤的母親杜太后直到大宋開國之後，還多次對趙普說：「我的兒子太年輕了，沒經歷過多少事情，還希望你一定要盡心竭力地輔佐他。」

士為知己者死。趙普此前一直懷才不遇，此次得到趙匡胤和趙家如此厚待，趙普當然也是感恩圖報，對趙匡胤忠心耿耿，全力以赴地加以輔佐。趙普此人，素有「以天下為己任」的大志，他在關中一帶節度使幕府中當小吏的時候，就特地搜集了唐太宗的遺骨，重新以禮安葬。趙普此舉，主要出於他對唐太宗的崇拜，同時也可以反映出他同樣有重建「太平盛世」的渴望。

自古帝王創業，固然是槍桿子裡面出政權，但光有槍桿子還是不行，還得要有舞文弄墨的筆桿子，要有出謀劃策的軍師，君臣際會，槍桿子和筆桿子相結合，有兩杆子方能打天下，開創帝業。如劉邦得蕭何、張良輔佐，「運籌帷幄之中，決勝於千里之外」；劉備得諸葛亮之後，方能與曹操、孫權鼎足而三；朱元璋得劉基、朱升，終成霸業，都是千古的佳話。反過來，項羽武力蓋世，但僅有一范增而且不能用，落個霸王別姬的下場是必然的。趙匡胤有了趙普，自然如魚得水，堪稱如虎添翼。

事件之二：因楚州城（今江蘇淮安楚州）守軍防守頑強，周世宗惱羞

成怒，城破之後，悍然下令屠城，製造了一起駭人聽聞的血案。趙匡胤在路過一條街巷的時候，看見一名婦女倒在了血泊之中，但她身下的孩子還在不停地吃奶。趙匡胤戰場上是鐵錚錚的虎將，是進攻楚州城的主將，但目睹了孩子失去母親的慘劇，內心也受到極大的震撼，他當即不顧風險，抗命不遵，下令保護了巷子中的百姓，還出資收養了這個孩子。當地人為了紀念，就把這條街巷命名為「因數巷」。

行走江湖，快意恩仇，哪有不殺人的，但以殺人為樂，還是以殺人為不得已，以救人為樂，這可能就是魔頭和大俠的區別所在。軍人馳騁沙場，殺人更是尋常之事，然而是殺人不眨眼，還是止戈為武，以殺止殺，以霹靂方法行菩薩心腸，就是軍官和政治家的區別。趙匡胤本來就是一位「大俠」，但此時的他，開始向政治家邁進了。

事件之三：趙匡胤南征凱旋回師，正興高采烈的時候，卻突然被人攔住了馬頭，要求檢查他的行李車，趙匡胤非常生氣，但這些人手持周世宗的手令，不容分說，一頓亂翻，結果發現車子裡除了數千冊書籍之外，什麼都沒有。原來，有人向周世宗誹謗趙匡胤說：「趙某在攻下壽州城後，私吞了大量的金銀財寶，裝滿了好幾輛大車。」周世宗當即下令查驗。事實證明了趙匡胤的清白，但周世宗也只是與他談了些關於讀書的話題，也沒有追究誣告者的責任。還有一種說法，是南唐使用了反間計，故意送給了趙匡胤大批金銀財寶，但趙匡胤不為所動，都如數上交給了朝廷。

應該說，此時的周世宗對趙匡胤是十分信任的，趙匡胤也感激周世宗的知遇之恩，對周世宗是忠心耿耿的，但僅憑突如其來的捕風捉影式的誣告，周世宗就毫不猶豫地下令查辦，難免有令趙匡胤寒心之處。

看來，從這個時候起，隨著趙匡胤地位的提升，軍功和威信的增加，周世宗對這位羽毛逐漸豐滿的愛將，已經產生了說不出的複雜的想法。趙匡胤的心中，對周世宗自然也開始出現了感情的裂痕。畢竟，「惟人主之眷不可恃」，伴君如伴虎啊。

▌木牌事件：點檢作天子

顯德六年（西元九五九年）三月，南方的戰事剛剛平息，周世宗又盡起禁軍主力，向契丹遼國發起了猛烈進攻，目標是奪回被「兒皇帝」石敬瑭割讓的以幽州為中心的燕雲十六州。趙匡胤征塵未洗，即刻護駕出征。

契丹遼國擁有鐵騎二、三十萬，軍力與南唐、北漢相比，自然是不可同日而語，一直是中原王朝最為強悍的勁敵。

不過，這個時候，遼國鎮守幽州的主將，名叫蕭思溫，此人通曉文史，倒頗有幾分儒雅，在以騎馬射箭為樂的契丹貴族當中，算是一個很難得的「書生」。但他也沾染上了書生的通病，紙上談兵頭頭是道，卻不擅長戰場指揮，更缺乏打硬仗的經驗，每遇到後周軍隊來攻，只會向後方請求增派援兵。

此次周世宗御駕親征，他更是連連飛書報急，催促遼國皇帝也親征迎敵，自己則固守在幽州城裡，任由後周攻城掠地。遼國用這樣一個庸才出任南京留守，坐鎮幽州，純粹因為蕭思溫是遼太宗耶律德光的女婿，是遼國的皇親國戚。他的女兒蕭燕燕，就是契丹遼國歷史上鼎鼎大名的「蕭太后」。

當時遼國的皇帝遼穆宗，是耶律德光的長子，但和自己的父親比起來，遼穆宗可差得太遠了，耶律德光是遼國歷史上有名的英主，有一統天下、實現天下大同的雄才大略，而遼穆宗卻以酗酒嗜殺而著稱，被公認為遼國歷史上最昏庸的皇帝之一。因為他每天都要通宵達旦地飲酒作樂，大白天反而沉睡不起，人們都叫他「睡王」。

君是昏君，將是庸將，當然不是周世宗的對手。此時的周世宗，經過高平之戰和征伐南唐的洗禮，已然是身經百戰、百戰百勝的戰場老手。綿羊率領的一群獅子，也可能打不過獅子率領的一群綿羊。更何況，經過多

年硬仗的鍛鍊，後周禁軍，特別是殿前軍，已然是一支不折不扣的鐵軍，完全有實力在野戰中擊敗契丹鐵騎。周世宗改變「先南後北」的既定方針，斷然挑戰強敵，主動北伐幽州，就是瞄準了這一千載難逢的大好時機。後代的史家也都稱譽周世宗此舉是大智大勇的神來之筆。

北伐進展得十分順利。三月十九日，周世宗正式下詔北伐。二十九日，周世宗由開封出發，四月十六日駕臨滄州（今河北滄州），然後從滄州乘坐戰船，由水路北上，直抵契丹邊境。趙匡胤出任水路都部署，再度擔當護駕重任。

四月十七日，遼國寧州守將投降，周世宗不戰而取乾寧軍（今河北清縣）。二十六日，又得益津關（今河北霸縣），並由此下船登陸。這天夜裡，周世宗露宿在野外，身邊僅有趙匡胤一支人馬護衛，遼國騎兵頻頻在四周出沒，但周世宗依然鎮定自若。

二十八日，趙匡胤率兵攻打重鎮瓦橋關（今河北雄縣），守將姚內斌是一員猛將，外號「姚大蟲」，但他不願為契丹賣命，趙匡胤兵馬一到，他就投奔了趙匡胤，並從此成為趙匡胤手下的一員親信大將。趙匡胤進駐瓦橋關後，發現城西北處有數千契丹騎兵活動。立即帶百餘名騎兵把他們驅逐了出去。

瓦橋關、益津關和淤口關（今河北霸縣信安鎮），就是歷史上以抗遼而著稱的「三關」，周世宗改瓦橋關為雄州，益津關為霸州，宋朝時改淤口關為信安軍。「三關」及其以南地區等十餘個縣，合稱為關南。

就這樣，從三月十九日下詔北伐，至五月初一，周世宗僅用了不到四十二天的時間，就奪回了三個州、十七個縣，北伐取得了空前的大捷。若從周世宗離開開封城的三月二十九日算起，更只有短短的三十二天。周軍所到之處，契丹望風披靡，可以說是兵不血刃。

五月初二，周世宗在瓦橋關大聚眾將，準備進一步向北攻打幽州城，

先頭部隊已經出發，可就在當天晚上，周世宗突然重病發作，北伐幽州只能是半途而廢。五月初八，周世宗安排好鎮守關南的軍備之後，悵然退兵。六月底，周世宗就病逝於開封，享年三十九歲。

周世宗雖然未能如願奪回幽州，但奪回了以三關為中心的關南地區，意義也非同小可。關南地區，北依白溝河；從白溝河向南，則是一片河澤縱橫、湖泊眾多的水網地帶，都是防禦契丹騎兵衝擊的天然屏障。

在失去了以幽州為中心的「燕雲十六州」以後，這幾乎是中原王朝能夠在河北平原防禦契丹的唯一屏障。如若這一地區控制在契丹手中，那麼，中原王朝更是毫無天險依託，門戶洞開。周世宗奪回三關，中原王朝的軍事形勢得以大大的改善，局面就完全不同了。

宋朝開國以後，就以白溝河為屏障，以雄州、霸州和高陽關（今河北高陽）為中心，構建了防禦契丹的第一道防線，始終屯駐有重兵，由關南都部署統一當地的軍事指揮。契丹曾經多次猛攻，都不能得手。契丹攻不下關南，就不敢輕易南下中原，即便南下中原，也會成為風險很大的軍事冒險，往往進退兩難，「澶淵之盟」時的情況就是如此。由此可見，這條防線對宋朝國防的鞏固具有何等重要的戰略意義，堪稱生死攸關。宋、契丹兩國，後來就是以白溝河為界河。

前人栽樹，後人乘涼，宋朝享受著周世宗北伐的成果，才能爭取到一個與契丹遼國對峙的局面。當然，若是周世宗不英年早逝的話，他肯定是會越過三關，繼續攻擊幽州的。可惜，歷史沒有給他這樣的機會。

北伐期間，還發生了一樁對趙匡胤至關重要的、極其神祕的「木牌事件」。

原來，周世宗北伐期間，在批閱公文的時候，他從一個皮囊當中偶然發現了一塊三尺多長的木牌，上面寫著「點檢作天子」五個大字。「點檢」，不用說，指的是後周禁軍殿前軍的主帥殿前都點檢，當時擔任這一

職務的將領是張永德;「作天子」,就是當皇帝的意思。當然,這是指張永德有當皇帝的天命呢?還是指他有奪取皇位的野心呢?就很令人費思量了。無論如何,在「天無二日,地無二主」的君主專制時代,這都是最犯君主忌諱的事情。

當年六月,周世宗趕回開封之後,已經是病入膏肓,他匆匆地立自己年僅七歲的兒子柴宗訓為梁王,作為皇位的繼承人。考慮到「點檢作天子」的木牌,擔心禁軍的穩定,就以明升暗降的辦法,加張永德同平章事,但外放為澶州節度使,解除了他殿前都點檢的禁軍職務和兵權。趙匡胤則由殿前都指揮使升任殿前都點檢。這一年,趙匡胤三十三歲。

張永德要比趙匡胤還小一歲,按官場的規矩,在正常情況下,趙匡胤要越過老上級,執掌殿前軍的帥印,幾乎是不可能的。一塊木牌,就令張永德下臺,趙匡胤上臺,對趙匡胤來說,真可謂是福從天降。

這塊木牌,究竟是從哪裡來的呢?

它肯定不會是從天上掉下來的,必定是有人做了手腳。

那麼,做了手腳的人,究竟會是誰呢?

嫌疑人之一,是李重進。他是後周太祖郭威的親外甥,和張永德一樣,都是後周的皇親國戚,時任侍衛親軍都指揮使,是侍衛親軍的主帥,在禁軍中的地位還在張永德之上。李重進是張永德的死對頭,當年在征伐南唐的時候,張永德一而再、再而三地向周世宗誣告李重進要謀反,要發動兵變。各握重兵的張、李兩人,還差點兒上演了一出火拚的好戲。這次會不會是李重進如法炮製,報復張永德呢?

更何況,李重進任侍衛親軍都指揮使,是侍衛親軍的統帥,張永德任殿前都點檢,是殿前軍的統帥,殿前軍和侍衛親軍作為後周禁軍並列兩大山頭,彼此之間的派系爭鬥一直是十分激烈的。個人恩怨加上派系爭鬥,

很明顯，李重進有作案的動機，但他似乎沒有作案的時間。李重進是五月初一才來到周世宗北伐的大營，初六那天就統兵前去攻打北漢去了，前後只有不到五天的時間，時間十分倉促。而且，他是和眾將們一起來到大營的，似乎也不容易找到下手的時機。

嫌疑人之二，就是時任殿前都指揮使，殿前軍的二把手趙匡胤。趙匡胤有作案的充分時間，從周世宗出師北伐到班師回朝，趙匡胤自始至終都護衛在周世宗的身邊，尤其是四月底一段時間，周世宗身邊的大將只有趙匡胤一人，他若要動手腳，無疑是十分方便的。從這個角度上講，趙匡胤的嫌疑也是最大的。

但是，他有作案的動機嗎？張永德是趙匡胤的老上級，一直對他照顧有加，悉心栽培提拔，兩人在殿前軍一直親密合作，從未有不愉快的事情，趙匡胤為何突然要翻臉不認人，如此陷害張永德呢？難道說趙匡胤見利忘義，覬覦殿前都點檢的位置嗎？這種可能性當然不能排除。

不過，趙匡胤即使是有心要扳倒張永德，怎麼敢奢望殿前都點檢的位子，就一定會落到他手裡呢？他就不怕雞飛蛋打？如果再考慮趙匡胤上臺後，張永德依然榮華富貴，直至宋真宗時才得以壽終，宋太祖、太宗兄弟二人與他的融洽關係，也確實不像完全是裝出來的樣子。

嫌疑人之三，是殿前都點檢張永德。這似乎有點匪夷所思了，但也不是完全沒有可能。要知道，按史書的記載，周世宗是在北伐當中突發重病的，但在這之前，他的身體狀況肯定是已經出問題了，甚至正是因為知道自己身體不佳，周世宗才急於攻打幽州，希望在自己的有生之年能夠解決這個最棘手的難題。只不過對臣民們來說，皇帝永遠是紅光滿面、神采奕奕的。而對張永德、趙匡胤這樣的心腹大將來說，周世宗的身體不好，應該是個公開的祕密，彼此心照不宣罷了。

張永德是郭威的女婿，後周的駙馬爺，論血緣不比周世宗差太遠，也完全有資格繼承後周的皇位，得知周世宗的身體狀況後，他產生更進一步的想法也屬正常。更何況，張永德外號「張道人」，家裡養了不少道士、巫師一類的人物，裝神弄鬼是他的拿手好戲，搞出一個「點檢作天子」的木牌來並不奇怪。

根據宋人徐度《卻掃編》一書的記載：周世宗在回師開封的途中，也確實產生了乾脆傳位於張永德的考慮。畢竟兩人相交莫逆，五代又有傳位長君的傳統。只是斟酌再三，周世宗認為張永德能力終究有限，最終打消了這個念頭。既然不打算傳位，就只能是解除張永德的兵權。張永德最後搬起石頭砸了自己的腳。當然，木牌事件的主謀如果是張永德的話，直接動手腳的，還可能是趙匡胤。

因為趙匡胤畢竟是由殿前都點檢的位子上當皇帝的，宋人也都把這塊「點檢作天子」的木牌，當作趙匡胤得「天命」的憑據來大加宣傳。所以，目前主流的意見還是認為木牌事件是趙匡胤一手製造的，透過一塊木牌，既扳倒了他的老上級張永德，又為自己從點檢發動兵變準備了輿論，是一著一箭雙雕的高棋。

當然了，「強者為尊當讓我，英雄只此敢爭先」！即便是趙匡胤做的手腳，雖然有點不仗義，但大丈夫不甘居於人下，也不是什麼太見不得人的事，更何況在五代那種強者為上的亂世呢。只是這種說法，事後諸葛亮的味道似乎濃了一些。畢竟趙匡胤當時還只是個殿前都指揮使，不必說張永德、李重進在禁軍中的地位遠高於他，和他大致同級的將領也還有一批，要說那時趙匡胤就開始對皇位有了非分之想、覬覦之心，未免太早了些。

不管這塊木牌是怎麼來的，木牌事件最終的得利者毫無疑義是趙匡胤，這才是最最重要的。趙匡胤出任殿前都點檢，由此掌握了殿前軍的大

權，迅速地把這支精銳的禁軍王牌軍變成了一支不折不扣的「趙家軍」，成為他向皇位邁進的基幹力量。

周世宗不僅撤換了張永德，而且從平衡禁軍力量的角度出發，又安排解除了侍衛親軍都指揮使李重進的禁軍兵權。七月，李重進也被外放為淮南節度使，前往鎮守揚州，雖然他還掛著侍衛親軍都指揮使的頭銜，但這已經只是一個安慰性的空銜，他麾下僅僅不過幾千老弱殘兵。

如此一來，後周禁軍位高權重、威信卓著的兩大巨頭李重進和張永德，幾乎同時離開了禁軍的指揮位置。趙匡胤一躍成為禁軍最有實權和最有號召力的人物，可謂是一步登天，終於具有問鼎皇位的實力。可以說，只要李重進或張永德其中的任何一人留在禁軍指揮的要害位置，趙匡胤無論如何也不可能成功地發動兵變，黃袍加身。

第二章　江湖大俠：宋太祖早年傳奇

第三章
陳橋兵變：不流血開創一個大王朝

第三章　陳橋兵變：不流血開創一個大王朝

> 紛紛五代亂離間，一旦雲開複見天。
> 草木百年新雨露，車書萬里舊山川。
> 尋常巷陌猶簪紱，取次園亭亦管弦。
> 人老太平春未老，鶯花無害日高眠。

—— 邵雍〈觀盛化吟〉

這首稱讚宋太祖陳橋兵變、大宋開國的詩，出自宋神宗時理學大家邵雍的手筆。《水滸傳》全書的開篇就全文抄錄了這首詩，還大加發揮說：

> 五代殘唐，天下干戈不息。那時朝屬梁，暮屬晉，正謂是：朱李石劉郭，梁唐晉漢周；都來十五帝，播亂五十秋。

直到宋太祖陳橋兵變，方才

> 掃清寰宇，蕩靜中原；國號大宋，建都汴梁。九朝八帝班頭，四百年開基帝主。因此上，邵堯夫先生贊說：「一旦雲開復見天。」正如教百姓再見天日之面。

無獨有偶，明代一部流行很廣的小說《飛龍記》中，也有這樣一首歌詠陳橋兵變的詩：

> 五代干戈未息肩，亂臣賊子混中原。
> 黎民困苦天心怨，胡虜驅馳世道顛。
> 檢點數歸真命主，陳橋兵變太平年。
> 黃袍丹詔須臾至，三百鴻圖豈偶然。

如果說，邵雍身為宋朝的臣民，對陳橋兵變的評價，不可避免地會帶有或多或少的「本朝」情結，做到完全客觀公正可不大容易。那麼，《水滸傳》和《飛龍記》都不存在維護本朝的問題，而且更多的是代表民間草根平民們的主流看法，他們也都認同邵雍的說法，說明陳橋兵變在人們的心目中還是與天下「太平」緊密地連繫在一起。至於它「欺人孤兒寡母」，並不太光彩的兵變奪權形式，反而不太為人所關注。

的確，陳橋兵變不僅終結了五代的戰亂，太平的陽光終於再度普照中原大地，而且它基本上屬於一場不流血的和平政變，創造了中國古代歷史上「不流血而開創一個大王朝的奇蹟」……。

河北告急：真的還是假的

後周顯德七年（西元九六○年），正月初一。此時的開封城，瑞雪紛飛，沉浸在一片元旦佳節的喜慶氣氛當中。經過周世宗的勵精圖治，開封城已然是一個極其繁榮的大都市了。新年到了，全城大家小戶闔家團聚，男女老少都換上整潔的新衣，走家串戶，排擺酒宴，互致新年的問候。政府還要整合持續三天的歌舞、娛樂活動，節日的氣氛剛剛達到了最高潮。

皇宮中同樣是張燈結綵，以示與民同樂，皇帝還要親臨大殿主持盛大的儀式，接受文武百官和外國使節們的朝賀，然後在皇宮中大擺宴席，款待百官。但此時的後周王朝皇帝柴宗訓，只有八歲，還是一個完完全全的小娃娃。他是周世宗的第四個兒子，因為他的三個哥哥都在郭威奪位時死於非命，他才當上了皇帝，即位時才年僅七歲。也有一說，柴宗訓即位時實際只有六歲。

在帝制時代，從理論上說，所有的軍國政務，都要由皇帝個人最終裁斷，當皇帝是年幼無法親自處理政務的時候，就被稱作「主少國疑」。在「主少國疑」的時候，君權是最軟弱的，外戚、權臣、大將等種種政治力量，往往要趁機展開激烈的角逐，是最容易引發政治劇烈動盪的時期。柴宗訓在位的後周，就正處於「主少國疑」的局面。

實際主持儀式的是皇太后符氏，她出身名門，她的姐姐也是周世宗的皇后，但顯德三年（西元九五六年）就去世了。她的父親就是當時的抗遼名將符彥卿。但皇帝柴宗訓不是她親生的，而且她被立為皇后還不到半年，是周世宗臨終前，匆匆忙忙地立她為皇后的，但周世宗鑑於歷史上的

女主、外戚干政的教訓，並沒有正式授予她「攝政」的名分。

更要命的是，符氏雖然稱「皇太后」，但她其實只有十八九歲，也只是一個妙齡的青春女子而已。孤兒寡母，年紀輕輕，雖然貴為皇帝和皇太后，但在闔家團圓的佳節，肯定會思念剛剛去世的周世宗，又不得不面對繁重的軍國政務，想來也不會是多麼快樂和輕鬆的。

這時後周的朝廷大權，掌握在以宰相范質為首的文官集團手中。好在宰相范質、王溥和魏仁浦、樞密使吳廷祚等四位執政大臣，還有侍衛親軍副指揮使韓通和殿前都點檢趙匡胤兩位禁軍大帥，都是周世宗臨終前精心挑選出來的，都是文能安邦、武能定國的才智之士。周世宗臨終時，在病榻前向他們託孤，要求他們精誠團結，共同輔佐幼主。

可惜的是，周世宗本來還留有遺囑，要求在他死後任命王著擔任宰相，曹翰擔任宣徽使。這兩個人，都是周世宗早年在澶州節度使任上的幕府舊僚，都對周世宗忠心耿耿，但周世宗這一遺命被宰相范質等人給掛了起來，成為一紙空文。

正所謂樂極生悲，美酒飄香、舞姿婆娑、舉杯相慶的宮廷盛宴尚未結束，突然，河北重鎮鎮州和定州同時飛馬傳到十萬火急的警報：契丹遼國大軍雲集幽州，有南下威逼定州的態勢，北漢也蠢蠢欲動，乘機東出土門關（今河北井陘），指向鎮州。契丹遼國是北方草原的霸主，自取得「燕雲十六州」，顛覆了後晉之後，對中原形成了強大的軍事壓力。北漢割據山西，地盤不大，但軍隊戰鬥力卻十分強悍，一直是後周的死敵。周世宗即位當年即舉國來犯，此次捲土重來，當然是來者不善。

陳橋兵變之後，有一種說法十分流行，認定鎮州和定州上報的軍情是假的，是趙匡胤為攫取兵權、發動兵變而製造的一個徹頭徹尾的假情報。但是，當時鎮州的節度使是郭崇，定州的節度使是孫行友，這兩個人都是跟隨郭威打天下的老部下，是後周的開國元勳。陳橋兵變後，他們兩人也

都是趙匡胤重點防範和解決的對象，郭崇總算保住了顏面，被「請」到京城開封，出任平盧軍節度使。說白了，實際就是在開封養老。

孫行友就更慘了些，趙匡胤對他一直放心不下，據說他也確有要「謀反」的想法，趙匡胤於是乾脆派兵，用突然襲擊的威逼方法，「請」他進京，此後孫行友丟官罷職，就一直被軟禁在開封，連個節度使的空銜也沒撈著。要說這兩個人會一起配合趙匡胤發動陳橋兵變，實在是不合情理。

情報看來還是真的。只不過，中國歷史上的「無間道」實在是太多了，假作真時真亦假。契丹、北漢都是後周的死敵，要說他們不借世宗去世、後周幼主在位的機會搞點兒名堂，那才是真正很奇怪的事情。尤其是去年四、五月周世宗北伐幽州，使契丹遭受了喪師失地的奇恥大辱，契丹怎麼能善罷甘休呢？

▍趙匡胤掛帥：誰拍的板

鎮、定兩州受到威脅，河北全境隨即大震。後周建都黃河以南的開封，河北是開封城最重要的戰略屏障。河北的得失，關係到開封城的生死存亡，對契丹和北漢聯軍威脅河北的舉動，絕對不能置之不理。更何況，半年前周世宗剛統領大軍，痛擊過契丹遼國和北漢，手下敗將，又何足懼哉？所以，當後周接到鎮、定兩州的警報後，毫不示弱，當即決定出動開封城的十餘萬禁軍精銳主力，組建「北面行營」，北上迎敵，與契丹和北漢一決雌雄。

按照五代的傳統，凡是禁軍大部出動，以國運豪賭的大戰役，通常都要由皇帝本人御駕親征，宰相、樞密使等朝廷重臣也參戰，出謀劃策，因此稱之為「行營」。各級武將，都在皇帝的直接指揮之下衝鋒陷陣，即使是掛行營「都部署」之類頭銜的禁軍主將，實際上也只是皇帝麾下的部將，兵權並不真正在手。

這樣做的原因，與五代好勇鬥狠的社會風尚有關，五代時期，上至皇帝，下至普通百姓，無不崇尚武勇，以怯懦退縮為最大的恥辱。皇帝若要建立君威，往往也要透過戰場上的白刃廝殺來博得，後梁的朱溫，後唐的李克用、李存勗、李嗣源，後晉的石敬瑭，後漢的劉知遠，後周的郭威和柴榮等五代的名君，皆是如此，概莫能外。

更重要的目的，則是就近控制住部隊，防範發生兵變和叛亂。畢竟五代是一個槍桿子裡面出政權的戰亂年代，一旦太阿倒持，兵權易手，改朝換代的好戲就很容易上演。

周世宗在世的時候，每有大的戰事，都是由他御駕親征，而且每次戰鬥，周世宗一定都要進入敵人弓弩的射程範圍之內，以示與將士同生共死，甚至時常親自參加白刃格鬥。故君威赫赫，三軍用命，所向無敵。

問題是，周世宗已經去世了，後周現在的皇帝柴宗訓是個只有八歲的小娃娃。宰相范質、王溥、魏仁浦以及樞密使吳廷祚四位執政大臣，都是文臣或文吏出身，也都沒有真正臨陣指揮作戰的經歷，當然也無法率軍出征。如此一來，總攬兵權、關係後周政權命運的北征主帥，就只能是選擇禁軍大將出任。這顆帥印的分量之重，是周世宗以來所未曾有過的。

後周禁軍多年征戰，自然將星燦爛，但真正有資歷、有威信、有能力掛帥出征的高級將領，也並不是很多：

第一位人選，是時任淮南節度使、檢校太傅、兼侍中、侍衛親軍都指揮使的李重進。李重進外號「黑大王」，是後周首任殿前都指揮使，又長期擔任侍衛親軍都指揮使這一禁軍的最高級軍職，是後周最資深、地位最高的禁軍統帥。高平之戰的時候，他已經是獨當一面的大將，征伐南唐，北伐幽州，李重進都是出任前敵總指揮，是戰功最為突出、指揮能力最強的名將。

他又是後周太祖郭威的親外甥，是後周的皇親國戚。但他的問題也出

在這裡，周太祖郭威臨終前，特地把李重進和柴榮兩人，召集到自己的病榻前，讓李重進跪拜柴榮，以定二人的君臣之分。郭威的本意，應當是賞識李重進的軍事才華，讓柴榮、李重進君臣二人齊心協力。但就此卻讓李重進在周世宗面前處於一個很尷尬的受猜忌的位置，周世宗對他始終是用而不信，縱容另一皇親國戚張永德與他肆意明爭暗鬥，張永德勇於時常公開地誹謗、誣陷李重進有「謀反」之心，原因就在於此。

周世宗去世前，解除了張永德的兵權，同時安排把李重進也踢出了京城，雖然掛著侍衛親軍都指揮使的頭銜，但兵權已然被削奪。連周世宗這樣的一代英主都不敢放手重用李重進，小皇帝柴宗訓和輔政的文官大臣們，當然就更不敢用他，遑論讓他掛帥統領大軍！

第二位人選，是前任殿前都點檢，時任許州節度使、開國公、檢校太尉、同平章事、駙馬都尉的張永德。張永德，後周的駙馬爺，輔佐周世宗創業的左膀右臂，殿前軍的主要指揮者之一，長期擔任殿前軍的主帥殿前都點檢，跟隨周世宗南征北戰，打過許多好仗，憑他在軍中的資歷、威信，掛帥沒有任何問題。但自從「木牌事件」之後，他被周世宗解除了禁軍兵權，外放澶州擔任節度使。李重進好歹還掛著侍衛親軍都指揮使的空頭銜，張永德連禁軍的空頭銜都沒得掛，對後周朝廷恐怕早已是離心離德了，後周朝廷也不敢用他。

第三位人選，是時任鄆州節度使、侍衛馬步軍副都指揮使、檢校太尉、同平章事的韓通。韓通，早年跟隨郭威創業，是後周的開國元勳之一，一直深得郭威和柴榮的信任。周世宗臨終前，解除了李重進和張永德的兵權，韓通得以侍衛親軍副都指揮使實際統領侍衛親軍，並掛「同平章事」宰相銜，地位在殿前都點檢趙匡胤之上。周世宗還特地下令：禁軍軍政，多由韓通負責。

韓通也有他的弱點，在周世宗南征北戰之時，他負責留守京城開封，

主要擔任京城巡檢的職務，即充當開封城的衛戍和警備司令。這展現了周世宗對他的信任，但卻導致了韓通在最為軍人所看重的戰場決勝方面的軍功，就要遜色不少。周世宗北伐幽州的時候，可能出於有意的考慮，讓韓通出任陸路都部署，趙匡胤為水路都部署，但戰爭的主舞臺都在水路的方向，韓通疏通水路的苦力活倒是做了不少，就是沒撈著仗打，趙匡胤好歹還打下了瓦橋關。軍功一般，軍中的威信和號召力就會打折扣，是否有統帥大軍的能力，也會令人懷疑。

韓通還有一個毛病，就是性格暴戾，人送外號「韓瞪眼」。一個人的名字可能起錯，但外號通常錯不了。從這個「韓瞪眼」的外號，一看就知道韓通是一個李逵式的人物，是一介純粹的軍官脾氣的武夫。本來軍人的脾氣大一些，也算不了大毛病，但動輒吹鬍子瞪眼，剛愎自用，軍中的人緣肯定不太好，與那些科舉出身的文官們恐怕就更難打好關係。

第四位人選，就是時任宋州節度使、殿前都點檢、開國侯、檢校太尉的趙匡胤。趙匡胤是後周禁軍的後起之秀，出身周世宗最親信的幕府舊僚，是周世宗一手提拔的火箭式晉升的親信將領，一直都被認為是為人忠厚，對朝廷赤膽忠心。但他出任殿前都點檢才只有短短的半年時間，相比於李重進、張永德，甚至是韓通，趙匡胤在軍中的資歷要低很多，一個明顯的表現，就是李重進、張永德、韓通三人，都以節度使掛了侍中、同平章事等宰相銜，趙匡胤卻沒有。

節度使掛宰相銜，就是最為榮耀的「出將入相」，在理論上講可以參與中書門下政事堂會議，參與朝廷大政的決策。趙匡胤還沒有掛上宰相銜，地位和聲望就要低人一等。另外，趙匡胤屢立戰功，但他大多數情況下，都是在周世宗親自指揮下作戰，或是護駕，或是擔任先鋒，獨當一面時只指揮過數千人，並沒有真正獨立統領大軍的經歷。

除了上述四人之外，節度使符彥卿、向拱也都是當時名將，論能力和

威信，都足以擔當掛帥重任。符彥卿在後晉時就曾大敗契丹，還是當今國丈，他的女兒就是符氏皇太后。但是，他倆都長期在地方擔任節度使，沒有禁軍的軍職，未必能駕馭得了禁軍的驕兵悍將，後周朝廷也不願意起用他倆。

軍情緊急，不容許後周朝廷過多的猶豫。事實上，就在正月初一這一天，御前會議就做出了最終的決斷：殿前都點檢趙匡胤掛帥出征，出任北面行營都部署，全權調派、統領殿前軍和侍衛親軍。侍衛親軍副都指揮使韓通則出任「在京巡檢」，留守開封。

那麼？是誰拍板由趙匡胤掛帥呢？

從理論上說，當然是皇帝柴宗訓。像選帥這種大事，必須經過御前會議，由皇帝決斷。但他是個娃娃，誰都知道他不可能有任何意見。真正的決策者應當是輔政的四位大臣，他們是：第一宰相范質、第二宰相王溥、第三宰相魏仁浦和樞密使吳廷祚，特別是范質等三位宰相，他們都掛著「參知樞密院事」的頭銜，總攬軍政大權。

韓通雖然掛著宰相銜，但武人干政畢竟是很忌諱的事情，范質等都是很強勢的宰相，不見得允許他發言，而且涉及他自己，他也不便說什麼。至於趙匡胤，連宰相銜都沒掛，是沒有資格參與決策的。

陳橋兵變發生後，有這樣一幕場景：當趙匡胤黃袍加身的消息傳來，第一宰相范質氣急敗壞，緊緊抓住第二宰相王溥的手臂，一連聲地說：「倉促選將，這是我們的罪過啊！」王溥的手臂都被范質抓出血來了，但他強忍著痛楚，嚇得一言也不敢多發。從這幕頗為滑稽的場景來看，應當是王溥首先提名了趙匡胤，范質最終拍的板。

王溥是第二宰相，地位要低於第一宰相范質，但當年後周征伐後蜀，奪回秦、鳳、階、成四州的主帥向拱，就是由王溥向周世宗推薦的。大軍旗開得勝之後，周世宗曾經當著文武眾臣們的面，舉杯讚揚王溥說：

「這次前線大捷，全是你選帥有方的功勞。」正是由於有了這樣一個成功的先例，王溥博得了一個善於選將的名聲，他提名趙匡胤，分量無疑是很重的。

那麼，王溥為什麼要提名趙匡胤呢？主要是因為兩人私交過密。趙匡胤升任殿前都點檢的時候，王溥私下裡就「慷慨」地把一所大宅院，無償地贈送給了趙匡胤。此事出自宋代大文豪蘇轍所著《龍川別志》的記載，目的是為了說明趙匡胤深得人心，連王溥這樣的宰相都向他效忠表忠心了。其實，王溥是贈送了趙匡胤一座大宅院不假，那趙匡胤是不是也送給他東西了？宰相、大帥，投桃報李，互相交結，互相利用，結成朋黨，互相支持，才應該是當時事實的真相。

王溥提攜趙匡胤，主要還是擴大自己在朝廷的地位和影響力，至於說有意識地主動地要助趙匡胤推翻後周，甚至充當趙匡胤在朝廷裡的內應和奸細，恐怕當時他還走不到這一步。陳橋兵變後，王溥帶頭向趙匡胤稱臣，那就是另外一回事了。趙匡胤喜歡讀書，王溥出身狀元，是五代宋初最有名的學問家之一，想來兩人之間的共同語言甚多，一拍即合也不令人奇怪。綽號「韓瞪眼」的韓通，卻是大字不識一個的武夫，動輒吹鬍子瞪眼，在趙匡胤和韓通之間做出抉擇，王溥的傾向一目了然。

第一宰相范質忠心為國，清正廉潔，從不結黨營私，個人威望也最高，是五代極其難得的「名相」。他在當時的官位最高，擁有拍板的權力。但范質是一個純粹的書生，治理民政是他的拿手好戲，軍事方面則是一個完全的外行。在選將的問題上，他尊重王溥的意見十分正常。另外，范質雖說不結黨營私，但趙匡胤的謀主趙普很得他的賞識，趙普出任滁州推官，就是范質推薦的結果，堂堂首相，竟會特地為一個小芝麻官說好話，可見他對趙普一定是高看一眼。雙方有了這樣一層的關係，范質起碼不會反對趙匡胤。

更何況，第三宰相魏仁浦也和趙匡胤有著非同一般的關係。早在趙匡胤剛剛出任殿前都點檢的時候，就由趙匡胤的母親杜氏出面，把趙匡胤的三女兒許給了魏仁浦的兒子為妻。當時這兩個孩子，都只是七八歲的小娃娃，雙方這門娃娃親的政治含義和分量，是顯而易見的。相信在正月初一的御前會議上，魏仁浦的這一票，也一定是投給了趙匡胤。

他這一票肯定十分的關鍵。因為三位宰相當中，只有魏仁浦是從樞密使任上晉升宰相的，而且他以通曉軍務聞名，是郭威和柴榮智囊式的人物。郭威從鄴都起兵，靠的就是魏仁浦給他出的主意，把漢隱帝只殺郭威一人的密詔改為株連將士，因而引起了三軍的同仇敵愾。

不過，魏仁浦是個官場上的老手，做事一直深藏不露，史書上沒有留下多少痕跡。事實上，後周三相當中，後來真正最受趙匡胤恩寵的，就是魏仁浦，兩人果然成了兒女親家。魏仁浦當年無疑是給趙匡胤出過大力的。

樞密使吳廷祚和趙匡胤的關係也不錯，但他的地位，要低於三位宰相，三位宰相也都掛著「參知樞密院事」的頭銜，吳廷祚發揮的作用不應很大。

還有一個人物，也不應該被忽視，那就是皇太后符氏。她雖然沒有「攝政」的名分，無法垂簾聽政，但畢竟是皇太后，起碼也參與了選帥的御前會議。符氏看似和趙匡胤沒有多少關係，實則不然。

符氏的父親符彥卿有好幾個女兒，其中的第六個女兒，周世宗在世的時候就嫁給了趙匡胤的弟弟趙匡義，趙匡義當皇帝之後，追封她為「懿德皇后」。趙匡義的夫人和皇太后既然是親姐妹，趙匡義當然也就成了皇親國戚。皇太后只是一介女流，沒什麼經驗，不會一點不受到自己妹妹和妹夫的影響，對自己妹夫的親哥哥趙匡胤，當然也會有所倚重。

在這孤兒寡母、主少國疑的政治敏感時期，趙匡胤和皇太后和皇室之

間這種特殊的親密關係，應當也是足以一錘定音的關鍵因素。韓通和皇室之間沒有這一層關係，他沒有被選中掛帥，是很正常的。

▌密謀：選定陳橋驛

不管是誰拍的板，不管是以什麼理由拍的板，後來的歷史證明，由趙匡胤掛帥，對後周王朝來說，是一個無法挽回的天大錯誤。在南宋史學家李燾的名著《續資治通鑑長編》開篇就是這樣記載，建隆元年（西元九六〇年）正月初一：

> 鎮、定二州言契丹入侵，北漢兵自土門東下，與契丹合。周帝命太祖領宿衛諸將禦之。太祖自殿前都虞候再遷都點檢，掌軍政凡六年，士卒服其恩威，數從世宗征伐，洊立大功，人望固已歸之。於是，主少國疑，中外始有推戴之議。

當代中國著名的歷史學家鄧恭三先生，在解釋這條史料時說：所謂「推戴之議」者，乃是史家慣用的一種飾詞，實則即等於說宋太祖看到後周當時孤兒寡婦的局面而已生了「是可取而代之」的野心。

確實，如果說在這之前，趙匡胤可能至多只是「胸有大志」，對皇位有這樣或者那樣的想法，在以殿前都點檢出任北面行營都部署之後，禁軍兵權集中於他一人之手，兵變奪權的籌劃才有可能真正地加以展開。陳橋兵變的腳步越來越近了……。

草根群眾的眼睛永遠是最亮的。殿前都點檢趙匡胤被任命為北面行營都部署的消息一傳出來，開封城就立即哄嚷動了。也不知道是皇城底下的百姓經常見到大世面，總有不凡的政治敏感，還是當年郭威兵變給百姓們的創傷實在是太深了，還是「點檢作天子」的木牌發揮了輿論作用，還是趙匡胤手下有人走漏了風聲，反正禁軍將要在出征北伐那天「立趙點檢當天子」一類的流言蜚語，立即在民間滿天飛。許多有錢人家，擔心兵變士

兵燒殺搶掠，更是趕緊扶老攜幼，到鄉下避難去了。

　　幸好，後周皇宮內的達官貴人們，卻依然處於麻木不仁的麻痺狀態。宮門深似海，高高的紅牆，隔開了民眾與帝王將相的聯繫，帝王將相是聽不到老百姓的聲音的。倒是有幾個不識相的書呆子，跑到宰相范質那裡，去揭發趙匡胤圖謀不軌，不宜讓他統帶大軍，但都被范質給轟了出來。卑賤者最聰明，高貴者最愚蠢，說的就是這個道理。

　　趙匡胤聽到這些風聲之後，或者是騎虎難下，或者是被打草驚蛇，難免是相當的緊張。巨大的壓力之下，他選擇了回家徵求母親杜氏的意見，誰知當他剛剛開口：「外面到處都是我要兵變當皇帝的謠言，我該如何是好？」他的妹妹正在廚房裡做飯，不知怎麼聽到了趙匡胤的話，就拎著擀麵棍，從廚房裡衝了出來，追著自己的哥哥就打，邊追邊喊：「男子漢大丈夫，大事臨頭，應當自己來決斷，回家來嚇唬女人們做什麼呢？」趙匡胤恍然大悟，沒有再多說什麼，當即騎馬離家，趕回殿前都點檢公署去了。

　　事實就是這樣。人生能有幾回搏！大丈夫要做一番大事業，哪能沒有風險，該搏的時候就是要搏一把，成敗利害，生死安危，當置之度外。趙匡胤的這個妹妹，也真不是個平常人物。她的這根擀麵棍，可能就是在最關鍵的時刻壓倒龐大駱駝的最後一根稻草，趙匡胤兵變奪權的決心已不可能改變了，無法再回頭了。

　　趙匡胤就任北面行營都部署，兵權到手，立即坐鎮殿前都點檢公署，行使職權，分兵派將。殿前軍是他的嫡系人馬，既然有意發動兵變，更是要依靠殿前軍的力量。

　　殿前司的副都點檢慕容延釗，大趙匡胤十四歲，是趙匡胤在殿前軍的左膀右臂，趙匡胤一直都稱他為「大哥」。此次就擔任了至關重要的北面行營第二把手 —— 馬步軍都虞候一職，並兼任開路先鋒官、前軍主將。

在大年正月初二那一天，慕容延釗就在大軍之前出發，以增援鎮州、抵禦契丹為名，率兵日夜兼程趕往河北重鎮鎮州。他此行的真實目的，當然是為趙匡胤控制住至關重要的河北地區。霸州的守將韓令坤，官拜侍衛親軍馬步軍都虞候，在侍衛親軍中的地位僅次於韓通，而且他手中握有精銳的邊防軍，此人乃趙匡胤關係最為親密的兒時玩伴，也是趙匡胤在軍中的死黨。慕容此行的另一項祕密使命，就是與韓令坤聯絡，一起掌控河北，防範和迎擊契丹的進攻，也監視河北其他節度使的動向。

殿前司的散員都指揮使王彥昇、散指揮都虞候羅彥瓌、內殿直都虞候馬仁瑀、殿前指揮使都虞候李漢超、控鶴軍都指揮使韓重贇等人，則各率所部，歸趙匡胤直接指揮，組成了北面行營的中堅。

王彥昇外號「王劍兒」，擅長劍術，武功高強，以殘忍好殺聞名軍中，是殿前司最有名的猛將；馬仁瑀是百發百中的神射手，李漢超也是驍勇善戰，他們三人都是趙匡胤一手提拔的心腹愛將。韓重贇則是趙匡胤「義社十兄弟」的成員，是趙匡胤的把兄弟。羅彥瓌，郭威的時候曾經被踢出過禁軍，是趙匡胤重新起用了他，他對趙匡胤感恩戴德，唯命是從，在陳橋兵變當中表現得最為積極。這五員虎將，他們所統率的就是如狼似虎的殿前諸班直，是趙匡胤最基礎的力量和本錢。

令人注目的是，趙匡胤並沒有帶出去所有的殿前軍主力，而是令殿前都指揮使石守信、殿前都虞候王審琦各率本部人馬，留守開封，駐紮在殿前軍的大本營 —— 殿前都點檢公署。與此同時，趙匡胤下令抽調侍衛親軍馬軍都指揮使高懷德擔任北面行營馬軍都指揮使，侍衛親軍步軍都指揮使張令鐸擔任北面行營步軍都指揮使，侍衛親軍的兩大精銳主力部隊龍捷（騎兵部隊）和虎捷（步兵部隊）全部出動，編入了北面行營的戰鬥序列。

這無疑是一個費盡心機、十分高明的安排。

侍衛親軍的主力部隊都隨趙匡胤出征，歸趙匡胤指揮，如同釜底抽薪，把侍衛親軍的主帥韓通變成了一個徹頭徹尾的光桿司令。即使他想鬧事，沒有大軍的支持，只能是徒喚奈何，任人宰割。侍衛親軍隨行的官兵，高懷德與趙匡胤關係非同一般，陳橋兵變後他就娶了趙匡胤的妹妹，張令鐸則是軍中出了名的老好人，不會反對趙匡胤。

　　侍衛親軍的兩支主力部隊虎捷和龍捷，虎捷的最高指揮官是趙彥徽，此人是趙匡胤母親杜氏的河北安喜老鄉，又都姓趙，一直同趙匡胤以兄弟相稱，趙匡胤叫他「大哥」。此人早就是趙匡胤在侍衛親軍中的眼線，關鍵時刻當然是擁戴趙匡胤。

　　至於龍捷一軍，趙匡胤更是有十足控制的把握。要知道，趙匡胤的父親趙弘殷，在龍捷軍中創紀錄地做了近三十年，周世宗時晉升為龍捷左廂都指揮使，親朋故舊遍於軍中。趙匡胤在這支部隊中當然是一呼百應。

　　反過來，殿前軍留守開封的石守信和王審琦兩人，都是趙匡胤「義社十兄弟」中最核心的成員，都是趙匡胤的拜把兄弟，韓通雖然有「在京巡檢」的頭銜，但他們絕對不會聽從韓通的指揮，韓通事實上就是孤家寡人一個。

　　最重要的是，殿前都點檢公署就在皇宮大內的左掖門邊上，趙匡胤把石、王兩員心腹大將和殿前軍的精銳放在這裡，既可以保護殿前軍的大本營，保護殿前軍將士家屬們的安全，又可以用武力控制住皇宮，只待趙匡胤一聲令下，兩人起而響應，皇宮內外的聯繫就會被切斷，皇宮中的皇帝、皇太后和宰相等大臣都會成為俘虜。確實，這是一招裡應外合、一石數鳥的好棋，奠定了陳橋兵變成功的基礎。

　　除了部隊將士之外，趙匡胤的弟弟趙匡義、宋州節度使掌書記趙普、都押衙李處耘組成了趙匡胤個人的幕僚班子，出謀劃策，趙匡胤的親信潘美、楚昭輔等也隨軍出征。

第三章　陳橋兵變：不流血開創一個大王朝

兵變的地點，定在了陳橋驛。

為什麼要選擇陳橋驛，而不是其他地方，來做兵變的地點呢？主要的理由有兩個：

首先，是必須把部隊拉出城去。道理很簡單，開封城畢竟是都城所在，城內有皇帝、皇太后、宰相、樞密使、韓通等一大批顯赫的大人物，他們對禁軍都有相當大的影響力，在城裡直接發動兵變風險太大。出城之後，「將在外，君命有所不受」，趙匡胤作為北面行營都部署，握有全軍的生殺大權，就可以名正言順地控制全軍，誰敢抗命不遵，趙匡胤當即就可以軍法從事。

其次，是不能離開封城過遠。任何兵變，最講究的都是要迅速。夜長則夢多，遲則生變，這是很簡單的道理。如若部隊離開封城過遠，回師途中難免會走漏風聲，開封城內的後周君臣就有可能有所準備，有所行動。趙匡胤雖然有內應，但也存在著無法迅速解決問題的可能性。只要無法迅速拿下開封，各地的節度使都有可能打著「勤王」的旗號殺將過來，兵變軍隊的內部也會發生變化，見風使舵都有可能。最起碼，後周也會有條件像當年後漢隱帝對付郭威那樣，把趙匡胤的家人殺得一乾二淨。所以，兵變的地點絕對不能離開封城太遠。

陳橋驛恰恰符合上述兩個條件的要求。陳橋，唐朝的時候叫「板橋」，設在當地的驛站名叫「上元驛」，也寫作「上源驛」。拉開五代序幕的「上元驛事件」，朱溫突然襲擊李克用，就發生在這裡。

陳橋驛在開封城外四十里，不遠也不近，是北上渡過黃河進入河北的必經之地，開封城裡去河北方向旅行的人，往往要在這裡與送行的親人分別。在詩人的筆下，陳橋驛是一個杏花繽紛、楊柳依依的好地方，唐代大詩人白居易就有〈板橋路〉詩：

梁苑城西二十里，一渠春水柳千條。
若為此地今重過，十五年前舊板橋。
曾共玉顏橋上別，不知消息到今朝。

宋代的王安石也寫過一首〈陳橋〉詩：

走馬黃昏渡河水，夜爭歸路春風裡。
指點韋城太白高，投鞭日午陳橋市。
楊柳初回陌上塵，煙脂洗出杏花勻。
紛紛塞路堪追惜，失卻新年一半春。

大宋開國之後，陳橋又改名為郭橋，陳橋驛也改名班荊館，負責接待遼國的使者。宋徽宗時在當地改建鴻烈觀，用以紀念宋太祖的開國功績。金兵滅亡北宋，就把它作為接待南宋使者的館驛。宋孝宗時南宋的使者韓元吉，在當地觸景生情，就填了一首〈好事近·汴京賜宴聞教坊樂有感〉：

凝碧舊池頭，一聽管弦淒切。多少梨園聲在，總不堪華髮。
杏花無處避春愁，也傍野煙發。惟有御溝聲斷，似知人嗚咽。

愛國大詩人陸游接到這首詞後，也感慨萬千，遂賦詩一首：

大梁二月杏花開，錦衣公子乘傳來。
桐陰滿第歸不得，金鑾玲瓏上源驛。
上源驛中捶畫鼓，漢使作客誰作主？
舞女不記宣和妝，盧兒盡能女真語。
書來寄我宴時詩，歸鬢知添幾縷絲？
有志未須深感慨，築城會據拂雲祠。

陳橋驛邊的杏花、楊柳，見證了趙匡胤陳橋兵變、大宋開國的輝煌，如今兒孫不肖，江山依舊，卻已然拱手相讓他人，怎能不令有志之士扼腕長嘆，頓生「待從頭，收拾舊山河」的豪情……。

從開封城抵達陳橋，按照當時部隊正常的行軍速度，也只需要一個白

天的時間，這就剛好為兵變留下了夜間發動的充足時間。而從陳橋回師開封，加速前進，連一個白天的時間都用不著，開封城根本來不及做出反應。

此外，陳橋驛和陳橋一帶，還有大量現成的營房，當年耶律德光進入開封城的時候，就是一度把十餘萬後晉的禁軍，都屯駐在陳橋一帶。有營房供給士兵們駐紮休息，趙匡胤掌控起部隊來自然也就容易許多。

如此一來，趙匡胤在陳橋驛居中操控，慕容延釗和韓令坤控制河北，石守信和王審琦留守開封，三處大軍，互相配合，互相響應，共同織成了一張滴水不漏的兵變大網。

▌兵變序曲：天有二日

萬事俱備，只欠東風。

三、六、九，往外走。大年正月初三，大軍出發的良辰吉日已到。趙匡胤鎮定自若，依然按部就班地拜別了皇帝和皇太后，還專程前往三位宰相和韓通的府上辭行。

韓通有個兒子，名叫韓微，因為他自幼就有駝背的毛病，人送外號「韓囊駝」，也就是「韓駝子」的意思。韓微人雖然長得駝，但卻很有智謀和膽識，一直是韓通的智囊。他見形勢危急，趙匡胤兵變已經箭在弦上，就暗中糾集了一批死士，準備給趙匡胤上演一齣「鴻門宴」，趁趙匡胤上門辭行的機會，在自己家中刺殺趙匡胤！

韓微的想法，是一個喋血當場、你死我活的思路，很有血性，也很有膽量，很有魄力。如若韓微真能殺死趙匡胤，那倒肯定會改變歷史的進程。問題是，韓微把殺掉趙匡胤想得過於簡單了。且不說趙匡胤本人身手不凡，拳腳功夫了得，身邊護衛成群，個個都是久經沙場的虎狼之士，哪裡是容易殺得了的。

再說，趙匡胤要兵變謀反，但畢竟還只是傳聞，沒有真憑實據，更沒有多少像樣的把柄落在韓氏父子手中。沒有憑據，韓通就要在自己家中，私自殺死當朝的殿前都點檢、北面行營都部署，除非韓通自己要謀反，自己要黃袍加身，否則他無論如何是不會也不敢這樣做的。韓微的想法，更多的是年輕人一時衝動的異想天開，是不會成功的。韓通堅決制止了兒子蠻幹，也是沒有辦法的辦法。

　　明槍易躲，暗箭難防。韓微的刺殺雖然沒有付諸行動，趙匡胤得知消息之後，還是恨死了韓微，注定了韓通父子在兵變中被殺的悲慘命運。

　　趙匡胤指揮大軍，秩序井然地出城。一場兵變奪權的好戲，正式開場了。

　　首先登臺表演的，是一個名叫苗訓的小人物。此人當時官拜殿前司散員右第一直散指揮使，算是一個很不起眼的小軍官，但他是軍中很有名的「半仙」式的人物，自稱曾跟隨神仙道士，學習過天文星象和占卦算命，平日裡就經常裝神弄鬼，為官兵們算命占卦，倒也時不時地算中，很得官兵們的崇拜。

　　部隊剛剛出城，苗訓就對官兵們散布說：「今天的天上，將會出現兩個太陽。」天上哪裡會有什麼兩個太陽！大家都對他的說法將信將疑。也許不過是巧合，也許是苗訓真能預測天象的變化，反正是部隊行進不久，將士們突然看到了一幕壯觀的景象：滿天朝霞的天空，在太陽的下方，竟然升起了另外一個光芒更加燦爛耀眼的新「太陽」！

　　根據現代天文學知識的解釋，兩個太陽同時出現於天空，叫作「幻日」，也叫「假日」。雖然是一種極為罕見的大氣光學現象，但卻沒有什麼好神祕的。它是由太陽光照在冰晶結構的雲層上面時，光線折射或反射所形成的，實際上是「日暈」的一種特殊形式。但當時的士兵們絕大多數都是文盲，可不懂得這些現代科學的道理。兩個太陽真的同時出現，震撼

了全軍上下，人人都感到十分的驚訝，對苗訓當然更佩服得五體投地，以為他真是能掐會算的「活神仙」了。

苗訓又指著天上的兩個太陽，十分神祕地對趙匡胤的親隨楚昭輔說：「這就是天命啊！」「活神仙」的話，自然一傳十，十傳百，不一會就傳遍了全軍，將士們的心中也都全明白了。

「這就是天命啊」，看似沒頭沒腦的一句話，讓將士們明白什麼了呢？

按照中國傳統「天人合一」式的政治文化，「天命」是人間政治的最高主宰，人人都必須服從。天上的太陽，是人間皇帝的象徵，自然是只能有一個，所謂「天無二日，地無二主」。如今兩個太陽高掛天空，新太陽的光芒壓過了舊太陽，說明後周小皇帝的氣數已經盡了，即將被新皇帝所取代。

那誰有資格當新皇帝呢？當然只能是大軍的統帥趙匡胤了。苗訓「這就是天命啊」這句話，就是以兩個太陽並立為憑據，說趙匡胤是受上天垂青的真龍天子，由他來改朝換代是上天的意志。

要知道，五代雖說是一個亂世，帝王的權威已然大打折扣，但推翻皇帝，犯上作亂，大逆不道，畢竟不是一件小事，眾將士們還需要做心理上的準備，突破心理上的障礙才行。大家既然目睹了兩個太陽的奇觀，又聽到苗訓說「天命」如此，事情就簡單得多了，將士們當然要服從「天命」，兵變奪權，擁戴趙匡胤，就更加師出有名了。

小人物發揮了大作用。苗訓就這樣搶得了擁戴趙匡胤的頭功。趙匡胤平日裡把這樣的人物搜羅在軍中，有備無患，也確實是不簡單。大宋開國後，苗訓脫離了軍界，由一介微不足道的小軍官，就任了大宋的首任天文主管，官銜後來一直升到了檢校工部尚書，算是一步登天了。

黃袍加身：究竟誰在夢中

　　傍晚時分，大軍抵達了此行的真正目的地 —— 陳橋驛。趙匡胤暢飲一番，然後高枕而臥，很快就進入了夢鄉。按照趙匡胤後來的說法，這是他一生當中睡得最安穩的一個好覺，也是他一生中最後的一個安穩覺。過了這一夜，他可就再也沒有安穩覺睡嘍。

　　趙匡胤這邊是鼾聲如雷，兵變的其他角色們，一個接一個粉墨登場，都緊張地忙碌起來。也有一些大佬，自始至終，都躲在幕後。直到大宋開國，趙匡胤封官賞功的時候，他們的大名，才赫然列在前排，如高懷德、張令鐸、趙彥徽、張光翰等等。冬夜是那麼的漫長，多少令人驚心動魄的陰謀，都被永遠掩藏在茫茫的夜色當中了。

　　點燃第一把火的，是殿前司殿前諸班直的散員都指揮使王彥昇、散指揮都虞候羅彥瓌、內殿直都虞候馬仁瑀、殿前指揮使都虞候李漢超等人。這幾員虎將，白天看著苗訓裝神弄鬼的表演，早就按捺不住了，個個都想搶擁戴的頭功。他們爭先恐後，四下散布說：「當今皇帝只是個小孩子，弟兄們再拚死拚活地賣力打仗，他也不知道，不如先立趙點檢當皇帝，然後北上禦敵，為時不晚。」

　　五代的士兵，很多人都見過大場面，心裡也有自己的算計：改朝換代，不過是換一家主子，就可以憑空得到一大筆錢的犒賞，運氣好的話還可以做官，又有當官的領頭，何樂而不為呢？再說了，誰不知道趙匡胤趙點檢兵權在手，又是得「天命」的真龍天子，王彥昇等又都是殺人不眨眼的凶神惡煞，又有哪個敢說個「不」字？於是，眾士兵們紛紛嗷嗷叫著：「立趙點檢為天子！」「趙點檢當皇帝！」兵變的大火，立即熊熊燃燒起來。

　　眾將官們在前臺表演，幕後的直接推手是趙匡義。別看趙匡義當時只是個二十二歲的毛頭小子，沒打過什麼仗，但是他的身分最特殊，既是趙

家的二少爺，又是皇太后的妹夫，眾將誰敢不敬他三分？眾將敢公開鬧事，靠的是趙匡義撐腰，趙匡義就是他們的所依賴的人。

還有一個名叫李處耘的人，也十分活躍，此人當時擔任宋州節度使都押衙，很有軍事才能，也很得趙匡胤賞識，是趙匡胤軍事方面最為器重的助手。趙匡義和李處耘兩人一見火候已到，當即在眾將的簇擁下，找到了宋州節度使掌書記趙普。

大鱷終於浮出了水面。趙普果然是一個厲害的角色，早已是成竹在胸，他代表趙匡胤指揮眾將，命令三軍就地展開，進入最高級的戒備狀態，並立即全面封鎖陳橋驛，任何人都不得走漏一點兒風聲。

當然，按照《續資治通鑑長編》等史書的記載，趙普與眾將士之間，還經過了幾番激烈的脣槍舌劍，無非是趙普再三表白：趙匡胤是大周的忠臣，對大周皇帝「赤膽忠心」，哪能忘恩負義篡奪皇位呢？眾將則執意擁戴，七嘴八舌吆喝，大耍軍官脾氣，拔刀揮舞也就罷了，眾將們竟然也能頭頭是道地說：如果不立趙匡胤為天子，就改變不了「政出多門」的局面，將士們不會賣力，肯定也打不過契丹。反過來，只要趙匡胤當皇帝，將士齊心，北上打敗契丹，易如反掌。如此說來，擁戴趙匡胤就是為了天下蒼生免受契丹騷擾之苦。趙普、趙匡義等終於被說服了，代表趙匡胤接受了眾將的兵變擁戴，但要求眾將官要控制好各自的部下，絕不許肆意燒殺搶掠。

不過，趙普人稱「趙書記」，能言善辯還可以理解，眾將都是大字不識幾個的粗人，突然間都變得伶牙俐齒起來，總讓人感覺表演的味道太過火了。再說趙普、趙匡義和王彥昇、羅彥瓌等眾將明顯都是一夥兒的呀。

很顯然，上述記載，要不就是事先排練好的，要不就是後來編造的，是表演給後人看的。政治就是政治，表演永遠是必要的。要不說一個優秀的政客，首先必須是一個優秀的演員呢。

軍令如山，陳橋驛中的所有將士，立即依令弓上弦，刀出鞘，在寒風中度過了一個不眠之夜。與此同時，趙普派出趙匡胤私人衛隊的頭目郭延贇，騎著快馬，乘著夜色，極為祕密地趕回開封城殿前都點檢公署，向留守在那裡的殿前都指揮使石守信和殿前都虞候王審琦密報兵變已經成功發動的情況，讓他們做好接應的準備。這是事關成敗的一著。

石守信和王審琦早已把開封城的城門都牢牢控制在自己手中，正焦急等待著陳橋驛方向的消息。見過郭延贇之後，石、王二人立即調兵遣將，以殿前都點檢公署為據點，把個皇宮圍得水泄不通。這時，天才剛剛濛濛亮，後周的宰相、韓通和公卿大臣，正在皇宮中上早朝，不知不覺中就成了甕中之鱉。

真正的主角趙匡胤，仍然在呼呼大睡，鼾聲如雷。整個陳橋驛，一夜無眠，只有他一個人沉浸在夢鄉，他倒也真沉得住氣。

「不知莊周之夢為蝴蝶歟？蝴蝶之夢為莊周歟？」究竟誰在夢中，誰是真正的清醒，又有誰能分得清呢？

大年正月初四，凌晨。朝陽冉冉升起來了。

一夜無眠的數萬將士們，早就整齊地在趙匡胤的門外列陣，口號聲震天動地。趙匡胤終於醒了，連外衣還沒來得及披上，趙普、趙匡義當先推門進去，其他將士也一擁而上，喊叫著：「立趙點檢為天子！」

說時遲，那時快！羅彥瓌搶上前一步，不容分說，把一件黃袍硬披在了趙匡胤的身上。趙匡胤大吃一驚！

趙匡胤大吃一驚，我們也大吃一驚。

對，就是那件黃袍，它出現得十分詭異。按說在君主專制時代，除了皇帝本人，其他人連穿淡黃色的衣物，都有許多的忌諱，要十分小心才行。至於黃袍，別說是私穿，就是私藏，都是滅門九族的大罪。郭威當年

兵變的時候，就是因為沒有黃袍，將士們只好把一面黃色軍旗披在他的身上，用來冒充黃袍。羅彥瓌只是一介武夫，官也不太大，他手裡拿的貨真價實的黃袍，又是從哪裡來的呢？

「黃袍不是尋常物，誰信軍中偶得之」！有一種說法認為，羅彥瓌手中的黃袍，可能與趙匡胤的弟弟趙匡義有關，他是皇太后的親妹夫，又掛著內殿祗候供奉官都知的官銜，出入皇宮那是相當的方便。

黃袍，閃著至尊榮耀的黃袍，它究竟是從哪裡來的，其實已經無關緊要了。真正最重要的是，趙匡胤已經披上了這件黃袍。

隨著羅彥瓌這有力的一披，眾將官們一起跪地參拜，門外的數萬將士們，也配合整齊，振臂高呼：「萬歲，萬歲，萬萬歲！」真正是驚天動地。趙匡胤當然推辭再三，但就是捨不得脫下那件黃袍。

▌約法三章：功勞誰屬

將士們簇擁著趙匡胤上了馬。趙匡胤睡了整整一個晚上，本來就是一副紅色臉龐的他，如今是精神煥發，紅光滿面，披上了這件漂亮的黃袍，更加顯得那麼神采飛揚。

趙匡胤端坐在馬上，趙匡義和趙普，簇擁在兩邊。

趙匡胤聲如洪鐘，向眾將士們高聲斷喝：「弟兄們，既然你們立我當皇帝，就必須聽我的號令，不然你們就另請高明。」官兵們紛紛下馬，齊聲高喊：「我們都只聽你的。」

趙匡胤於是當眾和官兵們約法三章：

第一條，後周小皇帝和皇太后，絕對不容許驚動和冒犯。

第二條，後周所有朝廷大臣，都要保證他們的安全，任何人不得加以欺凌。

第三條，大軍回師開封城，必須秋毫無犯，不得殺人放火，不得搶掠官府倉庫，也不得搶劫民眾私財。

趙匡胤聲色俱厲地宣布：「以上三條，違令者，一律滅門九族，絕不饒恕！」當然了，光靠軍紀硬壓也不行，趙匡胤同時又向官兵們承諾：凡是遵命者，每名兵變士兵，獎勵銅錢兩百貫，絕不食言，軍官則另有封賞。

這可真是皇恩浩蕩啊。要知道，按照當時軍餉的標準，兩百貫銅錢相當於一名中等禁軍整整二十年軍俸的總數！陳橋驛全軍，上下有十餘萬人，賞錢合起來，真是個不折不扣的天文數字。趙匡胤當了皇帝之後，為籌措這一大筆錢發愁了好幾年，一直拖到了建隆三年（西元九六三年）舉行祭天大典的時候，趙匡胤才以「郊賞」的形式，勉強兌現了自己陳橋兵變時的諾言。

陳橋兵變的債是還清了，但每三年一次給禁軍官兵們的「郊賞」，從此成為宋朝政府的一項大負擔，壓得朝廷喘不過氣來。

這也是沒辦法的事，凡是新皇帝上臺，都要重賞禁軍官兵，這已經是五代的慣例，特別是改朝換代的時候，除了重賞，還要縱容士兵們自行搶劫。趙匡胤如今既然斷絕了士兵們打劫的指望，就只能是加大賞賜的力度。

「用兵之法，殺人如刈草，使錢如使水」。趙匡胤是帶兵的老手，當然明白這個道理。嚴刑重賞，恩威並用，就是他治軍的風格。士兵們畏懼趙匡胤軍法如山，又憑空得了如此一筆鉅款，發財的欲望部分地得到了滿足，自然服服貼貼、規規矩矩地遵命行事。

誓師已畢，趙匡胤統率大軍，浩浩蕩蕩地向開封城出發。勇將王彥昇擔任先鋒官，在大軍前邊先行入城。開封城的父老，曾深受郭威兵變之苦，他們見到趙匡胤大軍所過之處，竟然是紀律嚴明，秋毫無犯，紛紛奔

相走告，前來歡迎。得民心者得天下，趙匡胤勝局已定。

當年的漢高祖劉邦，在入關之初，即與關中百姓約法三章，「殺人者死，傷人及盜抵罪」，約束士兵，保護民眾的生命、財產安全，結果贏得了關中父老的擁戴，開創了大漢四百餘年的基業。陳橋兵變中的趙匡胤，同樣約法三章，也同樣成功開創了一個大王朝……。

▌大宋開國：禪讓在子午夜

陳橋兵變剛一發動，趙匡胤即刻派出了兩名特使，飛馬回京。一位，是他的貼身隨從楚昭輔，趙匡胤命他趕往城中的殿前都點檢公署，再度督促石守信、王審琦做好接應，同時也看望趙匡胤的家人，通知他們兵變成功的好消息。另一位，是潘美，趙匡胤命他特地前往皇宮中宰相辦公的政事堂，通知後周的三位宰相和韓通，希望他們能放棄無意義的抵抗，與趙匡胤合作。

潘美抵達政事堂的時候，早朝還沒有結束，聞聽趙匡胤已然黃袍加身，第一宰相范質急得直跺腳，連連自責，但他手裡沒有一兵一卒，只能是束手無策。侍衛親軍副都指揮使韓通一看形勢危急，匆忙離開皇宮，試圖趕回家中，糾集兵力，來抵擋趙匡胤。

韓通這一跑，可以說是一大昏招。想想看，侍衛親軍的主力都跟隨趙匡胤出征，韓通家中能有多少兵力？怎麼可能與如狼似虎的殿前軍抗衡。況且，他在皇宮中和皇帝、皇太后、宰相們在一起的時候，還可以把皇帝當人質，趙匡胤可能還投鼠忌器，不好對他下手。一旦離開了皇宮，沒了皇帝當護身符，韓通不會成什麼氣候。果不其然，韓通走到皇宮旁邊的左掖門的時候，殿前都點檢公署中的駐軍當即發難，一陣亂箭射過來，韓通手下的護衛死的死，逃的逃，韓通真正成了「韓瞠眼」，孤家寡人一個了。

不知道是韓通運氣好，還是石守信手下留情，還真讓他衝過了殿前軍布置的防線。但好運再一再二，不過再三，韓通迎面就碰上了殿前司的勇將王彥昇，王彥昇擔當大軍入城的開路先鋒，他二話不說，立即帶兵躍馬疾追。韓通倉皇逃回家中，連大門都沒來得及關，王彥昇就率兵闖了進來，此人是一個殺人不眨眼的魔王式人物，不容分說，就把韓通還有他的兒子韓微等幾人殺死在家中。

　　趙匡胤得知王彥昇殺了韓通父子之後，大發雷霆，當即表示王彥昇違背了他保護朝廷諸大員們安全的命令，要把他處死。當然，趙匡胤如此表演，只是做個樣子給大家看看罷了。王彥昇不僅沒有被處死，反而是接替了韓通「在京巡檢」的要職，得到了趙匡胤的重用。

　　其實，王彥昇殺掉韓通和韓微，是事先策劃好的定點清除政敵的行為，並沒有到喪心病狂、見人就殺的程度。既然韓微鼓動韓通要刺殺趙匡胤，趙匡胤得勢後殺死韓通父子，算是一報還一報，也不算太過分。政治鬥爭，本來就是你死我活，願賭服輸，畢竟不是客客氣氣地請客吃飯。

　　韓通死了，開封城裡再也沒有誰能威脅到趙匡胤了。趙匡胤如釋重負，下令士兵們收兵回營，趙匡胤自己也回到了殿前都點檢公署。這時，他才想起來脫下那件已經穿了快一天的黃袍，這件非法披上去的黃袍已經完成了它的歷史使命，趙匡胤這次要合法地穿上正式的黃袍。

　　不一會，范質等後周的公卿大臣，都被官兵們「請」到了殿前都點檢公署。范質一見到趙匡胤，氣不打一處來，質問他說：「先帝待你如同親生兒子，先帝屍骨未寒，你就發動兵變，對得起誰呢？」四目相交，趙匡胤默然無語，只是放聲大哭。這一哭，含義多多，真是絕妙。因為在這種場合下，不論趙匡胤怎麼回答，都是不合適的，只有乾脆不回答，才是最佳的選擇。

　　趙匡胤這一哭，他手下的官兵們可不幹了，羅彥瓌又第一個跳了出

來，他拔出佩劍，惡狠狠地指著范質等人說：「廢話少說，我們今天一定要立趙點檢當天子。」

第二宰相王溥見勢不妙，趕緊帶領其他眾臣向趙匡胤跪倒磕頭，高呼萬歲。

事已至此，范質也別無選擇了，即使是他為後周殉節，也於事無補。范質只好對趙匡胤說：「如果你答應不辜負先帝的厚恩，發誓把皇太后當母親看待，把少主當兒子撫養，絕對保證他們的生命安全，頤養天年，就可以舉行禪讓儀式，登上帝位。」趙匡胤聽到這句話，立即止住了哭聲，當即宣布：「一切都聽范相公的安排。」相公，是當時人對宰相的尊稱。

禪讓事不宜遲，儀式連夜舉行。將士們高舉著用蘆葦紮成的熊熊燃燒的火把，把大殿照得如同白晝。可當文武百官排列已畢，趙匡胤、范質等才猛然發現，忘了準備好小皇帝「自願」讓位的詔書。正在忙亂的時候，翰林學士陶穀從懷中掏出了一張草稿，說道：「詔書已擬好了。」詔書有了，於是一切萬事大吉，司儀官搖頭晃腦、抑揚頓挫地念著這份以小皇帝名義起草的禪位詔書：

天生蒸民，樹之司牧，二帝推公而禪位，三王乘時以革命，其極一也。予末小子，遭家不造，人心已去，國命有歸。諮爾歸德軍節度使、殿前都點檢趙（匡胤）：稟上聖之姿，有神武之略，佐我高祖，格於皇天，逮事世宗，功存納麓，東征西怨，厥績懋焉。天地鬼神，享於有德，謳謠獄訟，附於至仁，應天順民，法堯禪舜，如釋重負，予其作賓。嗚呼欽哉！祗畏天命。

詔書的大意是說：政權興亡，都要由天命決定。後周如今氣數已盡，而趙匡胤應天順民，功績卓著，我畏懼天命，決定效法歷史上堯把王位讓給舜的做法，自願把皇位禪讓給趙匡胤。

禪讓這套把戲，魏晉南北朝時的人玩得最氾濫了，當年曹丕逼迫漢獻

帝禪位給他之後，就曾經說：「我如今才知道禪讓究竟是怎麼一回事了。」此時的趙匡胤，是不是也和曹丕有著同樣的感受呢？反正趙匡胤向小皇帝拜了幾拜，喜滋滋地接過了禪位詔書，然後由宰相陪同，更換上了黃袍，到皇帝寶座就座，接受群臣們的拜賀。小皇帝柴宗訓則退居客位，趙匡胤隨即尊奉他為「周鄭王」，皇太后符氏為「周太后」。

大年正月初五，趙匡胤定國號為「宋」，改年號為「建隆」，以顯德七年為建隆元年（西元九六〇年），開鑄「宋元通寶」錢。同時派使者曉諭各地，並大赦天下，以示普天同慶。正月二十九日，契丹聞聽趙匡胤登基的消息之後，隨即退兵了。二月，趙匡胤尊母親杜氏為皇太后。趙匡義、趙匡美為皇弟，分別改名趙光義、趙光美，皇妹為燕國長公主。八月，立夫人王氏為皇后。

趙匡胤就是宋太祖，因為《尚書》當中開國君主稱「藝祖」，所以宋人稱宋太祖為「藝祖」，後代民間則多稱其為「趙太祖」，也稱「太祖武德皇帝」。大宋開國這一年，宋太祖趙匡胤三十四歲，正是年富力強的好年華。

宋太祖基本兌現了對范質的諾言，柴宗訓和符氏雖然遷往西京洛陽居住，但依然按照後周時的同樣標準，享受皇家所有的一切待遇和禮遇。柴宗訓後來由洛陽移居房州（今湖北房縣），宋太祖擔心地方官對他照顧不周，還特地派自己的老師辛文悅前去擔任知州。開寶六年（西元九七三年），柴宗訓去世的時候，宋太祖又親自為他穿孝服發喪。

根據陸游《避暑漫抄》的記載，宋太祖在建隆三年（西元九六二年）的時候，還特地命人在太廟中立了一塊碑，碑上刻有三條誓言，規定即位的皇帝都必須發誓遵守。其中的第一條，就是「保全柴氏子孫」，「柴氏子孫有罪，不得加刑，縱犯謀逆，止於獄中賜盡，不得市曹刑戮，亦不得連坐支屬」。《水滸傳》第九回〈柴進門召天下客，林沖棒打洪教頭、中

也說：柴進柴大官人，「他是大周柴世宗子孫。自陳橋讓位，太祖武德皇帝敕賜與他誓書鐵券在家中，誰敢欺負他」。這雖然是小說家言，但也是有真實歷史依據的。

北宋・王靄〈宋太祖坐像圖〉

因為是「禪讓」，而非「革命」，後周時的文武大臣全部留用。翰林學士王著和李昉，都曾經對宋太祖有不敬之舉，但宋太祖也沒有很為難他們。連死去的政敵韓通，宋太祖都很「大度」地追封他為「中書令」，為

他辦了一個與身分相稱的盛大喪事。地方上的各個節度使，宋太祖也都承認他們在新朝的地位，只是要求他們必須進京朝拜，以表明政治態度。絕大多數節度使都俯首聽命，只有潞州的李筠和揚州的李重進舉兵反抗，但都很快就被鎮壓了下去。

最為重要的，後周范質、王溥、魏仁浦三位宰相依然擔任宰相，他們也就很榮幸地成為大宋的開國宰相。大宋的開國元勳、陳橋兵變的實際指揮者趙普，宋太祖在開國的時候只任命他為樞密院直學士，只是樞密院的三把手，半年之後，才晉升為樞密副使，官位仍遠在范質等三位宰相之下。

對此，古代史家多歸之於宋太祖和趙普的政治家氣度，「太祖不亟於酬功」，「趙普不亟於得政」。當代學者則多認為：樞密院掌管軍政大權，宋太祖不讓趙普擔任宰相，而前去樞密院任職，是避虛就實，是去掌實權的。

范質等人都是後周文官集團的代表性人物，不管宋太祖出於什麼樣的考慮，陳橋兵變後繼續留用後周舊臣的格局，特別是留用范質等出任宰相，都為爭取後周的文官集團效忠大宋新朝，對形勢的迅速安定，減輕政局的動盪，發揮了極其關鍵的作用。

當然，「不亟於酬功」和「不亟於得政」，絕不意味著「不酬功」和「不得政」，趙普與范質孰親孰疏，孰輕孰重，宋太祖的心裡是有數的。到了乾德二年（西元九六四年），大宋已經完全站穩了腳跟，繼續利用這些後周舊臣已經沒有太大必要，趙普於是水到渠成地取代了范質等人的宰相職位。

▌市不易肆：宋朝「開國氣象」

開寶九年（西元九七六年），宋太祖去世。蓋棺則論定，記載宋太祖一朝歷史的《太祖實錄》的編纂，隨即提上了日程，而修《太祖實錄》，第一個繞不過的大事件就是「陳橋兵變」。為此，據《續資治通鑑長編》卷三五記載：宋太祖的弟弟宋太宗，以陳橋兵變的重要參與者之一的身分，特地向編書的史官訓話說：

> 太祖受命之際，固非謀慮所及。昔曹操、司馬仲達皆數十年窺伺神器，先邀九錫，至於易世，方有傳禪之事。太祖盡力周室，中外所知，及登大寶，非有意也。

宋太宗之所以這樣說的目的，是很清楚的，就是擔心史書和後人會把趙匡胤看作是與曹操、司馬懿一流的人物，都是天天處心積慮篡奪皇位的奸雄。

應當說，趙匡胤對皇位開始產生比較現實的想法，是在顯德六年（西元九五九年）六月周世宗臨終前突擊提拔他出任殿前都點檢，真正著手策劃兵變，更是在顯德七年（西元九六〇年）大年正月初一就任北面行營都部署，禁軍兵權全部到手之後，前後只有短短的三天時間。的確沒有像司馬懿那樣，苦苦裝病好幾年，才等到了發動高平陵政變的機會。

問題是，不管怎麼說，趙匡胤的陳橋兵變，都是乘著後周八歲小皇帝在位的時機，很不光彩地欺人「孤兒寡母」，利用五代禁軍兵變的形式，才奪取了皇帝寶座的。趙家沾了天大的便宜也就罷了，為什麼還非要把自己的上臺打扮成「非謀慮所及」、「非有意也」的「順天應人」呢？這不是得了便宜還賣乖？

要知道，官方史書當然都是按皇帝的調子編寫，但中國歷史上從來都不缺乏不願意捧帝王臭腳的耿介之士，這也算是中國人的脊梁之一吧，勇於用文字打抱不平，敢與宋太宗唱反調的，歷代都不乏其人：

弄耕牽車晚鼓催，不知門外倒戈回。
荒墳斷壟才三尺，剛道房陵半仗來。

這是宋仁宗時李淑的〈題少主陵詩〉。當時曾引發了一場軒然大波，有人向朝廷揭發說：這首詩「誹謗太祖」。本朝是「禪讓」得來的天下，詩中卻說靠的是兵變「倒戈」。這是很惡毒的暗箭攻擊，能置人於死地，好在宋仁宗是個明事理的明君，只是把李淑降級了事，倒沒有太為難他。

宋朝垮臺以後，政治上的忌諱少了，這一類的說法自然就更多了：

當年陳橋驛裡時，欺他寡婦與孤兒。
誰知三百餘年後，寡婦孤兒亦被欺。

這是元代一位不知名作者的詩，題為〈北客詩〉。元代的大學者劉因也有一首〈書事〉詩：

臥榻而今又屬誰？江南回首見旄旗。
路人遙指降王道，好似周家七歲兒。

意思是說，宋朝最後的滅亡，就是受了當年陳橋兵變欺人孤兒寡母的惡報。

倉卒陳橋事變時，都知不與恐難辭。
黃袍不是尋常物，誰信軍中偶得之。

這是明代人岳正〈讀史四首〉詩中的一首。有人還評論說，「黃袍不是尋常物，誰信軍中偶得之」一句，就是趙匡胤本人來與岳正對質，他恐怕也沒有辦法為自己辯解。

梁宋遺墟指汴京，紛紛禪代意何輕。
也知光義難為弟，不及朱三尚有兄。
將帥權傾皆易姓，英雄時至適成名。
千秋疑案陳橋驛，一著黃袍便罷兵。

這是清代詩人查慎行〈汴梁雜詩〉中的一首。

世宗於顯德六年以三十九歲的年齡去世，即位的恭帝年僅六歲。這寡婦孤兒的局面，自然被宋太祖認為絕不可失的良機，遂即於世宗逝世的次年正月藉了出兵的機緣而採取行動了。陳橋驛上呼號擁戴的士兵和將領們，只不過供其驅使的一群傀儡，趙匡義、趙普、石守信，以及張永德、王溥等人，也只是平素預聞其事的參佐人物而已，其操縱指使之者，卻還是宋太祖本人。

這是當代中國著名歷史學家鄧恭三先生的著名論斷。鄧先生還指出：「所謂『千秋疑案』者，到這裡，實在已經毫無可疑的地方了。」

英雄每作欺人語！只不過趙匡義真是弄巧成拙，沒有騙得了天下後世，反而應了那句老話，搬起石頭砸了自己的腳。其實，不想當元帥的士兵不是好士兵，不想當皇帝的元帥也不是好元帥。「王侯將相，寧有種乎」！「天子，兵馬強壯者當為之」！大丈夫生於天地之間，自然不甘久居人下，在條件合適的時候，不拘愚忠愚孝小節，勇於黃袍加身，不失英雄所為，又有何不可！至於說奪權道路上這樣那樣的陰謀詭計，都屬正常，因為「凡是將自己置身於政治的人，也就是說，將權力作為方法的人，都與惡魔的勢力定了契約」。趙匡義遮遮掩掩，自我粉飾，非要把趙匡胤說成是後周天大的忠臣，說成是被眾將硬逼上皇帝寶座的，才真正是見不得人的小人之舉，徒然貽笑大方。

客觀地說，陳橋兵變儘管同樣採取了五代常見的兵變奪權的形式，但與五代其他兵變相比，在內容方面卻有著根本上的不同。一個最明顯，也最重要的區別，就是陳橋兵變是一次基本上沒有流血的政變，也是一場帶來太平的兵變。

在陳橋兵變整個過程當中，自始至終都沒有發生激烈的戰鬥，死於兵變的，只有韓通和他的兒子韓微，基本上可以說是一次不流血的政變，開

創了中國古代歷史上，極其罕見的不流血而創立一個大王朝的奇蹟。

開封城的百姓，不僅沒有遭受戰亂之苦，「市不易肆」，五代時司空見慣的「夯市」——兵變士兵們洗劫都城的惡行——也都沒有再出現，有幾個試圖趁火打劫的小毛賊，也都被宋太祖及時地嚴加懲處。

據說，當道士陳搏聽到趙匡胤陳橋兵變成功的消息後，大笑著從毛驢上跌了下來，高興地對眾人說：「天下這回安定了！」荊南高氏政權的孫光憲，聞訊後認定：宋太祖乃「湯、武之君」，必將「混一天下」。南漢的邵廷琥也對南漢主劉鋹說：「天下亂久必治，如今中原已出真主，必將盡有海內，其勢非一天下不能已。」四川後蜀的宰相李昊則勸蜀主孟昶說：「臣觀宋氏啟運，不類漢、周，天厭亂久矣，一統海內，其在此乎。」並都建議派遣使臣向大宋納貢通好。

他們為什麼不約而同地得出了相同的結論呢？關鍵就在於：陳橋兵變，「得天下以仁」，是一次不流血的政變，「宋氏啟運，不類漢、周」，如此祥和的「開國氣象」，就改變了過去「以暴易暴」的惡性循環，使得在戰亂血腥中掙扎的人們，看到了太平的曙光，自然贏得了民心的擁護。為重建太平盛世，為華夏一統的實現，都打下了堅實的基礎，也為宋代政治文化走向更多的文明化和理性化奠定了基調。

陳橋兵變，大宋開國以後，宋太祖、宋太宗兄弟就在周世宗的基礎之上，把周世宗三十年興致太平的事業發揚光大，最終終結了五代分裂割據戰亂的局面，開創了大宋朝政治安定、經濟繁榮、文化昌盛的太平盛世。

第三章　陳橋兵變：不流血開創一個大王朝

第四章
杯酒釋兵權：為國家建長久之計

> 五季之亂，內則權臣擅命，外則藩鎮握兵。宋興，內外廓清，若天去
> 其疾，或納節以備宿衛，或請老以奉朝請。雖太祖善馭，諸臣知機，
> 要亦否極而泰之象也。

這是《宋史》對宋太祖「杯酒釋兵權」的高度評價，抓住了「杯酒釋兵權」對終結唐代中期以來的戰亂局面，實現天下太平的重要意義。明太祖朱元璋也說過：「使眾將不早解兵權，則宋之天下，未必不五代若也。」意思是說，如果不是宋太祖及早地解除了禁軍大將和藩鎮節度使等眾將的兵權，大宋就和後周一樣，極其可能成為第六個短命的王朝。這無疑是一個高明政治家的卓識，朱元璋在大明開國後也正是這樣做的。

問題是，收兵權是「英雄所見略同」不假，但同樣是收兵權，明太祖是「飛鳥盡，良弓藏；狡兔死，走狗烹」，大肆屠戮功臣，慘絕人寰！宋太祖採用的辦法，卻是開誠布公，「論心杯酒間」，「杯酒論心」，「大將解印」，忠厚開國，未嘗戮一大將，君臣之間善始善終，終成千古佳話。僅僅從政治功效的角度，也許難以評判兩者之間的高下，但若從人性的角度而言，宋太祖顯而易見要比明太祖要高大得多。畢竟，政治家也要首先成其為一個人，而不能蛻變為純粹的政治動物，甚至於政治惡魔⋯⋯

▎開國第一仗：打出威風

建隆元年（西元九六〇年）四月，昭義節度使李筠起兵反宋，大宋開國後的第一仗打響了。此時，距離大宋開國還不到一百天。

這一仗打得非常慘烈，前後持續了近兩個月，是一場硬碰硬的惡仗。昭義軍所管轄的潞州（今山西長治）、澤州（今山西晉城）一帶，古稱「上黨」，它西靠太嶽山，東依太行山，地高勢險，歷來就是易守難攻的戰略要地。戰國時期最為慘烈的「長平之戰」就爆發在這一地區。

李筠，早年就以大力士和神射手聞名軍中，追隨郭威開創帝業，後坐

鎮潞州八年，特地負責對北漢的戰事，是後周最為資深的節度使之一。此人智勇兼備，治軍有方，經過在當地八年的苦心經營，李氏手中的精兵不下三萬餘眾，戰馬三千餘匹。他手下有一員叫儋珪的猛將，以槍法聞名天下；他的坐騎，是一匹外號「撥汗」的汗血名駒，能夠日行七百里。北漢也趁火打劫，出兵支援李筠，對抗大宋。

為保萬無一失，不僅石守信、高懷德、慕容延釗、韓令坤等部禁軍主力全體出動，以絕對優勢的兵力四面圍攻。宋太祖本人也御駕親征，趙普隨行出謀劃策。當澤州城久攻不下的時候，宋太祖高平之戰時的老戰友，時任控鶴左廂都指揮使的馬全義率領敢死隊，不顧敵箭射穿了他的手臂，仍帶頭攻城，終於攻破了城池。宋太祖自己則親率衛隊衝進城中，參加戰鬥。戰鬥結束後不久，馬全義因箭傷發作而死，宋太祖十分難過，就把他的兒子馬知節收養在皇宮之中，宋真宗的時候，馬知節就做到了樞密使的位置。

李筠確實是條硬漢子，到了山窮水盡的地步，他恥於向宋太祖搖尾乞憐，很慘烈地投火自焚了。

打得一拳開，免得百拳來。宋太祖取得了開國第一仗的全勝，震懾了其他節度使。鎮州的節度使郭崇的情況和李筠差不多，原本也是對宋太祖奪位心懷不滿。保義軍的節度使袁彥是宋太祖在後周禁軍中的老同僚，但兩人之間的關係一直很差，宋太祖上臺後，袁彥私下招兵買馬，持觀望態度。李筠被消滅後，郭、袁二人都進京朝拜，主動交出了兵權和地盤，宋太祖也樂得做個順水人情，沒有再追究他們以往的問題。

這一仗是打勝了，但按照宋太祖原來的設想，他其實並不願意打這一仗，起碼是不想在剛剛開國的時候，就在內部大動干戈。這倒不是說宋太祖多麼忌憚李筠的軍力，也不是說宋太祖不想順勢除掉這一異己的勢力。問題是，大宋畢竟是兵變開國，泰山壓頂的兵威之下，雖然沒有多少人敢

公開螳臂當車，但新朝要樹立起權威來，贏得人心的真正擁戴，真正牢牢地站穩腳跟，卻不是一朝一夕之間就能做得到的事。

大宋天子腳下的開封城，就不是那麼容易一下子就安定下來的。宋太祖有一次乘車出門，剛走到一座名叫大溪橋的橋前面，只聽得「咻」的一聲，一支利箭就射了過來，幸好刺客箭法平平，只射中了車上的黃傘。護衛們亂作一團，宋太祖久經大陣，當然鎮靜自若，他跳下車子，把上衣往左右一分，露出胸膛，大聲喊著：「讓你射，讓你射，朝這裡射，就算是射死了我，也輪不到你小子。」大家雖然佩服皇帝的神勇，但都為他捏了一把汗。

有一個忠勇的衛士私下悄悄地獻給宋太祖一支防身的拐杖，宋太祖奇怪地問：「這支拐杖有什麼特別的地方嗎？」那人低聲說道：「陛下試試按拐杖的把。」宋太祖順手一試，原來這把拐杖暗藏機關，裡面是一把錚亮的寶劍。宋太祖放聲大笑，邊笑邊說：「等我需要用這個東西的時候，恐怕一切都太晚了吧。再說，真到那時，區區一把劍能有什麼用呢？」

確實，宋太祖本人武功高強，棍術、拳法樣樣精通，針對他個人的一、兩個刺客，他還真不放在眼裡，也不會太在乎。這些零星的恐怖活動也成不了太大的氣候。但是，這些活動的背後，反映出對大宋新政權的觀望、不了解甚至於敵視的態度，在開封城中仍有不可小視的市場。李筠曾經設想，只要他兵臨開封城下，原來後周系統的人馬就會倒戈來迎，倒也不能說完全是痴人說夢。

在這種情況下，穩定絕對是壓倒一切的，進行大的戰事，顯然並不適宜，很難說不會有突發的問題出現。因此，宋太祖在親征之前，本來不想帶趙普到前線，而是想把他安排在第二線的河陽（今河南孟州），做好了萬一戰敗的最壞打算。況且，宋太祖正在極力營造與後周舊臣們合作的和諧氣氛，對李筠和後來對李重進開刀，都很容易授人以柄，說他沒有真正

容人的天子雅量。

正因為如此，為了換取李筠的不造反，宋太祖屈尊寫了一封親筆信給李筠，晉升他加「中書令」銜，這是最高級的宰相銜之一了，通常只有親王才能帶中書令。李筠的兒子，宋太祖也特地封他為皇城使。如此禮遇，表明宋太祖優待李筠是有誠意的，開出的價碼不可謂不高。連李筠的兒子都再三建議父親接受宋太祖的開價，不要起兵。

那麼，李筠為什麼一定要起兵反對宋太祖呢？

有一種說法，認為李筠是後周大忠臣，志在反宋復周，當然和宋太祖勢不兩立。元代編《宋史》就是根據這一基調，在《宋史》裡面編了個不倫不類的〈周三臣傳〉，把韓通、李筠和李重進三人編排在一起，用以表彰三人是後周的忠臣。

其實倒也未必。李筠起兵的時候，他的謀士曾向他建議，既然要打反宋復周的旗號，最好不要直接指向開封，而要南下洛陽，把洛陽的後周小皇帝和皇太后控制在手中，作為號召和旗幟，但李筠並沒有接受這個建議。這說明，即便是李筠打敗了宋太祖，也是他自己做皇帝，不會真正恢復後周的。

再說了，還在周世宗的時候，早在陳橋兵變之前好幾年，鄰近的一個地方官看到李筠一直在瘋狂地招兵買馬，就斷定李筠一定要反叛中央，還早早地就備下了中央大軍征討李筠所需要的糧草物資。李筠自己私下也一直稱周世宗為「兄弟」。這說明，李筠的不臣之心早已是路人皆知，周世宗死後，陳橋兵變只是為李筠提供了一個漂亮的起兵藉口而已。沒有這個藉口，他也會尋找其他機會起兵，挑戰中央的權威。

問題真正的關鍵，應該還是出在李筠手中所掌握的那三萬大軍和三千匹戰馬上。按照中唐五代的定律：節度使凡是手中擁有了上萬人的部隊，上千匹的戰馬，就會對皇位產生非分之想。不如此，不足以為「英雄」。

安於當土皇帝的，就要被嘲笑為「田舍翁」。李筠的兵力達到了三萬人以上，戰馬三千匹，又不想當「田舍翁」，起兵造反是早晚的事。

宋太祖對李筠不買帳十分惱火，當面讓他的兒子傳話說：「我當皇帝之前，由著你胡做，如今我既然當了皇帝，還請你讓我三分！」這是一個「你要戰，便開戰」霸氣十足的最後通牒，但在李筠看來，宋太祖固然是捷足先登，說不定他還能「後發制人」呢。掃帚不到，灰塵不會自動跑掉。李筠三萬精兵在手，不經過一番武力較量，他是絕不會認輸的。

那麼，李筠為什麼能擁兵三萬，戰馬三千，以至於尾大不掉呢？事情的根源還是出在中唐五代實行的藩鎮節度使的制度上。

節度使，最早出現在唐睿宗景雲二年（西元七一一年）的時候，原本是在前線或邊境地區設置的高級軍事指揮員，後來權力不斷擴大，集兵權和地方行政權於一身，發展成為凌駕於州縣之上的，軍區與地方最高級行政區劃合而為一的強大的地方力量。小的藩鎮，轄兩、三個州，大的藩鎮，轄十多個州，甚至還要多。節度使在轄區之內，「既有其土地，又有其人民，又有其甲兵，又有其財賦」，可以自行委任官吏，自行徵收賦稅，自行招兵買馬，中央無法控制。節度使的部隊，與中央部隊之間，是一種大致互不隸屬的平行關係，官兵完全聽命於節度使，眼裡根本沒有皇帝和朝廷。

由此以來，各藩鎮都成為大大小小的國中之國，節度使也都成為大大小小的土皇帝，當時人們都具體地稱藩鎮為「方鎮」，稱節度使為方伯、州牧，也有人把節度使制度理解成秦始皇推行郡縣制之前的諸侯分封制。終結大唐盛世的禍根，就是節度使。

唐代的時候，中央無兵無將，精兵猛將都在各地節度使手中，朝廷成為傀儡。五代時期，情況有了很大的變化，中央手中有了強大的禁軍，有實力懾服藩鎮，節度使比唐代收斂了許多，通常情況下不敢公開地以武力

挑戰中央，一般被視為「肢體之患」。但他們仍然有實力桀驁不馴，飛揚跋扈，自行其是。英武如周世宗，若要調動一個節度使的防區，都要先出動禁軍加以防範。一旦條件適宜，節度使還是會起兵問鼎皇帝寶座的。

李筠造反，就是一個絕好的例子。無獨有偶，就在這年的九月，淮南節度使李重進也步李筠的後塵，於揚州起兵。雖然李重進手中僅有數千老弱殘兵，兵力有限，但他的名聲太大，宋太祖仍然不敢大意，再次親率石守信、王審琦、高懷德等大將出征。

到十一月初，宋軍就攻破了揚州城，李重進全家投火自焚，李重進的親屬也都死於非命。宋太祖一反常態，在揚州城表現得像個屠夫，親自下令斬殺了李重進的兩、三百名放下武器的部下，算是為他與李重進之間的恩怨，為後周時期殿前軍和侍衛親軍兩大山頭的較量，都做了徹底的清算。

李筠和李重進的起兵，再一次把節度使擁兵自重的問題暴露無遺。打垮了二李之後，大宋打出了軍威和國威，也站穩了腳跟，沒有人再勇於和中央公開武力對抗，徹底削奪地方藩鎮節度使手中的兵權，時機終於來到了⋯⋯。

▋收禁軍大將兵權：第一次「杯酒釋兵權」

建隆二年（西元九六一年）七月初九，侍衛親軍都指揮使石守信、殿前都指揮使王審琦等五位大宋的開國元勳、禁軍最重量級的高級將領，以健康不佳為理由，集體「主動」地向宋太祖遞交了辭呈，宋太祖接受了他們的請求，解除了他們在禁軍中的兵權。這就是著名的「杯酒釋兵權」。

根據司馬光《涑水記聞》的記載，在「杯酒釋兵權」之前，打垮了李筠和李重進之後，宋太祖和他的智囊趙普之間，曾經進行了一次著名的對話，為了清楚地說明問題，不妨把司馬光的原文照錄於下：

太祖既得天下，誅李筠、李重進，召趙普問曰：「天下自唐季以來，數十年間，帝王凡易八姓，兵革不息，蒼生塗地，其故何也？吾欲息天下之兵，為國家建長久之計，其道何如？」

　　普曰：「陛下之言及此，天地人神之福也。唐季以來，戰鬥不息，國家不安者，其故非他，節鎮太重，君弱臣強而已矣。今所以治之，無他奇巧也，惟稍奪其權，制其錢穀，收其精兵，則天下自安矣……。」

　　語未畢，上曰：「卿勿復言，吾已喻矣。」

　　此次談話過後，宋太祖在七月初八這天夜裡，就借晚朝的機會，召集石守信、王審琦、高懷德等大將到皇宮中飲酒，遂上演了一出「杯酒釋兵權」的好戲。

　　一個疑問隨即就出現了。趙普明明和宋太祖主要談的是如何解決藩鎮節度使擁兵自重的問題，為什麼宋太祖緊接著卻是解除中央禁軍大將的兵權呢？收大將兵權和罷藩鎮節度使兵權，畢竟應該是兩件事。

　　「語未畢」三個字，應當是回答上面疑問的鑰匙。這三個字明明白白地表明：趙普的話還沒有講完，只是被宋太祖用「卿勿複言」給打斷了。

　　那麼，趙普沒來得及講出來的話是什麼呢？

　　從邏輯上看，宋太祖所問的，首先是五代以來五十餘年王朝短命、戰亂不止的禍根何在，然後是針對性的解決方案。趙普的回答也應是如此。也就是說，「節鎮太重，君弱臣強」一句，回答的是五代動亂的根源，「今所以治之」一句之後就是善於解決方案的建議。

　　「節鎮太重」，一目了然，指的是節度使擁兵自重的問題，所以下面趙普對應地提出了「稍奪其權」、「制其錢穀」和「收其精兵」三個具體辦法，人稱罷藩鎮兵權的「三大綱領」。

　　「君弱臣強」，該如何理解呢？藩鎮節度使擁兵自重，從廣義上講，

也屬於一種「君弱臣強」，但從五代具體的歷史背景，特別是五代王朝短命的具體原因來看，如此理解又有明顯的問題。這是因為，五代藩鎮節度使依然飛揚跋扈不假，但當時的中央都擁有了一支強大的禁軍，至遲從後唐莊宗李存勖時開始，其數量高達二、三十萬，任何一個節度使，除非極其特殊的情況下，都無法與禁軍相抗衡，也就無法真正威脅皇權和王朝的生存。真正決定政局走向的，有實力威脅皇權的，只有中央禁軍本身。這和唐代強藩的力量凌駕於朝廷之上的情況，已經有了根本上的不同。

但問題是，中央擁有了強大的禁軍，並不意味著皇權就理所當然的穩固了。恰恰相反，和藩鎮割據時期的唐朝相比，五代王朝短命的程度和皇權更迭的速度都是空前絕後的，短短五十四年，就走馬燈似的更換了八個姓、十四個皇帝。

道理也很簡單，「安史之亂」後節度使各擁強兵，但他們都散在地方，反而自然地形成了互相制衡的態勢，都不敢首先問鼎皇權，唐朝依靠在節度使之間縱橫捭闔，依然維持了百餘年時間。五代的禁軍都集中在都城，一旦禁軍兵權落入大將、權臣的手中，發動兵變，政權易手，只是一夜之間的事。五代各朝都是短命王朝，這是最直接的原因。

陳橋兵變就是最好的例子。後周的形勢本來一派大好，但就是一個晚上加一個白天的時間，宋太祖就從禁軍統帥的位置上成功奪權，置後周於死地。所以說，五代的節度使被具體地稱之為「肢體之患」，禁軍兵權在握的大將，則被稱為「腹心之患」。「君弱臣強」指的就是禁軍大將兵權過重。

宋太祖、趙普要著手徹底收奪藩鎮兵權不假，但隨著藩鎮兵權更進一步地向禁軍集中，向都城開封集中，禁軍的力量進一步加強，禁軍大將手握兵權對皇權的危險性也就必然會急劇加大。換言之，若要推行罷藩鎮兵權，收奪禁軍大將兵權，是必備的前提條件。兩者看起來是兩件事，其實

是緊密連繫在一起的。

　　如此一來，就很清楚了。趙普講完罷藩鎮之後，下面必然要講到收禁軍大將兵權的話題。那麼，宋太祖為什麼要打斷趙普的話呢？

　　首先，宋太祖在中央禁軍任職多年，又剛剛憑藉著手中的兵權，發動陳橋兵變上臺。禁軍大將手握兵權意味著什麼，他無疑有著最為切身的體會，用不著趙普饒舌提醒。

　　要知道，大宋開國後的禁軍大將石守信等人都是資深的功勳宿將，他們在後周時與宋太祖都是大致平等的戰友、兄弟關係，也都跟隨周世宗南征北戰，靠著真刀真槍拚殺出來的戰功，在禁軍當中也都擁有極高的個人威望和個人號召力。在政局特別容易動盪的開國初期，又處於五代「天下無定主」的時代大氣候之下，用這些位高權重的功勳大將來統領禁軍，潛在的危險性是不言而喻的。

　　再者，在建隆二年（西元九六一年）七月之前，宋太祖已經把禁軍中地位最高的侍衛親軍都指揮使韓令坤和殿前都點檢慕容延釗，都外放為節度使，解除了他們在禁軍中的兵權，侍衛馬軍都指揮使張光翰和步軍都指揮使趙彥徽也被調離了禁軍，分別代以石守信、韓重贇和羅彥瓌三位心腹將領。至關重要的殿前都點檢一職就此空缺。這說明，有沒有趙普建議，宋太祖必然還會有後續動作，只是時間、時機和方式的選擇問題。

　　最為重要的是，宋太祖擔心趙普說出誅殺大將以絕後患一類的話來，趙普這個人能力很強，但為人陰險毒辣的毛病也很突出，十有八九傾向於使用「快刀斬亂麻」的激進方式。要知道，「殺」字一出口，覆水難收，就會逼迫宋太祖在眾將和趙普之間，做出非此即彼的取捨，這無疑是他最不願意看到的。所以乾脆搶先堵住了趙普的嘴。

　　一般說來，「杯酒釋兵權」也稱「趙普之謀」，趙普是「杯酒釋兵權」的主要發起者，但他的作用就要展現在收藩鎮兵權上面，至於收奪禁

軍大將兵權，由於宋太祖打斷了他的話，他的作用並不是很突出。

宋太祖既不想殺禁軍大將，又要收兵權，他有兩全其美的辦法嗎？感謝宋代大史學家司馬光，在他的《涑水記聞》一書裡，他的筆如同攝影機，繪聲繪色地記錄下了當時的歷史，使今天的讀者能夠像欣賞電視劇的分鏡頭劇本那樣，一切都歷歷在目：

建隆二年（西元九六一年），七月初八夜，大宋皇宮。

宋太祖盛情宴請石守信、王審琦等多位禁軍的大將，已是酒過三巡，菜過五味。

宋太祖打發走了侍從，然後對眾將們說道：「我沒有弟兄們的擁戴，絕不會有今天的皇位，弟兄們的功勞我是不會忘記的。但是，當天子也實在太難了，真不如當節度使時快樂，我自從當了天子之後，從來沒有睡過一個安穩覺。」

石守信等人趕忙問道：「這是為什麼呢？」

宋太祖回答：「這還用問嗎？你們說今天在座的各位，又有誰不想坐我這個位子呢？」

眾將惶恐起立，邊叩頭邊說：「陛下何出此言！如今天命已定，陛下才是真龍天子，誰還敢復有異心！」

宋太祖說：「不然。兄弟們想一下，你們哪個不是手握千軍萬馬，但各位誰能擔保自己的部下裡面就沒有野心勃勃的人物呢？如果有朝一日，他們把黃袍硬披在你們的身上，你們雖然不想當皇帝，還能有推辭的辦法嗎？」

眾將們這才恍然大悟，紛紛痛哭流涕地說：「我們太愚蠢了，都沒有想到這一層，還是請陛下可憐我們，給我們指一條生路吧。」

宋太祖說：「人生如白駒過隙，所謂的榮華富貴，說白了，不過是多積攢一點金銀財寶，自己既能盡情享樂，也能讓子孫們以後不至於過窮日子。你們為什麼不交出手裡的兵權，多買幾套房子，多置點好地，給子孫留下些永久的基業。再多買幾個漂亮的女孩子，陪你們

唱唱曲，跳跳舞，天天高高興興地喝點酒，快快樂樂地活一輩子。咱們君臣老兄弟之間，互不猜疑，上下和諧相處，這樣難道不好嗎？」

宋太祖又向石守信等人許諾說：「我有幾個女兒，以後就許配給各位弟兄的兒子，只是希望不要給弟兄們添麻煩。」

石守信等人高興得連連拜謝：「陛下這樣周到地替我們打算，真好比讓我們得以死而復生啊。」

第二天，就是七月初九，石守信等人紛紛上表稱病，主動辭去禁軍軍職，交出了手中的兵權。

上述記載，按照司馬光本人的說法，是他親耳從宋仁宗時的宰相「龐太師」龐籍那裡聽到的，其整體的真實性絕無問題。丁謂（宋真宗、仁宗時宰相）《丁晉公談錄》、王曾（仁宗時宰相）《王文正公筆錄》、王鞏《聞見近錄》、邵伯溫《邵氏聞見錄》等多種宋人的筆記當中，也都有「杯酒釋兵權」的相關記載，有的書中，情節還更為戲劇化。例如《聞見近錄》就把「杯酒釋兵權」發生的場地，由皇宮移到了開封城外的樹林中，宋太祖還劈頭就對石守信等「十節度」說：「今天只有我們幾個人，你們誰想當皇帝，就請快點兒下手吧。」石守信等當然連稱不敢，宋太祖又說：「既然如此，你們就要絕對服從我的號令。」

「杯酒釋兵權」的具體情節究竟如何，可以討論，但事情的結果是確鑿無疑的。那就是，建隆二年（西元九六一年）七月初，大宋的開國元勳、位高權重的數位禁軍統帥，一起離開了禁軍指揮的崗位：侍衛親軍都指揮使、歸德軍節度使石守信外放天平節度使（治鄆州）、殿前副都點檢、忠武節度使高懷德外放歸德節度使（治宋州），殿前都指揮使、義成節度使王審琦外放忠正節度使（治壽州），侍衛親軍馬步軍都虞候、鎮安節度使張令鐸外放鎮寧節度使（治澶州），侍衛親軍步軍都指揮使、武信軍節度使羅彥瓌外放彰德軍節度使（治相州）。

他們在禁軍中的軍職，一律解除。只有石守信還掛了一陣侍衛親軍

都指揮使的空銜，其實並沒有真正的兵權了。到建隆三年（西元九六二年），經石守信主動上表請求，他的這一空銜也被取消了。

在這一過程當中，沒有一員大將死於非命，沒有一員大將丟官罷職，沒有一員大將對皇帝心存芥蒂，確實是一次和平的、完美的收兵權行動。

那麼，宋太祖為什麼能夠如此完美地收奪開國大將們的兵權呢？關鍵應該在於開誠布公。

首先，是開誠布公地向眾將們說明白，他和眾將之間的關係，已經不再僅僅是同生共死的老戰友、老兄弟了，雙方首先是君臣的關係。身為戰友、兄弟，宋太祖絕對相信眾將對他的赤膽忠心，但身為皇帝，他又不得不防範眾將兵權在握，有威脅皇權的可能性。

最關鍵的，是可能性。也就是說，不管眾將主觀上有無造反的意願，他們的資歷、威望和功勞，就決定了他們距皇位實際上不過一步之遙，處於離皇權既可望又可即的敏感位置，是皇權一定要加以限制和打擊的對象。周世宗見到「方面大耳」的將領就要想方設法地除掉，李重進、張永德貴為皇親國戚，也被一腳踢開，就是現成的好例子。宋太祖不願意這樣做，所以才和眾將明說。

其次，宋太祖開誠布公地承認眾將擁戴他上臺的貢獻，承認眾將解除兵權是為了大宋而任勞任怨。既然如此，順理成章的，就是答應以聯姻、金錢、土地、美女為條件，來交換眾將手中的兵權，眾將的既得利益、政治地位一切不變，而不是捏造罪名，肆意地剝奪。

話說到這個份上，眾將也別無選擇，只能是明智地主動交出兵權。

宋太祖兌現了自己的諾言，宋太祖的大女兒嫁給了王審琦的兒子王承衍，二女兒嫁給了石守信的兒子石保吉，宋太祖的弟弟趙光美則娶了張令鐸的女兒，再加上此前宋太祖的妹妹嫁給了高懷德，開國大將們幾乎都與宋太祖結成了兒女親家或親戚，雙方之間的親密關係就更進一層了。

▋奴僕統軍：爪牙之臣

「杯酒釋兵權」之後，宋太祖鑑於自己發動兵變的現成例子，在禁軍大將的人事安排上，就一改五代重視戰功、資歷和能力的優良傳統，把皇帝信任與否、本人的忠誠度和有沒有可能威脅皇權放在了第一位，放手提拔重用自己的殿前軍嫡系親信前去統領禁軍，至於他們能不能打仗，會不會治軍，反而放在了次要的位置上。

殿前軍組建於後周初年，經周世宗、張永德、宋太祖等人在高平之戰後的整頓，其戰鬥力遠遠超越了侍衛親軍，成為禁軍新的王牌軍，是周世宗南征北戰的主力部隊。宋太祖則是殿前軍的主要締造者和指揮者之一，他的命運與這支部隊緊密相連，殿前軍成長壯大的歷史，同時也就是宋太祖個人發跡變泰的歷史。

宋太祖的軍旅生涯是從殿前軍開始的，高平之戰後躍升殿前軍的高級統帥殿前都虞候，並具體負責殿前軍的整頓和編練，是他後來能夠開創帝業帶有決定性意義的一步。此後，宋太祖又用了六年左右的時間，把殿前軍的指揮權牢牢地掌握在自己的手中，最終在殿前軍最高統帥殿前都點檢的位子上，出任北面行營都部署，成功地發動陳橋兵變。

軍隊歷來最重派系，宋太祖的嫡系當然就是殿前軍，他奪取政權主要依靠的是殿前軍的支持，上臺以後自然更是把殿前軍作為他控制整個禁軍的依靠力量。「杯酒釋兵權」之後，終宋太祖一代，歷任的殿前、侍衛兩軍的統軍大將，幾乎都無一例外地具有殿前軍的背景，都曾經是宋太祖下轄的殿前軍的嫡系親信。不屬於這個小圈子的將領，即便是能力再強，戰功再高，通常也難以進入禁軍大將的行列。

宋太祖殿前軍的嫡系親信們，又可以分為以下兩種類型：

第一種類型是宋太祖的嫡系部下，也就是宋太祖趙匡胤在後周任殿前

都點檢時轄下的殿前諸班直的指揮官和鐵騎、控鶴等殿前軍的中下級軍官們。代表性的人物，有韓重贇、劉光義、崔彥進、張廷翰、馬仁瑀、李漢超、黨進、劉遇、李進卿、李漢瓊、楊光美等十餘人。「杯酒釋兵權」之後，韓重贇晉升殿前都指揮使，劉光義晉升侍衛親軍馬軍都指揮使，崔彥進晉升侍衛步軍都指揮使；乾德五年（西元九六七年），張廷翰和李進卿，分別晉升侍衛馬軍都虞候和侍衛步軍都虞候；開寶六年（西元九七三年），黨進晉升侍衛馬軍都指揮使、李進卿晉升侍衛步軍都指揮使，李漢瓊晉升為侍衛馬軍都虞候，劉遇晉升侍衛步軍都虞候，楊光美晉升步軍司虎捷左右廂都指揮使，參與步軍司事務。

和石守信等人相比，殿前軍的這些中下級將領們不僅地位要低得多，而且他們都是趙匡胤任殿前都虞候、殿前都指揮使和殿前都點檢六年時間裡一手提拔起來的，是趙匡胤真正的嫡系部下。因為在後周的時候，趙匡胤對禁軍大將的人事安排，可能至多只有建議權，而對中下級軍官的選拔權，在相當程度上是掌握在趙匡胤手中的。張永德任殿前軍長官的時間要比趙匡胤長，但在殿前軍中的影響力反而遠不如趙匡胤，原因也就在於此。

因此，宋太祖對殿前軍的這批中下級軍官們，既有知遇之恩，又有長官之威；他們身為宋太祖多年的部下，對宋太祖更是既感恩圖報，又唯命是從。《續資治通鑑長編》開篇所謂宋太祖，「自殿前都虞候再遷都點檢，掌軍政凡六年，士卒服其恩威」，「服其恩威」的主要指的就是這一群體，他們也是宋太祖發動陳橋兵變的「群眾基礎」之所在。

更為重要的，這批人在後周時，不僅地位要比石守信等大將低得多，而且都沒有獨立指揮大戰役的經歷和戰功，沒有大的戰功，當然也就不會有高的威望，用他們來替代石守信們統軍，宋太祖無疑是放心的，使用起來也更為順手。

第二種類型是宋太祖在後周殿前軍時個人的親兵衛士們。

他們都是由宋太祖招募入伍的，或者是入伍後被宋太祖看中，選拔到自己麾下充當親兵衛士。這個群體的代表性人物，有張瓊、楊義、史珪、石漢卿、王繼勳、田重進、李懷義、米信、崔翰等十餘人。「杯酒釋兵權」之後，張瓊被宋太祖破格提升為殿前都虞候。乾德元年（西元九六三年）張瓊死後，楊義繼任殿前都虞候，開寶六年（西元九七三年）遂晉升殿前都指揮使。田重進、米信、崔翰、李懷義等人在宋太祖時都是殿前軍的中高級將領，宋太宗即位後，他們都成為禁軍大將，田重進做到了侍衛馬步軍都虞候，米信做到了侍衛馬軍都指揮使，李懷義做到了侍衛步軍都指揮使，崔翰做到了殿前都虞候。

如果說，宋太祖與石守信等開國大將們之間的關係是戰友關係，石守信、王審琦等都是宋太祖的老戰友、老兄弟；宋太祖與自己殿前軍中嫡系部下的關係，則是長官與下級的關係，韓重贇等人都是宋太祖親信的部下；宋太祖與親兵衛士們的關係，那就要更進一層，是「養」與「被養」的關係，是帶有強烈人身控制和依附色彩的主僕關係，張瓊等人可以說都是宋太祖的家臣家將，也就是宋太祖的奴僕。相比於部下和戰友，奴僕無疑最可靠，也最容易駕馭，自然也就更容易得到晉升。

按照當時軍中的慣例，禁軍大將、藩鎮節度使等高級軍官，都要招募最少三、五十名猛士作為自己的親兵衛士，叫作「廳直」，或「牙兵」。主將平時提供給親兵們遠高於普通士兵的生活待遇，打仗的時候，親兵衛士則跟隨在主將的身邊，負責保衛主將個人的安全。在政治上，主將與親兵之間也結成了一損俱損、一榮俱榮的膠固連繫，親兵幾乎都是主將的「腹心」、死黨。

宋太祖與其親兵衛士們之間的關係，就是這樣一種帶有強烈人身依附色彩、休戚與共的親密關係，如他後來親口對諸班衛士們所說的：「你

們都是我親手訓練出來的，無不以一當百，是用來『備肘腋，同休戚』的。」

這些親兵衛士們，也無一例外地絕對效忠宋太祖個人。在後周的時候，他們視宋太祖為衣食父母，只知有趙點檢，不知有後周朝廷，是不折不扣的「趙家兵」。正因為如此，宋太祖開國後收兵權的時候，就要嚴令禁止大將私自招募親兵衛士。

大宋開國後，他們更是只知有宋太祖，不知有他人。有一次，皇弟趙光義向禁軍將領田重進贈送酒肉以示關心，田重進就公開地說：「我只知道有皇帝陛下，哪能吃別人給的酒肉呢？」趙光義也不得不敬重他對皇帝的忠誠。楊義更是對宋太祖特別的忠心，被公認為忠肝義膽式的人物。宋太祖有一次在皇宮後花園訓練水戰，楊義聞聽到鼓噪之聲，以為宮中有變，當即領兵入宮救駕，連衣衫都未來得及換，感動地宋太祖連連對身邊的人說：「楊義是真忠臣！」田重進、楊義，都是出身宋太祖的親兵衛士。

所以說，親兵衛士群體就是宋太祖最可信賴的私人「爪牙」，是宋太祖控制禁軍實際上最為倚重的力量。宋太祖一朝禁軍指揮權的轉移，呈現出由石守信等大將向宋太祖的嫡系部下轉移，再由宋太祖的嫡系部下向宋太祖的親兵衛士群體轉移的明顯軌跡。

從宋太祖以後，宋朝的歷代皇帝，都繼承了宋太祖以親兵衛士充當禁軍大將，以控制禁軍兵權的做法，如宋太宗由晉王上臺後，就是不到幾年的工夫，當年晉王府裡看大門的、趕車的都當上了節度使，禁軍大將更是由他的親兵衛士所壟斷。傅潛、王超、高瓊、戴興等人，無一例外的都是當年晉王府的親兵衛士。

宋真宗也是如此，為他壽王府看大門的張耆、楊崇勳和郭承祐，在真宗即位以後也都當上了節度使、禁軍三衙大將。因而形成了宋代很有特色的，以「藩邸」親隨、跟班等奴僕統領禁軍的傳統。高俅雖然是個市井無

賴，但他身為宋徽宗當親王時的親隨，在這一傳統的背景之下，他出任殿前都指揮使卻是順理成章的，並無任何不合常規之處。

開寶六年（西元九七三年）九月，宋太祖朝最後一屆殿前和侍衛兩軍的統帥班子組成。他們是：侍衛親軍馬軍都指揮使、領鎮安軍節度使黨進，步軍都指揮使、領靜江軍節度使李進卿，馬軍都虞候、領洮州觀察使李漢瓊，步軍都虞候、領洮州觀察使劉遇；殿前都指揮使、領建武節度使楊義，殿前都虞候、領泰寧軍節度使李重勳。殿前軍中除了楊義以外，鐵騎左右廂都指揮使李懷義、控鶴左廂都指揮使崔翰、殿前諸班直的班都指揮使米信和田重進等宋太祖的親兵衛士，也發揮著實際的重要作用。至於李重勳，他是宋太祖早年的戰友，其出任殿前都虞候，可以視為宋太祖晚年懷舊情緒的展現，不會也沒有在殿前軍中發揮多少實際的作用。

顯而易見，此時禁軍的統帥人員不僅全部都是宋太祖的嫡系親信心腹，而且侍衛親軍由黨進等宋太祖的嫡系部下們指揮，殿前軍則由楊義等宋太祖的親兵衛士們控制，隱然呈現出互相制衡的格局，更便於皇帝的居中操縱，將整個禁軍的大權牢牢掌握在皇帝個人的手中。這就是「杯酒釋兵權」所要達到的目的。至此，宋太祖對禁軍統帥人員的人事調整也隨之基本結束。

宋太祖的親兵衛士當中，史珪、石漢卿和王繼勳三個人，雖然都沒有都指揮使和都虞候大將的頭銜，但他們卻是宋太祖手中三枚關鍵性的棋子，實際作用也極其重要。

史珪和石漢卿二人，都是憑藉著精明強幹、善於逢迎而得到賞識的。陳橋兵變後，史珪由宋太祖的親兵晉升為御馬直的隊長，後連續四次得到晉升，官至內外馬步軍副都軍頭、兼殿前司的控鶴弓弩大劍都指揮使；石漢卿則是出任殿前指揮使都虞候，都成為殿前軍中的中級將領。

不過，史珪和石漢卿二人在殿前軍中的實際作用，都要比他們的職位

大得多，因為宋太祖為防止禁軍重演陳橋兵變，特地選派了自己的親兵史珪和石漢卿二人，充當皇帝在軍中的耳目，特地負責監視禁軍將校們中的可疑分子和可疑的動向，隨時把將校們的一舉一動向宋太祖個人彙報。說白了，史珪和石漢卿二人就是宋太祖安插在殿前軍乃至整個禁軍系統中的私人特務頭子。

殿前都虞候張瓊也出身宋太祖的親兵衛士，但他是憑忠誠和打仗勇猛晉升上去的，對史珪、石漢卿靠向皇帝打人小報告的特務行徑十分的不齒，多次公開地罵他們倆都是老巫婆，結果到底遭到了這兩人的暗算，落了個自殺身亡的下場。張瓊尚且如此下場，其他眾將更是戰戰兢兢於史、石二人的淫威之下。

侍衛親軍方面的情況，和殿前軍大同小異，「杯酒釋兵權」後真正在侍衛親軍發揮主導作用的，是時任龍捷右廂都指揮使、彭州防禦使的王繼勳。此人也是宋太祖的親隨之人，不過和張瓊、楊義、史珪等人比起來，他的身分要更為特殊，地位也更加顯赫，因為他是宋太祖的開國皇后王氏的親弟弟，也就是宋太祖的小舅子。

這位堂堂的大宋國舅爺王繼勳，是個毫無軍中資歷，從來沒有打過仗的公子哥大少爺。後周的時候，在姐夫趙匡胤的帳下充當親隨人員，陳橋兵變後才憑著皇親國戚的裙帶關係，一躍成為內殿供奉官都知、領溪州刺史。建隆二年（西元九六一年）「杯酒釋兵權」後，二十歲不到的王繼勳更青雲直上，越過了許多資深功高的武將，被宋太祖破格提拔為侍衛親軍的龍捷右廂都指揮使。

顯而易見，宋太祖把如此一位根本不會打仗的皇親國戚派到侍衛親軍中去，目的只有一個，就是讓他充當宋太祖在侍衛親軍中的可靠耳目。因為在宋太祖看來，王繼勳是他的小舅子，當然是絕對可以信任的人，也絕對不會被別人收買。

王繼勳身為國舅爺，有宋太祖和王皇后的強硬後臺，又少年得志，在侍衛親軍當中當然是目空一切，「多凌蔑將帥」，連馬軍都指揮使劉光義、步軍都指揮使崔彥進等大將，都對他唯恐避之不及。惟有神射手、龍捷左廂都指揮使馬仁瑀，自恃是陳橋兵變的開國元勳，又戰功卓著，勇於同王繼勳對抗，王繼勳也不甘示弱。乾德元年（西元九六三年）八月，王繼勳、馬仁瑀二人趁宋太祖命令禁軍舉行演習的機會，竟然各自命本部士兵購置木頭棒子，準備集體械鬥。幸而宋太祖得到密報後，斷然加以制止，才避免了一場禁軍的內訌鬧劇。

　　事情過後，宋太祖只處分了馬仁瑀，把他外放為密州防禦使。然而王繼勳卻得到了宋太祖的偏袒，反而連續得到提升，官至虎捷左右廂都虞候，代理侍衛步軍司的一切事務。王繼勳就成為當時侍衛親軍中最有權勢的人物。

　　由此可見，「杯酒釋兵權」以後的禁軍，在一個較長的時間段裡，事實上是把持在史珪、石漢卿和王繼勳等宋太祖親信手中的。史珪、石漢卿和王繼勳這些既無資歷、又無戰功、也沒有多少統兵才能的人物，卻能夠長期在禁軍中頤指氣使，大權獨攬，將校們敢怒不敢言。他們不過是狐假虎威，憑藉著宋太祖的撐腰而已。沒有宋太祖的支持，他們在軍中根本就不會有立足之地。正因為他們都是軍中將士的眾矢之的，宋太祖縱容他們利用特務方法來把持禁軍大權，把他們凌駕於驕兵悍將的頭上，就可以把禁軍的指揮權牢牢地集中在宋太祖一個人手中。說白了，這就是典型的帝王權術。

█ 制度建設：兵權宜分不宜專

　　清代的雍正皇帝曾經說過，對於帝王而言，「用人是第一要務，其餘皆為枝葉」。軍隊的指揮權事關政權的生死存亡，當然就更是如此。但是，人事調整也不是萬能的，它必須建立在制度完善的基礎之上，方能充分地發揮作用。如若制度存在著大的漏洞，「兵制不立」，正所謂「將帥權傾皆易姓」，本來可靠的人也會變得不可靠。所以，宋太祖在進行一系列人事調整，以自己的嫡系親信執掌禁軍兵權的同時，以更大的精力，從事了制度的改革和完善，因而在更為根本的制度層面，扭轉了五代「兵制不立」和「將帥權傾」的格局，保障了皇帝對禁軍兵權的絕對控制。

　　第一，從建隆二年（西元九六一年）閏三月裁撤了殿前都點檢一職開始，至建隆三年（西元九六二年）九月石守信辭去侍衛親軍馬步軍都指揮使，侍衛親軍都指揮使就此撤銷，宋太祖陸續廢除了殿前都點檢、殿前副都點檢、侍衛親軍馬步軍都指揮使、副都指揮使、馬步軍都虞候共五個位高權重的禁軍最高級的軍職。殿前都指揮使一職雖然最終沒有裁撤，但從乾德五年（西元九六七年）至開寶六年（西元九七三年）也空缺了長達六年之久。

　　殿前都點檢、副點檢、侍衛親軍都指揮使、副指揮使、馬步軍都虞候，都是禁軍中當然的最高級大將，位高權重。尤其是殿前都點檢和侍衛親軍都指揮使，同屬朝廷一品大員，毋庸置疑握有號令全軍、便宜行事的威信和兵權，而且他們除了「節度使」以外，通常還掛「同平章事」（宰相）一類的高級政治頭銜，有權力干預甚至決定朝廷的大政，五代宋初的張永德、李重進、韓通、慕容延釗、韓令坤、石守信等人皆是如此。軍政大權如此集於一身的顯赫地位，就決定了不論是誰居於該職，也不論當事人本人的主觀意願如何，都有可能在條件適宜的時候，成為政治上的不穩定因素，進而威脅到皇權的安全。

「點檢作天子」，後周覆滅的歷史就是最好的證明。周世宗已經意識到了禁軍兵變迫在眉睫的嚴重威脅，但他只是匆忙地撤換了有嫌疑的都點檢張永德，代之以他認為忠誠可靠的趙匡胤，結果治標不治本，於事無補。

宋太祖則側重於從制度層面解決問題，乾脆一勞永逸地將他們全部廢除，「點檢」既然不存在了，「點檢作天子」的威脅自然就解除了。同周世宗僅僅在人事調整範圍兜圈子相比，宋太祖的處理思路無疑要高明得多，也更有效力。

宋太祖廢除了殿前都點檢等五個最高級軍職以後，原本是殿前軍第三長官的殿前都指揮使，侍衛親軍第四長官的侍衛馬軍都指揮使和步軍都指揮使，上升為各自的統帥。按照當時的制度，殿前都指揮使是從二品官，副都指揮使為正四品官，而侍衛馬、步兩司的都指揮使和副都指揮使僅為正五品官，都虞候更僅為從五品官。

禁軍大將們的官級降下來了，很自然地就收到了降低禁軍大將地位和威望的良好效果。正所謂「位低則易使」，「權輕則易制」，禁軍大將在軍隊中的號召力，以及他們對禁軍的實際控制力，也水到渠成地被大打折扣。他們對皇權的威脅當然也就隨之大大降低。

在殿前軍和侍衛親軍兩軍大將地位不斷下降的同時，宋朝自開國以來，反而有意識地大幅度提升禁軍當中軍都指揮使、都虞候等中級軍官的地位，軍都指揮使的官位往往也能達到從五品官，使他們與各自長官的地位差距不大，以收到與長官彼此互相制約的效果。

侍衛親軍馬步軍都指揮使、副都指揮使和都虞候三個職務被裁撤以後，侍衛親軍在事實上就一分為二，分為了侍衛馬軍和侍衛步軍兩軍。宋朝禁軍的統帥機構也相應的由殿前、侍衛兩司並立，轉變為殿前司和侍衛馬軍司、侍衛步軍司三足鼎立。殿前司、侍衛馬軍司和侍衛步軍司，就是

宋朝著名的「三衙」。三衙之間卻絕非上下級的關係，而是互不隸屬、鼎峙並列的平行關係，彼此都不得跨司指揮，分別直屬於皇帝本人。

殿前都副點檢撤銷後，殿前軍在指揮關係上也出現了一定程度上的一分為二的趨勢。按照後周宋初的制度，殿前軍的指揮格局，本來是殿前都指揮使直接下轄鐵騎、控鶴等部，殿前都虞候則直接下轄殿前諸班直，兩者基本是平行的關係，殿前都點檢和副都點檢才是殿前軍全軍的主帥。宋太祖廢除了殿前都副點檢，殿前都指揮使起碼不能迅速地建立起對殿前都虞候順暢的指揮關係，何況宋太祖又有意識地使殿前都指揮使一職空缺長達六年之久。在這種狀況下，殿前諸班直、鐵騎、控鶴這殿前軍的三大主力部隊，顯然也呈現出互不統屬的平行局面，都分別直接聽命於皇帝，皇帝對殿前軍的控制也就得到了空前未有的強化。

第二，確立樞密院 —— 三衙統兵體制。

樞密院是唐末五代發展起來的強力部門。五代亂世，立國以兵，各個王朝都依賴樞密院以掌控中央禁軍，樞密院的長官樞密使的地位遂扶搖直上。居其位者，如後梁的敬翔，後唐的郭崇韜，後晉的桑維翰，後漢的郭威，後周的王朴，都是皇帝的心腹重臣。軍國大事，皇帝都要與樞密使商議，其實際權力重於宰相。這種安排，本來是出於加強對禁軍控制的考慮。但事與願違，樞密使既然「手握禁旅」，「又得興發」，其本身就成為政治上的不穩定因素。後周太祖郭威就是以樞密使的身分而發動兵變，推翻後漢王朝的。後周建國之後，繼任樞密使的王峻，也很有步郭威後塵的雄心。為了鞏固柴榮皇位繼承人的地位，郭威只能殺掉王峻。

王峻事件過後，郭威和周世宗削奪了樞密使的兵權，不再以禁軍大將居其位。但樞密院的兵權下降之後，禁軍大將的兵權就處於失控狀態。像侍衛馬步軍都指揮使李重進、殿前都點檢張永德，都是皇親國戚，位至極品；後起的侍衛馬步軍副都指揮使韓通、殿前都點檢趙匡胤也不例外，堪

稱是「握兵權已重」。雖然周世宗臨終前在禁軍內部人事調整上費盡了心機，但在失去了樞密院強有力制約的情況下，禁軍大將兵權惡性膨脹的後果，只能是導致兵變的發生。趙匡胤黃袍加身，也不過是捷足先登罷了。

宋太祖開國以後，就汲取了後漢、後周兩方面的歷史教訓，雙管齊下，注重從制度上防微杜漸，確立了樞密院、三衙互相制衡的樞密院——三衙統兵體制，以防止其中任何一方有可能獨攬禁軍兵權。

首先，樹立了樞密院軍政最高決策和覆核機關的地位，三衙被定位於樞密院之下的執行機構。宋太祖得國伊始，為了改變樞密院毫無作為、禁軍大將兵權幾近失控的局面，在「杯酒釋兵權」的同時，著重充實樞密院。他最親信的智囊趙普，陳橋兵變後就在樞密院任職多年，先是出任樞密院的樞密直學士、樞密副使，建隆三年（西元九六二年）拜樞密使。他的另外兩個心腹幕僚李處耘和王仁贍，也先後出任樞密院的樞密承旨和樞密副使。這三個人都是最得宋太祖親信和賞識的才智之士，由他們出掌樞密院，樞密院顯然重新恢復了對禁軍大將的控制能力。

其次，宋太祖用趙普出任樞密使，「首用文吏而奪武臣之權」，利用文武之間的衝突，樞密院長官多任用文臣，與三衙禁軍大將形成「以文制武」的格局。從五代至宋朝，作為統治集團中的兩大群體，文臣和武將之間的衝突一直存在，「文武二途，若冰炭之不合」。五代是武夫橫行，欺凌文臣，宋朝則是「重文輕武」，情況完全反了過來。

宋朝三衙皆用武將，樞密院雖主軍政，卻一改五代舊制，以文官為主，少數武將出任樞密使，要不是很快丟官罷職，就是文官集團的陰謀，如奸相秦檜要解除韓世忠、張俊和岳飛三大將的兵權，就先把他們提升為樞密使和樞密副使，然後再下手陷害。這既是宋朝「以文制武」基本國策的具體貫徹，用文官來監督和制約禁軍大將，又是有意識地利用文武之間的衝突，甚至有意地製造衝突，防範樞密院和三衙互相勾結的重要方法。

最重要的是，宋太祖還將調兵權和握兵權一分為二，樞密院、三衙只能各掌其一，由皇帝居中控制。按照宋代的制度，中央禁軍歸三衙直接統領，但三衙手中卻沒有調兵權。調發軍隊的兵符、令箭和大印雖然都歸樞密院掌管，但是禁軍兵馬都在三衙手中，樞密院手裡連一兵一卒也都沒有。

如此一來，就使握兵權和調兵權分別掌於樞密院和三衙。這是使樞密院、三衙彼此制衡的一項最關鍵的措施，透過分割握兵權和調兵權，樞密院、三衙相互制衡，樞密院和三衙長官都不可能對皇權構成威脅，兵權遂完全歸於居中控制的皇帝。禁軍也由五代時期威脅皇權的「腹心之患」，轉化為維持宋朝統治的最重要支柱。

第三，擴充皇城司，強化特務活動。

宋太祖陳橋兵變能夠成功，一個極其重要的原因，就在於後周皇宮和宮城的保衛都由殿前都虞候統領的殿前諸班直負責，也就是控制在殿前軍的手中。待殿前軍的統帥趙匡胤發動兵變後，其死黨殿前都指揮使石守信、殿前都虞候王審琦聞風回應，一聲令下，不僅皇宮和宮城的警衛頃刻間倒戈，而且立即封鎖了皇宮和宮城，切斷了可能忠於後周的力量增援皇宮，使皇宮中的後周皇帝、太后，政事堂中的後周宰相、樞密使等重臣，事實上都成為殿前軍的人質和俘虜，因而挾天子以令諸侯，底定了兵變成功的大局。

正因為如此，宋太祖當了皇帝之後，為了避免重蹈後周的覆轍，立即選拔出了禁軍中的一批精銳，組建了一支專門負責保衛皇宮安全的新的軍事力量。這支部隊的士兵，有特別的名稱「親事官」，以示與普通禁軍相區別。到了宋太宗的時候，在「親事官」之外，又增設了「親從官」的名目。正式的編制，「親從官」有五個指揮，「親事官」有六個指揮，按每指揮通常為五百人計算，總兵力應當在六千人上下，是一支不可小視的力量。

這支部隊，當然不再隸屬於殿前司，也不隸屬於三衙禁軍系統，而是歸皇城司指揮。皇城司，本來名叫武德司，宋太宗太平興國六年（西元九八一年）時將其改名為皇城司，是五代時期從皇帝身邊處理皇宮日常事務的服務機構發展起來的新興的權力部門。皇城司的長官名義上是皇城使，實際上是由皇帝最貼身的宦官，以「勾當皇城司公事」的名義擔任真正主管。

　　宦官，歷來臭名昭著，但他們都是皇帝奴才當中的奴才，也是皇帝最喜歡重用的。由宦官來掌管皇宮精銳的警衛部隊，就可以與三衙禁軍形成一種互相制約的關係。宋太祖曾經得意洋洋地說：「即使是開封裡發生兵變，我在皇宮中還有上萬的精兵，足夠對付他們。」南宋大學者朱熹也說：「皇城司的部隊由宦官統領，目的就是為了控制殿前司。」當然，為了防止宦官專權，皇城司之外的禁軍兵權，宦官是無法染指的。

　　皇城司的作用還不止於此。為了防範禁軍兵變的重演，宋太祖還賦予皇城司以特務活動的特權，其可以肆意監視禁軍官兵們的一舉一動，隨時向皇帝本人密報，也可以法外抓人。皇城司就成為宋代由宦官主管的專門的特務機關，皇城司的士兵也就得了不光彩的「察子」的外號。明代的廠衛制度，其直接的歷史淵源就是宋代的皇城司。透過皇城司的特務活動，皇帝對禁軍的控制無疑就得到了空前強化。

　　在上述制度建設的同時，禁軍軍官的任免權，以及禁軍的調動權，更是自始至終都掌握在皇帝個人的手裡。不論是大大小小軍官的任命，還是禁軍的調動，都必須有皇帝的聖旨，緊急情況下調動禁軍，也必須要有皇帝本人的親筆寫的手令。沒有聖旨或皇帝的手令，任何人都無權擅自調動禁軍的一兵一卒。

　　自大宋開國以來，皇帝超過三衙，親自干預具體軍政，也一直就是一個傳統，這樣做的目的，是為了使禁軍的兵權，「外不在藩鎮，內不在強

臣，不委宦官，不倚近戚」，只有皇帝才是軍隊的最高主宰者。

禁軍出動作戰的時候，針對著皇帝無法御駕親征的情況，宋太祖還確立了「將從中御」的原則，那就是：前線不再設總領全軍的主帥，各分部雖設都部署（都總管）之職作為主將，但同時也並置地位大致相當的副部署、都監等為副將。並規定：主將不但沒有處置副將的權力，而且遇事都要與眾將共同商議，以此來達到眾將互相牽制的效果。至於前線軍隊的調動、部署等關鍵性的決策，都要不遠千里地向開封城的皇帝本人彙報請示，由皇帝下詔令來決斷。為此，還特地在軍中設置了多由宦官擔任的監軍、走馬承受數職，由他們負責傳達皇帝的旨意和監視將帥的動向。

從宋太宗朝開始，宋朝的皇帝還往往給前線的將帥頒發「陣圖」，剝奪了將帥們獨立自主的戰術指揮權。將帥只能機械地按皇帝的意志行事，否則即使是取得勝利也被視為有罪，甚至受到處罰。如此種種，都是為了防範禁軍將帥借戰事之機發動兵變。

▎收節度使兵權：第二次「杯酒釋兵權」

收奪禁軍大將兵權順利完成之後，罷藩鎮節度使的兵權，隨即按部就班地展開。到開寶二年（西元九六九年）十月的時候，宋太祖如法炮製，又是在皇宮後花園中安排了一場酒宴，邀請前鳳翔節度使兼中書令王彥超、前安遠節度使兼中書令武行德、前護國節度使郭從義、前定國節度使白重贊、前保大節度使楊廷璋等在開封候職的五位資深節度使，前來赴宴。

待酒足飯飽的時候，宋太祖從容地對節度使們說道：「各位都是國家勞苦功高的前輩老臣，多年執掌事務繁多的重鎮，如今我朝尊重優禮老人，大家還是進京享福，地方上的事就不應該再勞累各位了。」

王彥超十分機靈，善於察言觀色，立即搶先表態：「我本來就沒有什

麼像樣的功勞，如今年齡大了，更是一無所用的老朽了，若陛下開恩，讓我告老還鄉當個老百姓，這才是我最大的心願。」武行德等幾人，仍然七嘴八舌地向宋太祖炫耀自己的戰功，宋太祖不耐煩了，當即說道：「這些都是過去朝代的事情了，不值得再討論了。」各節度使遂啞口無言。

第二天，宋太祖授武行德太子太傅，郭從義左金吾衛上將軍，王彥超右金吾衛上將軍，白重贊左千牛衛上將軍，楊廷璋右千牛衛上將軍，他們節度使的職務都被自動免掉。太子太傅是從二品的高官，通常只有宰相卸任後才能得到，但它只是個虛銜，左右金吾衛上將軍、左右千牛衛上將軍等職，合稱「環衛官」，名義上是護駕皇帝，名頭大得嚇人，品級都是從二品、從三品的高官，俸祿也十分的優厚，但都沒有實際兵權，都是些在開封養老的閒職。大約與此同時，安遠節度使向拱、保大節度使袁彥兩位節度使也被解除了藩鎮職務，改授環衛官。

這就是宋初歷史上第二次「杯酒釋兵權」，一次就解除了七名資深藩鎮節度使的兵權。相比於第一次「杯酒釋兵權」，第二次「杯酒釋兵權」進行得更為順利，宋太祖只一句「這些都是過去朝代的事情了」，藩鎮節度使們就乖乖地交出了兵權和地盤。

這是因為當時的藩鎮節度使們大多是老牌的節度使，許多人在後漢的時候，就已經當了節度使。「老」，往往就意味著進取心的減弱；「老」，往往也意味著多年盤踞一方，搜刮民脂民膏，富貴榮華，妻妾成群。宋太祖既然表示尊重節度使們的既得利益，節度使們雖然心有不甘，哪裡還勇於冒著喪失一切的風險來對抗皇帝呢？

當然，「老」也往往意味著為國效力的時間長，如武行德就曾召集過反抗契丹的起義，對中原王朝來說是有歷史貢獻的。宋太祖嘴上雖說：「這些都是過去朝代的事情了，不值得再討論了。」其實，他還是比較尊重這些老牌節度使的歷史貢獻的，不僅保證他們在開封城的地位不變，待

遇不變，還不斷地提升他們的官銜。各節度使都得以榮華富貴而善終。這種理解對方和尊重對方實際利益的思路，和第一次杯酒釋兵權的做法是一脈相承的，也同樣取得了極佳的效果。

宋太祖在解除資深節度使職務的同時，按照趙普「三大綱領」的預先規劃，一系列旨在從根本上解決藩鎮割據的制度調整也在緊鑼密鼓地進行。

- ◆ **稍奪其權**：重點是削奪節度使的行政權，節度使轄區內的各州，除節度使所在的州之外，其他的州，當時叫「支郡」，都陸續收歸中央直轄。到宋太宗太平興國二年（西元九七七年）的時候，節度使的「支郡」已經全部都隸屬於中央。節度使的行政權力，就僅限於他在的一個州。其他各州，由中央選派「知州」進行管理。知州，全稱是「知州軍事」，都為帶有中央官頭銜的文官，三年一輪換。州下面大縣的長官，也由中央的文官前去擔任，叫作「知縣」。乾德元年（西元九六三年），又設置了通判一職，通判的地位較知州略低，但又不是知州的副職，而是特地負責對知州進行監督，以分割知州的權力。到了宋真宗的時候，連節度使所在的州，也都設置了知州和通判，具體負責地方政務。

- ◆ **制其錢穀**：重點是削奪節度使的財政權，乾德二年（西元九六五年），規定節度使不得再以「留使」、「留州」的名義截留地方賦稅，除了地方行政的支出之外，所有的金銀、銅錢等貨幣收入都要上交中央。乾德三年（西元九六六年），就特地派中央財務官員前往控制地方的市鎮和市場，贏利所得直接送交中央，地方無權干涉；同年，又特地設立了「轉運使」一職，總攬地方財政大權，負責把地方賦稅解送中央，節度使的財權就被剝奪了。太平興國二年（西元九七七年），宋太宗又收回了節度使以免稅的優惠條件進行貿易的特權。宋

真宗時，乾脆規定節度使不得插手地方財政事務，節度使個人的俸祿也都由中央統一支付。

- ◆ **收其精兵**：重點是削奪節度使的兵權，乾德三年（西元九六六年）八月，宋太祖下令把各藩鎮的精兵猛將抽調到開封，騎兵授予「驍雄」的番號，步兵授予「雄武」的番號，總兵力在萬人以上，都隸屬於侍衛司。同時還把藩鎮的募兵權收歸中央，明令規定地方以後不得再私自招兵買馬。各藩鎮剩餘的老弱殘兵，後來統一整編為「廂軍」。廂軍不論在政治地位，還是在經濟待遇各方面，都要遠遠低於中央的禁軍，自然就吸引不到優秀的兵源。此後，廂軍很少進行軍事訓練，逐漸蛻變成了一支主要用於服勞役的工程部隊，軍事職能大部喪失。同時，為了避免駐防地方的中央禁軍蛻變為新的地方勢力，宋太祖又制定了「更戍法」，規定駐防各地的禁軍三年一輪換，以求得「兵不識將，將不識兵」。

隨著上述政策的推行，節度使就由稱雄一方的土皇帝，下降為一個州的高級長官而已。到了宋真宗朝以後，更是演變成了只領俸祿而不就職的虛銜，人稱「享福」節度使。自唐代「安史之亂」以後，逞凶兩百多年的節度使終於被徹底剷除了，藩鎮割據地方也成為歷史。

▌矯枉過正：文盛武衰

> 杯酒釋兵柄，此啟運立極之基也。然文盛武衰，亦自此始。攬〈風雲圖〉，痛當作慟。

這是元代學者、《宋史》的主要編纂者之一袁桷對「杯酒釋兵權」的評價。南宋學者呂中也有類似的看法，他說：「漢、唐多內亂而無外患，本朝無內患而有外憂者。」

確實，宋朝開國後確立的軍政體制，實現了藩鎮兵權收歸中央，中央禁軍兵權收歸皇帝，終結了中唐五代兩百餘年的地方藩鎮割據和五代五十餘年的中央禁軍頻繁兵變，宋朝的政局從此走向了長達百餘年的安定，「百年無內亂」。

但是，這些成就的取得，在很大程度上，是以削弱軍隊的戰鬥力、損害宋朝的國防安全為代價的，確實存在著「以防弊之政，作為立國之法」的問題。政策制定時，宋太祖等人主要是從消極的方面考慮，重點放在事先防範可能導致動亂的各種因素，而不是考慮如何提升軍隊的戰鬥力，自然存在著許多矯枉過正之處。宋朝「文盛武衰」，「無內患而有外憂」，在與契丹、西夏的較量當中，始終難以擺脫被動的局面，確與此關係甚大。

在中央禁軍方面。「杯酒釋兵權」在一夜之間，就使得年富力強、久經戰陣考驗的數位禁軍大將，集中地離開了禁軍的指揮崗位。這對禁軍戰鬥力和統一進程的負面作用都是可想而知的。

一個明顯的事例，就是在此後平定南北的征戰當中，禁軍大將中竟然選不出有指揮大戰經驗的合適人選來充當大帥。伐蜀的時候，宋太祖就用與禁軍關係較為疏遠的節度使王全斌去統領禁軍的驕兵悍將，以致憑空生出許多麻煩來。後來則主要用曹彬、潘美，這兩人在禁軍殿前、侍衛兩司中也沒有軍職，都屬於政治型的武將，對付南方各國還勉強可以勝任，等到和勁敵契丹一較量，便是一敗塗地。

而且，「杯酒釋兵權」之後，在禁軍中作威作福的是國舅爺王繼勳、特務頭子史珪和石漢卿。這幾個人，按照古代的政治標準來衡量，都屬於典型的佞幸之臣，宋太祖縱容他們利用特務方式來把持禁軍大權，對強化皇帝對禁軍兵權的控制當然是有利的，但勾心鬥角、阿諛奉承、任人唯親等軍中腐敗弊政也難免與日俱增，必然影響到禁軍的戰鬥力。

更為重要的是，「杯酒釋兵權」儘管是觥籌交錯，其樂融融，形式上

是極為緩和的，沒有其他王朝殘殺開國元勳的刀光劍影，這當然是非常難得的美事。但不管怎麼說，其骨子裡仍然不外是一個「防」字，即猜忌和防範眾將重演「黃袍加身」的兵變鬧劇。如若眾將嘴裡說出半個「不」字，摔杯為號，血濺當場，都是很有可能的。

「杯酒釋兵權」之後，宋太祖不僅規定了禁軍官兵不得再結「義社」，軍官不得再私自招募親兵衛士，而且還曾以「莫須有」的「畜部曲百人」和「私取親兵為腹心」的罪名，逼迫殿前都虞候張瓊自殺。張瓊是宋太祖忠心耿耿的貼身衛士，在戰場上多次救過宋太祖的命，他自殺身亡之後，就有人為他鳴冤叫屈，像一部很有名的戲曲《斬黃袍》，裡面被宋太祖冤殺的大將鄭恩的故事，據說就是由張瓊之事轉化而來的。戲中宋太祖這位皇帝，也就不光彩地成了被批評的對象。

宋太宗更是公開地宣布：

> 國家若無外憂，必有內患。外憂不過邊事，皆可預防。惟奸邪無狀，若為內患，深可懼也。帝王用心，常須謹此。

他話裡所說的「奸邪」，矛頭主要就是指向武將的。宋太宗有一次還說：

> 自梁晉已降，昏君弱主，失控馭之方，朝廷小有機宜，禆將列校，皆得預禦坐而參議，其姑息武臣乃如此。朕君臨四海，以至公御下，不唯此輩，假使李廣復生，亦無姑息之理也。

如此一來，就嚴重地毒化了軍中的氛圍，戰功越大，威望越高，反而越容易受到皇帝的猜疑，導致有才能的武將畏首畏尾，難以有所作為，明哲保身、因循苟且的庸將卻左右逢源，得到提拔重用，不可避免地嚴重損害了軍隊的戰鬥力。在這種局面之下，就算漢代的「飛將軍」李廣真是起死回生，他也發揮不了什麼作用，因為宋太宗根本就不會起用他。

「將從中御」的問題，更是一目了然，戰場形勢瞬息萬變，克敵制勝

靠的是敵變我變、臨機決斷，講究的是「將在外，君命有所不受」。「將從中御」偏偏捆住了將領們的手腳，剝奪了將領們的戰術和戰役自主權，使軍隊失去了賴以克敵制勝的機動權，宋軍焉能不吃敗仗！

在地方藩鎮節度使方面。徹底剷除節度使，固然實現了中唐以來夢寐以求的中央集權，但物極必反，也不可避免地造成了地方的嚴重削弱，特別是地方州縣的兵力極其有限，地方官很多情況下手裡只有百八十號老弱病殘，完全喪失了處置緊急事務的能力。

宋仁宗的時候，一群劫匪路經高郵軍（今江蘇高郵），當地的知州聞訊後，不是派人前去捉拿，反而讓人抬著酒菜、金錢到城外迎接，一頓好吃好喝伺候好了，這批劫匪就另往他處去了。朝廷知道後，許多人十分震怒，要求嚴辦知州，但名臣范仲淹卻說：「知州手裡有幾個兵？你讓他如何與劫匪打仗，把劫匪禮送出境，保了一城百姓的平安，也是沒有辦法的辦法。」范仲淹說的是實情，地方知州不是不想抵抗，但他手中無兵無將，哪有能力抵抗。

宋徽宗宣和年間，宋江起事，只憑著三十六名頭領，幾百號人馬，就能縱橫馳騁河北、山東大地，大宋的地方官要不是抱頭鼠竄，就是做縮頭烏龜，只能天天乞求朝廷派禁軍前來征討。到了金兵南下的時候，宋朝大多數的地方更是土崩瓦解，金兵如入無人之境，直逼開封城下。

兩宋之際的抗金名相李綱有感於此，就曾特地向宋欽宗建議，在河北、山西等地重設幾個大的藩鎮節度使，以增強地方抵抗金兵的實力。

到了這個時候，一切都太晚了。當然，包醫百病、盡善盡美的政治制度本來就不可能存在。無論多麼高明的政治家，都只能是根據具體的時代課題，做出具體的針對性的決斷。宋太祖在政權走馬燈式更換的五代宋初，以犧牲軍隊部分戰鬥力為代價，求得政治安定的實現，是有其積極的現實意義的。

經過宋太祖十數年的苦心經營，到了宋太宗統治的時候，大宋政權內部的安定，已經基本得以實現，與契丹、西夏的軍事衝突則急劇惡化，上升為最主要的衝突。宋太宗及此後宋朝的皇帝們，在變化了的客觀條件面前，仍然把宋太祖的政策奉為「萬世不易」的「祖宗之法」，奉為神聖不可侵犯的金科玉律，就只能是自食其果。畢竟，世界上沒有什麼「萬世不易」之法，拾遺補闕，與時俱進，永遠是後代政治家們應負的責任。

第五章
統一南北：臥榻之側，豈容他人酣睡

簾外雨潺潺，春意闌珊。羅衾不耐五更寒。夢裡不知身是客，一晌貪歡。獨自莫憑欄，無限關山，別時容易見時難。流水落花春去也，天上人間。

—— 李煜〈浪淘沙〉

這是大詞人南唐後主李煜的〈浪淘沙〉詞。有人說，這是詞人的絕筆，寫下這首詞後不久，李煜就離開了人世。無論如何，詞人國破家亡，從君主到俘虜的淒慘命運，都是令人同情的。更何況，詞人在位期間，雖有不少失策，卻沒有多少失德之處，南唐立國四十餘年，使一方百姓安居樂業，其歷史貢獻，也不是「成王敗寇」能一筆抹殺的。

其實，五代宋初南方各政權，多數統治者，基本上都推行了「保境安民」的國策，保一方平安，在大江之南，保住了華夏民族經濟、文化的命脈，這在北方空前戰亂的年代，確實功莫大焉。

但是，南北本為一家，南方各政權的暫時存在，是以北方中原軍閥混戰、戰火紛飛為前提的。當大宋開國，最終終結了北方的動亂之後，宋太祖開始致力於「恢復疆土」、「以致太平」的時候，江南各政權的歷史使命就完成了，到了它們應該謝幕的時候了。

「水流千遭歸大海」，大浪淘沙，南北應當一統，終將一統。「落花不是無情物，化作春泥更護花」，南方各國的歷史終結了，但繁榮的江南經濟、昌盛的江南文化，風流的江南才子，都化為了大宋王朝最靚麗的一道風景線。南方各國「流水落花春去也」，華夏民族和華夏文明，卻迎來了一個「烈火烹油，鮮花著錦」的盛世年華……。

▌先南後北：雪夜訪趙普

建隆三年（西元九六二年），開國轉眼已經三年了，大宋已經是政通人和，欣欣向榮，一派興旺的景象。可當時的天下，仍然是四分五裂的格

局，和大宋同時並立著的，還有北漢、南唐、後蜀、南漢、吳越、荊南、湖南、漳泉等大大小小八個政權。

宋初各政權簡況表（資料來源：《宋史‧地理志》）

政權	首府	州縣	戶口
大宋	開封	州 111，縣 638	967，353
北漢	太原	州 10、軍 1，縣 40	35，220
南唐	金陵	州 19、軍 3，縣 108	655，065
後蜀	成都	州、府 46，縣 198	534，039
南漢	廣州	州 60，縣 214	170，263
吳越	杭州	州 13、軍 1，縣 86	550，680
荊南	江陵	州、府 3，縣 17	142，300
湖南	常德	州 15、監 1，縣 66	97，388
漳泉	泉州	州 2，縣 14	151，978

和宋太祖一樣稱皇帝的，有北漢、後蜀、南漢。南唐稱「江南國主」。吳越、荊南、湖南、漳泉向中原王朝稱臣，接受中原王朝的冊封：吳越受封為吳越國王、天下兵馬大元帥；荊南受封為南平王、荊南節度使；湖南為武平軍節度使；漳泉為平海軍節度使。它們實際上都是割據一方的土皇帝。

太平和統一，就像是一對孿生兄弟，永遠是緊密地連繫在一起。列國林立，互相攻伐，彼此提防，哪裡會有太平的日子過？抵禦北方草原遊牧民族的強大威脅，也需要把南北的人力和物力資源集中起來，形成一個整體。但是，這些政權都是根基很深的地頭蛇，都以保境安民為號召，也得到了當地大多數民眾的支持，要想徹底消滅他們，也絕非易事。

南北一統，任重而道遠，路究竟應該怎麼走呢？周世宗生前的既定方針，是王樸在顯德二年（西元九五五年）提出來的著名的「先南後北」，即首先用兵攻取南唐江北的十四個州，然後重點進攻幽州城，得手後再全

力圍攻太原，滅亡北漢。至於南唐的江南部分、後蜀和南漢，則以政治迫降為主，軍事打擊為輔。如若按照這一方針，宋太祖的選擇有兩個：或者是繼續北伐幽州城，或者是攻取北漢。

宋太祖的選擇會是什麼呢？他會有另外的選擇嗎？

這個選擇，關係全域，宋太祖自然要聽聽他的智囊趙普的意見。此時的趙普，即將出任大宋最高的軍政長官樞密使。

這年的正月，那雪下得特別的緊。

在一個雪花紛飛的冬夜，趙普正要準備休息，忽然聽到門外一陣緊似一陣的叩門聲，趙普冒雪推開大門，只見風雪凌厲當中，一位偉丈夫，頂風冒雪，昂然而立。此人，就是大宋開國皇帝宋太祖。

趙普趕忙把宋太祖請入家中，趙普的夫人和氏也出門迎駕，並讓人溫上好酒，在堂屋裡鋪上墊子，支好架子，生上炭火，烤上了皇帝最喜歡吃的羊肉串。

宋太祖高興地對趙普說道：「還是老嫂子知道我的口味，我已經約好了皇弟光義，讓他也過來嘗嘗老嫂子的手藝。」

趙普問道：「陛下這麼晚了冒這麼大的風雪前來，不會只是為了吃烤羊肉吧。」

宋太祖笑道：「我睡不著啊，我的床邊就是別人的地盤，你說我能睡得安穩嗎？只好來和你喝酒解悶了。」

趙普說：「陛下您這是嫌國家面積小啊，大宋如今兵精糧足，南征北伐，開拓疆土，火候已經到了，我想聽聽陛下有什麼打算。」

宋太祖說：「我想先取太原，滅掉北漢。」

趙普說：「陛下您這個想法，我可是不敢贊成。」

宋太祖說：「談談您的意見。」

趙普回答：「陛下請想，太原城兵精將勇，城池堅固，而且和契丹、党項兩家接壤，即使順利拿下太原城，我們就會與契丹人和党項人正面衝突，麻煩恐怕還要更多。何不暫且留著它，替我們擋著契丹和党項，等朝廷解決掉南方各國，北漢這個彈丸一樣的小國，它還能逃到哪裡去呢？」

宋太祖拊掌大笑：「還是瞞不過我的趙書記。剛才我只不過是和你開個玩笑，北漢確是後取為好。」

君臣二人，席地而坐，這才真正轉入了正題的密談。

正在此時，皇弟趙光義如約而至。宋太祖對他說：「光義來得正好，我剛和趙書記商量好了用兵的方案，你過來看看。」

宋太祖用炭筷劃著地說：「我想先取荊、湖，然後取川、廣、江南，最後攻取北漢。你還有什麼意見嗎？」

趙光義連連點頭稱是。

正所謂英雄所見略同。屋外飛瓊碎玉，白雪皚皚；屋內炭火閃爍，肉香撲鼻。幾番推杯換盞，幾番低聲密語。一幅南征北伐的藍圖，統一天下的大計，就由宋初的三大巨頭確定了下來。

這就是有名的宋太祖「雪夜訪趙普」的故事。宋人邵伯溫《邵氏聞見錄》、魏泰《東軒筆錄》等野史筆記都作了繪聲繪色的描述，李燾也把它鄭重其事地寫入了宋史權威著作《續資治通鑑長編》之中，元代人編《宋史》，也把它寫入了《趙普傳》。明代的畫家劉俊，就根據史書的記載，畫了一幅〈雪夜訪普圖〉，至今仍保存在故宮博物院。

雪夜訪普圖

顯而易見，宋太祖、趙普的統一方針，就是典型的「先南後北」。但這一新版的「先南後北」，雖然很明顯是從周世宗、王樸版「先南後北」脫胎而來的，但兩者之間的區別，還是一目了然的。

那就是：在舊版「先南後北」當中，用兵重點有三個：南唐江北、幽州城和太原城。尤其幽州城，是用兵的重中之重，是承前啟後的關鍵一著。而在新版的「先南後北」當中，幽州城卻被排除在武力進攻的重點之外。

不再用武力重點進攻幽州城，這一抉擇，有主觀的因素，即宋太祖個

人的魄力，遠不及周世宗；趙普的魄力，也遠不如王樸。不論是宋太祖，還是趙普，都對與契丹決戰持謹慎甚至迴避的態度，而不是像周世宗、王樸那樣，蔑視強敵，勇於正面挑戰並擊敗契丹。這是古今多數史家的看法。

這一抉擇，無疑也有客觀的因素，主要是宋太祖畢竟是兵變上臺，政權的合法性不如周世宗，根基也遠不如周世宗，他輕易不敢孤注一擲，和強大的契丹遼國展開決戰。

更為重要的是，周世宗勇於北伐契丹，他手中真正的王牌，是經過多年征戰鍛鍊出來的一大批優秀的軍官群體，他們能征慣戰，指揮有方，軍中威信卓著，在野戰當中決勝的整體能力絕對不遜於契丹。如若不是周世宗突發重病，他統兵奪回幽州城是完全可能的。

然而，經過建隆元年（西元九六〇年）的陳橋兵變、建隆二年（西元九六一年）的「杯酒釋兵權」，在短短兩年的時間裡，李重進、韓通兩大名將死於非命，張永德、韓令坤、慕容延釗、石守信、王審琦、高懷德等一流的將領，也都先後離開了禁軍指揮的崗位，實際上被置於無用之地。趙匡胤自己當了皇帝，同樣脫離了戰場的第一線。在某種意義上說，周世宗時代糾集起來的五代後期最為優秀、最為強大的軍事精英團體，業已在內部政治鬥爭的作用下退出了軍事舞臺。

宋太祖破格提拔的嫡系親信，原本都是後周時的三、四流角色，多數連角色都算不上，根本沒什麼略地攻城的經驗。兵是訓練出來的，但將官卻只能從戰場上打出來。宋太祖作為戰場的老手，對此自然心中有數，依靠他們與契丹決戰，無論如何，宋太祖是不會這麼做的。這樣做，也是對政權的不負責任。

可以說，宋太祖、趙普、趙光義把幽州暫且排除在武力統一的進程之外，實屬別無選擇的無奈之舉，與個人魄力的關係其實並不是太大。畢

竟，魄力大也不等於蠻幹，謹慎也不應與膽怯簡單地畫上等號。當然，暫且不用武力解決，也並不意味著宋太祖不想解決幽州的問題，他的心中正勾畫著另外的設想，這就是後話了。

退一步，海闊天空。幽州毫無疑義具有最高的戰略價值，也是最誘人的進攻目標。但在客觀條件並不具備的情況下，勉強糾纏，也會變成巨大的戰略負擔。不管怎麼說，宋太祖斷然放棄了不太現實的幽州城，就擁有了戰略上的主動權，可以騰出手來，真正地把重點轉移到統一南方各國上去。而不是左右開弓，或者猶豫不決，坐失良機。

由此以來，新版「先南後北」，就出現了另外一個比較大的變化：那就是把四川的後蜀調整為軍事進攻的重點對象，而不再像舊版本那樣，主要寄望於政治迫降。因為周世宗時的經驗表明，後蜀雖然懾於中原王朝的兵威，有屈服的表示，但它畢竟迷信「蜀道難，難於上青天」，總試圖依賴險要的地勢，與中原王朝分庭抗禮，不用兵是不可能的。這一調整，帶來一個直接的副產品，就是突顯出取荊、湖的軍事意義。統一南北的第一仗，不久就首先在荊、湖地區打響了。

▊取兩湖：倔強的湖南人

建隆三年（西元九六二年）十月，消息傳來：湖南的統治者、武平軍節度使周行逢病逝，衡州刺史張文表隨即舉兵起事，攻占了潭州（今湖南長沙），湖南內訌爆發了。周行逢的兒子周保權急忙向宋太祖上表告急，請求中央發兵平叛。

周保權也是病急亂投醫。湖南原本是馬氏的地盤，在馬殷統治的時候，依靠著茶葉貿易等商業活動，湖南曾經是南方富庶的大國。但好景不長，馬殷死後，他的兒子、孫子都是「酒囊飯袋」，而且互相爭鬥，南唐乘機出兵，滅亡了湖南政權。南唐的軍隊，雖然被驅逐了出去，各地方勢

力之間又展開了軍閥混戰，湖南從此元氣大傷。

周保權的父親周行逢，就是從血雨腥風的混戰中搏殺出來的梟雄式人物，他用兵果敢，足智多謀，而且有一個特別突出的優點，就是廉潔奉公。周行逢身為節度使、土皇帝，不僅個人生活儉樸，他的夫人、女婿也都在家鄉務農，因而很得軍心、民心。周保權也堪稱是將門虎子，雖然年僅十一歲（一說十三歲），面對三軍，卻能侃侃而談，激勵將士。

周氏父子雖然都不愧為幹才，但他們統治湖南，前後只有短短的四、五年時間，根基太淺。這次起兵的張文表，也是個厲害角色，當年跟隨周行逢一起打天下，從小兵做到了刺史，是湖南僅次於周行逢的軍事強人。他登高一呼，衡州、潭州兩大要地即刻易手，並試圖進攻周氏的大本營朗州（今湖南常德），把周氏徹底消滅掉。周保權當然就沉不住氣了，連忙請求朝廷出兵相助。何況，周行逢在臨終時也留有遺言：一旦張文表得勢，就不妨歸順朝廷，以求保全家族。

對周保權的上表求救，宋太祖當然求之不得，更不會放過這個師出有名的大好機會。最為絕妙的是，救援湖南，荊南是必經之路，可以假途滅虢，一箭雙鵰，順勢吃掉荊南。

荊南是南方的一個小政權，轄區只有以江陵（今湖北荊州）為中心的三個州。江陵是南北往來的必經之路，自古就為兵家的必爭之地。當時的荊南同樣處於新舊交替，高繼沖在這年的十一月，剛剛接替了荊南軍府的大權，立足尚且未穩，正是人心容易浮動的時候。

宋太祖當即答應了周保權的請求，下令組建湖南道行營，「借道」荊南，前往湖南「平叛」。當然，為了坐收漁人之利，宋太祖又派出了使者，前去與張文表聯絡。

湖南自被南唐滅亡之後，軍力一直十分脆弱，此番又陷入了自相殘殺，更是雪上加霜。荊南的情況要好一些，但總兵力也不到三萬，而且都

是沒打過什麼仗的烏合之眾。但這畢竟是統一的第一仗，為了打響第一炮，力爭開門紅，宋太祖決定牛刀殺雞。

建隆三年（西元九六二年）十一月，宋太祖連續在開封城西郊舉行了兩次盛大的閱兵，選拔出了數千禁軍精銳，由盧懷忠、張繼勳和康延澤等幾位悍將率領，南下襄陽（今湖北襄陽），擔當湖南道行營的中堅力量。同時，宋太祖又派遣使者調集了十個州的地方部隊，也集結在襄陽，待命出擊。

乾德元年（西元九六三年）正月初七，宋太祖正式任命自己的老大哥山南東道節度使、兼侍中慕容延釗，出任湖南道行營都部署，擔任南征宋軍主帥。此時的慕容延釗已經是疾病在身，連馬都沒法騎了，但為了借重他的威名，宋太祖還是下令慕容延釗坐在轎子裡指揮大軍。

樞密副使李處耘則出任都監。都監，是宋太祖吸取「陳橋兵變」的教訓，特地在出征大軍中設置的重要職務，實際上就是監軍。李處耘出身宋太祖當節度使時的軍事秘書，是「陳橋兵變」的重要參與者之一，自然是宋太祖最為親信的心腹人物，此時剛剛就任樞密副使，是趙普的副手。用他來當都監，說明宋太祖對南征的高度重視。

二月初九，宋朝大軍抵達荊南管轄下的荊門，此時的高繼沖，既不敢用兵抵抗，又不甘心主動歸順，正是舉棋不定、左右為難的時候。慕容延釗和李處耘當機立斷，由主帥慕容延釗出面，親自宴請高繼沖的使者，繼續用「借道」穩住高繼沖。李處耘率數千鐵騎，星夜兼程一百五十餘里，從荊門長途奔襲江陵。

高繼沖原本就心存幻想，接到使者「平安無事」的報告後，已然解除了警戒，偌大的江陵城毫無防備。宋軍神兵天降，高繼沖慌忙失措，只好出城相迎。李處耘揮軍入城，迅速接管了城防的各個要點，慕容延釗隨後統大軍來到。高繼沖束手無策，只能是主動交出了節度使的權杖、大印，

俯首聽命。宋軍不戰而得三個州、十七個縣的土地，南征旗開得勝。

宋太祖得到捷報，仍然任命高繼沖當荊南的節度使，但同時派出自己的幕府心腹王仁贍前去當荊南都巡檢使，掌握了荊南的實際大權。這年十二月，宋太祖又下令，把高繼沖遠遠地調任為徐州的武寧軍節度使，高氏在荊南的勢力就被徹底剷除了。

荊南是湖南的屏障，宋軍奪取了江陵，湖南就門戶大開了。出人意料的是，周保權的部下還真是很爭氣，竟然趕在宋軍到來之前，就消滅了張文表，奪回了潭州。張文表死了，自然沒有必要繼續請宋師入境了。但是，請神容易送神難，宋太祖哪裡肯罷手，他即刻下達了最後通牒：「朝廷大軍南下，本是應你們自己的請求。如今叛軍已滅，這都是大宋對你們的恩德。為何竟敢抗拒大軍，使生靈塗炭，黎民遭殃！」

湖南軍隊的實力早已在內戰當中消耗殆盡，哪裡是兵強馬壯的宋軍的對手。但湖南人自古就有一種特別倔強的脾氣，有一股特別的「狠」勁，剛烈忠勇之士輩出，宋太祖的最後通牒如此盛氣凌人，偏偏就有人勇於不服，要跟宋軍鬥上一番。

張從富、汪端等周保權身邊的武將，就恥於不戰而降，積極請戰。周保權在他們的「挾持」之下，做出了迎戰的決定。當然，「挾持」只是個藉口，張從富、汪端等人都是周氏的大忠臣，他們以「挾持」為名，打勝了固然好，即使打敗了，周保權也還有歸順大宋的退路。

宋軍攻勢凌厲，三月就連續攻占岳州（今湖南岳陽）、澧州（今湖南澧縣）等湖南要地，兵臨朗州城下。為了早日破城，李處耘竟然下令士兵們公開吃掉好幾十名俘虜！「北方佬都是吃人的惡魔」，「北方佬要吃人肉，喝人血」，如此可怕的消息一傳開，朗州的軍民極度恐慌，一哄而散。宋軍乘勢進城，周保權也當了俘虜。周保權隨後被送到了開封，向宋太祖「請罪」，好在宋太祖並沒有為難他，封了他一個「右千牛衛上將

軍」的頭銜，還賞賜給了一大筆錢和一套大宅子。

李處耘這手，真是十分老辣，但過於殘暴，也違背了起碼的人性和道德底線。戰事結束後，李處耘戰功最高，卻不但沒有升官，反而因為與慕容延釗的衝突被貶職，算是惡有惡報了。

周保權被俘之後，汪端仍然堅持抵抗，還曾一度反攻朗州，但他終究不是沙場老將慕容延釗的對手，到九月，還是被慕容延釗全部剿滅了。至此，湖南全境平定，宋朝又得到十四個州、一個監，六十六個縣。

▍滅後蜀：更無一個是男兒

乾德二年（西元九六四年）十一月，大宋「偵破」了一起間諜大案，楊遇、趙彥韜和楊蠲三位來自四川後蜀的高級特務「落網」。其實，「偵破」、「落網」只是障眼法的幌子，他們三人是奉後蜀樞密院長官王昭遠的命令，前來開封刺探軍情，並攜帶著蠟丸書，伺機前往太原，聯絡北漢夾攻宋朝。

蠟丸書是當時進行間諜機密活動時專用的一種書信，信通常用帛書寫，外面包裹著蠟，緊急時可以藏在間諜的身體裡面，不容易被發現。

趙彥韜等人奉命來到開封之後，趙彥韜親眼看到了大宋的興旺發達，感到後蜀沒有什麼前途，乾脆就主動歸順了大宋。宋朝順藤摸瓜，這才抓到了孫遇和楊蠲兩個人。孫遇和楊蠲被捕之後，也立即改換門庭，做了大宋的官。為了掩人耳目，保護他們在四川家屬的安全，宋朝才對外宣稱他們三人都是被邊境抓獲的。

趙彥韜把後蜀寫給北漢的蠟丸密信，作為「見面禮」獻給了宋太祖。信的大意是：後蜀願意和北漢南北聯合夾擊宋朝，軍隊已經準備就緒，只要北漢渡河南下，蜀軍就可以北上奪取關中，致宋朝於死地。宋太祖看過這封密信後，笑著說：「我早就準備征討四川，有了這封信，我師出有名

了。」

宋太祖說的是大實話。自從雪夜訪趙普，定下「先南後北」的統一方略之後，四川就成為宋太祖用兵的第一個戰略重點。討伐荊、湖，一個重要的目標也是為伐蜀掃清周邊，孤立後蜀，並取得江陵這個重要的水路前進基地。

乾德元年（西元九六三年）四月，當湖南戰事大局已定的時候，宋太祖就把張暉調任為鳳州團練使。鳳州（今陝西鳳縣），有「川陝咽喉」之稱，是從陝西入四川的戰略要地。嘉陵江的上游，就流經鳳州境內。張暉很早就向宋太祖建議伐蜀，他到任之後，積極地準備糧草物資，開修道路，為伐蜀建立了陸路的出發基地。

不過，和荊南、湖南相比，後蜀領有四十六個州，疆域大致與三國時的蜀漢相當，人口有五十三萬餘戶，兵力達十四萬餘眾，是當時南方數一數二的大國。最為關鍵的，正如李白〈蜀道難〉詩所感慨的：「蜀道之難，難於上青天。」四川地勢險要，易守難攻。北面的秦嶺、大巴山山脈連綿不斷，東面的巫山、武陵山山脈山勢險峻，把四川隔成了一個相對獨立的地理單元「四川盆地」。

從北面入川，當時只能經過山間崎嶇的棧道，「劍門天下險」的劍閣（今四川劍閣）扼其咽喉，這裡群山東西橫亙百餘里，七十二峰綿延起伏，形如利劍，直插雲天。三國時蜀國的丞相諸葛亮，在這裡修建了著名的劍門關，作為四川北面的門戶。劍門關，依山而建，山高谷深，素有「天下第一雄關」之稱。李白〈蜀道難〉詩稱讚劍門關是「一夫當關，萬夫莫開」的險關要隘。

從東面入川，當時只能走三峽的水路，水深流急的夔門（今四川奉節），是必經之路。夔門，又稱「瞿塘關」，是四川東面的門戶，歷來有「夔門天下雄」之稱，杜甫的〈夔州歌十絕句〉詩就說：「白帝高為三峽

鎮，瞿塘險過百牢關。」讚嘆夔門的險要，要超過著名的虎牢關（今河南榮陽汜水鎮）上百倍。

劍門和夔門兩大門戶，後蜀當然都駐有重兵，派大將把守。在東路的夔門，後蜀置寧江軍節度使，還修建了「鎖江」的軍事工事。鎖江，是平時在長江的兩岸立上鐵柱，戰時拴上鐵索，鐵索上再架設軍事工事，專門用於封鎖長江，對付從東面而來的敵軍水師。

後蜀當時的皇帝，名叫孟昶，他當皇帝已經有三十二年了，是當時各政權中資格最老的統治者。此人治國經驗豐富，為人忠厚，很得四川民眾的擁戴，有「天下之賢主」的美名。四川本來就號稱「天府之國」，在他的統治之下，後蜀經濟繁榮，一斗米只賣三個銅錢。官府也府庫充實，金銀財寶堆積如山。特別是都城成都，花團錦簇，百業興旺，市民生活富足。絲織業更名聞天下，每逢節日，滿城的芙蓉花都要披上絢麗多姿的五彩錦繡。

正因為如此，宋太祖雖然早就把四川當作重點進攻的目標，但對四川的力量不敢小看，一直是引而不發，積極籌備，尋找最佳的出兵時機。此時，荊、湖已經平定，抓到了後蜀要與北漢聯合攻擊大宋的證據，又有了出師的堂堂藉口。孫遇、趙彥韜和楊蠲三人，都是四川當地人，孫遇還是後蜀樞密院的官員，他們不僅把後蜀的山川地理、府庫錢糧、軍隊布防的情況，都畫成了地圖，向宋太祖做了詳細的彙報，還答應做大軍的嚮導。宋太祖此番伐蜀，時機終於成熟了。

乾德二年（西元九六四年）十一月初二，宋太祖正式下詔伐蜀，組建了西川行營，由忠武軍節度使王全斌出任西川行營都部署，擔當伐蜀的主帥。

宋太祖為什麼要以王全斌為主帥呢？

王全斌歷經從後唐到大宋五個王朝，是一個很資深的將領，打過不少

勝仗，本人的軍事才幹毋庸置疑。但更為重要的因素，應該是他與後唐莊宗李存勗的特殊淵源。王全斌早年出身李存勗的親兵衛士。洛陽兵變的時候，李存勗已經是山窮水盡了，但王全斌是最後仍然效忠於他的十幾名勇士之一。直到李存勗中箭身亡，王全斌還把皇帝的遺體抱到了大殿上，一番慟哭之後才最終拜別。王全斌從此就以對李存勗的忠肝義膽而名聞軍中。

後蜀政權是從後唐派生出來的，孟昶的父親、後蜀的開國皇帝孟知祥，就是李克用的姪女婿，後唐的節度使。孟昶的生母李氏，曾是李存勗的嬪妃，是李存勗賜給孟知祥的。後蜀的將相大臣，絕大多數也都有著後唐的背景，大多是北方人。宋太祖用以效忠李存勗而著稱的王全斌為伐蜀主帥，對爭取他們的支持，無疑是有利的。

西川行營共統步、騎六萬大軍，兵分兩路。北路從鳳州出發，稱「西川行營鳳州路」，沿嘉陵江南下，直指成都。王全斌兼任都部署，武信節度使、侍衛步軍都指揮使崔彥進擔任副都部署，樞密副使王仁贍為都監，統禁軍步騎二萬，各地節度使部隊一萬。東路從荊南的歸州（今湖北秭歸）出發，稱「西川行營歸州路」，經長江三峽水路指向夔門，然後西進成都。寧江軍節度使、侍衛馬軍都指揮使劉光義出任歸州路都部署，並兼整個西川行營的副都部署，樞密承旨曹彬出任都監，統禁軍和地方部隊各一萬。兩路大軍分進合擊，目標是在成都城下會師。

十一月初三，宋太祖在皇宮宴請王全斌等將帥，為他們送行。宴席當中，宋太祖命人把孫遇等所繪四川地圖授予王全斌，並大聲地問眾將官：「各位卿家對拿下西川有沒有信心？」鳳州路的馬軍都指揮使史延德是宋太祖的愛將，他搶先出班答道：「西川除非是在天上，人不能到，只要它在地下，我們大軍一到，必定能手到擒來。」宋太祖聽到如此豪言壯語，十分高興，當即對王全斌下令：「朕只要西川的土地。凡是攻下的城池，

府庫中所有的金銀財寶，都要一律當場賞給立功的將士。」

南征將士們早就對四川的富庶垂涎三尺，皇帝如此口諭傳來，全軍上下更是人人奮勇，士氣百倍，滿懷著發財的貪欲，向著四川殺奔而來。後來的事實表明，宋太祖此令純屬畫蛇添足，而且後患無窮，直接導致了南征大軍軍紀敗壞，所到之處，燒殺搶掠，後蜀政權是被輕易打垮了，但卻激起了四川當地民眾的激烈反抗，是得不償失的。

十一月三十日，後蜀皇帝孟昶聽到宋軍大舉來犯的消息之後，針鋒相對地組建了北面行營，以樞密院的長官王昭遠為北面行營都統，出任抵禦宋軍的主帥。

王昭遠出身貧寒，早年當過小和尚，後來機緣巧合，被孟知祥收留在身邊，自幼給孟昶當跟班，侍候孟昶讀書。孟昶即位之後，王昭遠最得寵信，被破格晉升為樞密院的長官。王昭遠好讀兵書，特別崇拜三國時蜀國的名相諸葛亮，特地命人打造了一把鐵如意，拿在手裡用來指揮軍隊，倒頗有幾分「羽扇綸巾」的瀟灑。從成都出發的時候，他對前來送行的宰相李昊說：「我此行不止是要打敗敵人的進攻，還要帶著這兩三萬健兒們大舉北上，取中原易如反掌。」

其實，王昭遠從來沒打過仗，根本沒有帶兵的經驗和威信，是一個不折不扣的趙括式的人物。孟昶的母親李氏跟隨過李存勗，是一個很有見識的人物，她勸孟昶說：「王昭遠狂妄自大，又沒有戰功，哪能統兵？還是用老將高彥儔為好。」但孟昶並沒有聽從母親的意見。

十二月十九日，北面的戰事首先打響。宋軍攻勢凶猛，先鋒大將史延德能征慣戰，又在皇帝的面前誇下了海口，更是格外地勇猛，率領麾下騎兵左右衝殺，蜀兵多是步兵，抵擋不住鐵騎的衝擊，紛紛敗下陣來。興州（今陝西略陽）、西縣（今陝西勉縣）、三泉（今陝西甯強）等要地都被宋軍拿下。宋軍長驅直入，與王昭遠的蜀軍主力遭遇。

按照雙方的實力對比，蜀軍本應以逸待勞，固守要隘，消耗宋軍的銳氣，然後伺機反撲。但蜀軍主帥王昭遠雖然以諸葛亮自許，卻是有勇無謀，見宋軍攻城掠地，就沉不住氣了，下令硬碰硬地正面迎擊宋軍。要知道，宋軍都是久經大戰的百戰猛士，養尊處優的蜀軍哪裡抵擋得了？三次較量下來，蜀軍三戰三敗，又丟掉了軍事重鎮利州（今四川廣元），王昭遠只好龜縮進劍門關，閉門不出，連連派人向成都的孟昶告急。

　　劍門關無疑是一塊硬骨頭，宋軍正面進攻很難奏效。正在此時，恰巧一名軍官從當地人口中探聽到了一條名叫「來蘇」的小路。這條小路人跡罕至，能夠繞到劍門關的後面。王全斌立即命令史延德率精銳鐵騎沿著這條小路直插關後，夾擊劍門關。他自己則親統大軍正面強攻。守關的蜀軍連吃敗仗，早就成了驚弓之鳥，一見宋軍竟然從背後殺出，當即土崩瓦解，宋軍輕取天險劍門關。

　　劍門關告急的時候，全川震動，孟昶就派太子孟玄喆為元帥，統精兵萬餘前往增援。但這位太子爺是個公子哥，只知道享樂，哪裡會用兵打仗！出師征戰，竟然帶著姬妾數十人同行。還沒等他抵達前線，劍門關就被宋軍攻破了。孟玄喆丟下大軍不管，狼狽逃回成都。

　　北面戰場激戰正酣，東面戰場也同時展開。劉光義、曹彬統領的東路宋軍，先是由三峽水路西進，一路上掃蕩了後蜀部署在三峽上的水軍，然後按宋太祖事先的安排，從陸路打破了「鎖江」工事，直逼夔門。後蜀夔門守將、寧江軍節度使高彥儔是沙場老將，戰場經驗較為豐富，他認為宋軍遠道而來，利在速戰，蜀軍只要堅決固守，就能挫敗宋軍的攻勢。這無疑是個正確的思路，但夔門的監軍武守謙有勇無謀，力主開城出戰，他大權在握，根本不聽高彥儔的指揮。十二月二十六日，武守謙竟單獨率本部迎擊宋軍，宋軍當然求之不得，不僅大敗武守謙，還乘勢尾隨攻入了夔門城，高彥儔拚死抵抗，最後自焚而死。

夔門和劍門兩大戰略門戶同時失守，決定了後蜀滅亡的命運。孟昶無力也無意再打下去了。

　　乾德三年（西元九六五年）正月初七，孟昶派人帶著降表前去和宋軍聯絡。正月十九日，王全斌大軍抵達成都，孟昶出城迎降，宋軍不戰而得成都，後蜀滅亡。十幾天後，東路宋軍也進入成都，兩路大軍勝利會師。

　　這可真是空前的勝利！大宋共得四十六個州、兩百四十個縣的土地。後蜀國庫中堆積如山的金銀財寶、絲綢絹帛，都成了宋軍的戰利品。從二月開始，宋軍拆毀後蜀的宮殿，打造了兩百多條船，專門用來把後蜀國庫中的金銀銅錢，經三峽水路運往江陵，然後由江陵運往開封。絲綢絹帛則由陸路運往開封。送金銀的船隻，前後綿延了上百里；運絲綢絹帛的，一連運了好幾年才運完。

　　如此大的勝利，來得卻極其容易。從王全斌離開開封，到取得成都，只用了短短的六十六天時間。這可是事先任何人都沒有想到的。

　　二月十九日，孟昶和孟氏家族離開了成都。五月，孟昶抵達開封，宋太祖舉行了盛大的受降儀式。六月初五，宋太祖封孟昶為開府儀同三司、檢校太師、兼中書令、秦國公，這可是一個品級很高的官，太子孟玄喆為泰寧軍節度使。後蜀的將相大臣，也一律封官任用，連王昭遠也得到了個官做。但封官僅僅六天之後，孟昶就去世了。幾天之後，孟昶的母親李氏也絕食身亡。

　　孟昶的死，按照《鐵圍山叢談》等多種野史筆記的說法，與宋太祖霸占了他的愛妃花蕊夫人有關。花蕊夫人是一位才貌雙全的絕色女子。孟氏進京之後，宋太祖見到花蕊夫人的美貌，就強行逼其入宮。孟昶敢怒不敢言，於是鬱悒而終。花蕊夫人入宮之後，很得宋太祖的寵愛，但她一直思念孟昶，曾試圖毒死宋太祖為孟昶報仇。宋太祖的弟弟趙光義，在一次宴會的時候，就一箭射死了花蕊夫人。

君王城上豎降旗，妾在深宮那得知。

十四萬人齊解甲，更無一個是男兒。

這首流傳很廣的後蜀〈國亡〉詩，據說就出自花蕊夫人的手筆。

野史筆記的說法，自然無法全信，但也絕不會是空穴來風。畢竟《鐵圍山叢談》的作者蔡絛是宰相蔡京的兒子，時常出入皇宮，知道很多皇家的掌故。不管怎麼說，孟昶的死，宋太祖都是脫不了干係的。霸占花蕊夫人，更不是什麼光彩的事情。

「玉顏自古關興廢」，英雄難過美人關。宋太祖霸占了花蕊夫人，上行則下效，本來就在成都胡作非為的宋軍官兵，更加公開地姦淫擄掠，無惡不作，終於激起了四川民眾的群起反抗。宋軍用了兩年多的時間，才勉強把各地的暴動鎮壓了下去。這是一場極其血腥的惡戰，宋軍也折損了多名大將和兵員，付出了比滅後蜀多得多的代價。

乾德五年（西元九六七年）正月，宋太祖為了安撫四川的民心，不得不整飭軍紀，由宰相府出面逮捕了王全斌、崔彥進和王仁贍等人，追究他們的責任。經過對質，宰相趙普等發現王全斌等三人除了縱容部下殺人放火、濫殺降兵之外，還搶奪、勒索和私吞金錢共計六十四萬四千八百餘貫，這在當時，是一個天文數字。按照法律，王全斌等都應該被判處極刑。但宋太祖還是特赦了他們，只是把三人都貶了官。

宋太祖處分了王全斌等人，又在四川頒布了一些收買人心的優惠政策，如把成都的食鹽價格由一百六十文降為一百文等。儘管如此，四川民眾的賦稅負擔較後蜀時相比，仍有了較大幅度的增加。成都等地的織工巧匠也被集中徵調到開封，組建了宋朝的綾錦院，為宮廷織造高檔的絲織品。宋朝後來還在成都設立了博易務，由官府壟斷絲織業、茶業等當地的經濟命脈。從整體上看，宋朝對四川還是推行掠奪性的經濟政策，這也是「先南後北」的既定方針。正因為如此，宋初四川地區的反宋起事，一直

連綿不絕。宋太宗淳化四年（西元九九三年）時，還爆發了聲勢浩大的王小波、李順反宋起事。

▌收南漢：南國烽煙

宋軍接連消滅了荊、湖和後蜀三個政權之後，按照「先南後北」的既定方針，下一個用兵目標就是南漢。乾德二年（西元九六四年）八月，宋太祖就下令攻取南漢控制下的郴州（今湖南郴州）。戰鬥中，南漢守將陣亡，守軍也大部被殲。

郴州是湖南通往兩廣的咽喉要地，從郴州再往南，就是五嶺山脈中的騎田嶺。越過騎田嶺，就是廣東的門戶韶州（今廣東韶關）。

宋軍此次攻擊郴州，既是為了取得討伐南漢的前進基地，也帶有試探的意圖。試探的結果，證明南漢軍力有限，軍隊的戰鬥力甚至還在湖南軍隊之下，根本不是宋軍的對手。戰鬥結束之後，宋太祖親自訊問了南漢的俘虜，以了解南漢的風土人情和政治狀況，還調悍將「張殺頭」張繼勳出任郴州刺史，積極籌劃對南漢用兵。

宋軍大兵壓境，南漢一片恐慌。然而，就在攻伐南漢已箭在弦上的時候，接連發生了好幾件出乎宋太祖意料之外的變故，先是西征的宋軍主力在四川陷入了民眾暴動的泥淖之中，用了兩年的時間，直到乾德五年（西元九六七年）才勉強脫身；緊接著，開寶二年（西元九六九年），宋太祖認為北漢有機可乘，轉而親征北漢。為了避免多線作戰的不利態勢，宋太祖不得不暫停向南漢進軍。這一停，就是近六年的時間，南漢非常幸運地躲過了一劫。

躲了初一，但是躲不了十五。開寶三年（西元九七○年）九月，北漢方向的戰局已經穩定了下來，宋太祖下令抽調各地方的部隊，組建了賀州（今廣西賀州）道行營，正式開始討伐南漢。

南漢，後梁貞明三年（西元九一七年）建國，領有六十個州，轄區主要包括今天廣東和廣西，統治中心在廣州，時稱「興王府」。廣州自秦、漢以來就是嶺南的中心，秦漢之際的時候，趙佗就在這裡建立了著名的南越國。到了唐代，隨著海上絲綢之路的開闢和繁榮，廣州作為海上絲綢之路的中心樞紐，更是有了長足的發展，唐朝在廣州設立了市舶司，特地負責海外貿易相關事務，來自東南亞、阿拉伯等海外的香料、藥材等，都暢銷全國。

　　南漢的統治者劉氏，就是從經營海外貿易的大商人起家，有一種說法，認為劉氏其實並不姓劉，他們是來華的阿拉伯商人的後裔，先是居住在福建，後來才移居廣州經商。他們建立起政權之後，一直都與阿拉伯和波斯等地保持著密切的聯繫。

　　不管劉氏是不是真的出自阿拉伯商人，南漢開國之後，確實把招徠海內外商人前來經商，始終視為立國根本，推行了許多保護和促進海外貿易和商業發展的政策。商人的社會地位在南漢也是最高的，南漢的皇帝時常在皇宮之中宴請南北商人。依靠海外貿易，依靠向中原地區銷售珍珠、香料、藥材等奢侈品帶來的豐厚利潤，依靠商稅的收入，南漢成為十分富庶的一個政權。

　　南漢當時的皇帝，名叫劉鋹，年號「大寶」。此人相貌堂堂，言語詼諧，是一個絕頂聰明的人物，他到了開封城之後，曾親手用珍珠編製了一件龍形馬鞍子，作為禮品獻給了宋太祖，大宋宮廷的巧匠見了都自愧不如。宋太祖對身邊的人說：「劉鋹若是把這聰明用在治理國家上，哪會被我消滅呢？」

　　劉鋹真正被人所非議的，是他只重用宦官，治國理政用宦官，統兵打仗竟然也用宦官，甚至於官員士大夫要想提拔，也要先行閹割。劉鋹為何要這麼做呢？史書上解釋是他認為宦官沒有子女，就會全心全意為朝廷和

皇帝效力，比官員士大夫們可靠得多。這種解釋，當然比較合理。其實，劉鋹此舉，很難從正常的邏輯去理解，恐怕還是一種惡作劇式的、變態的思維。可笑又可憐的是，劉鋹如此苛刻的交換條件，偏偏許許多多的人趨之若鶩，南漢國的總人口不過百萬，當宦官的竟然有七千人之眾！這說明，不管怎麼說，劉鋹都是抓住了人性中為追逐富貴榮華不惜飛蛾撲火的弱點。

當然，宦官中也有能幹的，像邵廷琄、潘崇徹等略微有點名氣的南漢戰將，都是宦官，也是能打仗的。但更多的宦官，顯然都是無恥的小人，內鬥都是高手，治理國家和用兵打仗就一竅不通了。劉鋹真正重用的龔澄樞、李托和薛崇譽三人，就是宦官中的惡棍和庸才。邵廷琄、潘崇徹等人反而都遭到了陷害。

討伐南漢，為什麼以賀州命名行營呢？這是因為，賀州是南漢奪自湖南的一個州，以賀州為號，可以使南漢誤認為宋軍的目標，僅限於奪回這幾個州，因而繼續處於麻痺的狀況。戰局的發展表明，這一安排取得了很好的效果。

九月初一，潭州防禦使潘美出任賀州道行營的都部署，擔當伐南漢的主帥。朗州團練使尹崇珂為副部署。潘美這個人，後來因與抗遼名將楊業的死脫不了關係，一直在演義小說中被罵作與秦檜一樣的大奸臣。潘美自然有他責無旁貸的問題，但與大漢奸、賣國賊秦檜相比，還是有著本質的不同。他為人忠厚，為官廉潔，用兵算不上多麼幹練，但對付南漢這樣的對手，還是綽綽有餘。更何況，他從乾德二年（西元九六四年）到開寶三年（西元九七〇年），擔任潭州防禦使一職已經近六年了，對討伐南漢準備得十分充分。

戰事打響，宋軍迅速攻占了賀州，並以該地為誘餌吸引南漢其他地方的人增援，殲滅了南漢的援軍。宋軍軍威大振，順勢直指粵北重鎮韶州。

十二月，兩軍在韶州展開了激戰。南漢在韶州駐紮有十餘萬大軍，還投入了大量的戰象，每頭戰象上搭載十幾名士兵，像坦克一樣直衝宋陣。宋軍準備充分，集中了大批的遠射弩箭向戰象猛烈射擊，中箭的大象疼痛難忍，掉頭亂竄，反而把南漢的陣勢攪得七零八落。宋軍乘機發起進攻，南漢全線崩潰，韶州被宋軍攻下。

韶州決戰的時候，南漢名將潘崇徹手握五萬大軍，但屢遭陷害的他與劉鋹早已是離心離德。開寶四年（西元九七一年）正月，他乾脆率兵投降了大宋。韶州是廣州的北大門，潘崇徹是南漢最有威望的名將。韶州失守，潘崇徹投降，注定了南漢滅亡的命運。

此時的劉鋹，竟然荒唐地以為宋軍會滿足於奪回原屬湖南的各州，不會再向進了。哪裡料到，潘美大軍在韶州得手後，馬不停蹄，二月初就兵臨廣州城郊外。

到了兵臨城下的時候，劉鋹又想到了派人前去宋軍大營議和，但此時議和，純屬異想天開，潘美扣留了使者，押送到了開封，只是讓其他人捎去了宋太祖戰前開列好的五條路給劉鋹，那就是：「戰」、「守」、「降」、「死」、「跑」，其中根本就沒有個「和」字。在這五條路中，劉鋹首選的當然是個「跑」字，他也事先準備好了十幾條大海船，滿載了金銀財富和絕色美女，沒想到一個叫樂范的宦官捷足先登，搶先帶人開著船跑了，劉鋹逃亡海上的退路就被切斷了，只好硬著頭皮守城。

廣州城的守軍仍有五、六萬之眾，但都是沒什麼戰鬥力的烏合之眾，統兵眾將也都是廢物。廣州城破在即，龔澄樞等宦官認為：宋軍南進，是沖著南漢皇宮和府庫中的寶物來的，不如乾脆把宮殿和府庫付之一炬，說不定宋軍就會自行退兵。劉鋹竟然採納了這個瘋狂的提議，自行點燃了皇宮和府庫，一時間，無數華麗的宮殿和堆積如山的珠玉財寶，都在熊熊大火中化為了灰燼。

二月初五，潘美率大軍進入廣州，劉銀投降，南漢滅亡。宋朝得到了六十個州，兩百十四個縣的土地。從宮殿的殘垣斷壁和灰燼當中，宋軍還收集到了多達四十六甕的珍珠、玳瑁等珠寶，潘美把它們都如數地上交給了宋太祖。當然，這只是原來的九牛之一毛了。

　　三月，宋太祖以潘美和尹崇珂共同出任廣州知州。五月，劉銀和南漢的皇族、將相大臣抵達開封，宋太祖追究他們放火燒毀宮殿和府庫的責任，處死了龔澄樞等三位大宦官，劉銀本人則被赦免，宋太祖還讓他做了個右千牛衛大將軍的官，封恩赦侯。六月，宋太祖又命在廣州設立大宋首個市舶司，由廣州知州潘美和尹崇珂出任市舶使，發展海外貿易。到開寶五年（西元九七二年）年底，潘美等人又先後消滅了南漢殘餘勢力和一些地方豪強的反抗，兩廣徹底平定。

▌取南唐：最是倉皇辭廟日

　　開寶四年（西元九七一年），南漢滅亡之後，由於吳越早已俯首稱臣，宋朝對南唐大包圍的態勢已經形成，最後收網的時刻就要到了。開寶五年（西元九七二年）二月，宋太祖就扣留了南唐前來進貢的使者，南唐大震。

　　南唐這個南方綜合實力最強的大國，在周世宗的沉重打擊下，不僅丟掉了江北兩淮十四個州的廣大土地，更失去了繼續與中原王朝作戰的勇氣，坐待滅亡命運的到來。南唐中主李璟原本是很有作為的一代英主，然自戰敗之後，卻整天只是「獨坐垂淚」，意志消沉。宋太祖陳橋兵變、李重進揚州起兵反宋，一系列可以利用的機會，都白白放過了，只是怯懦地遷都南都洪州（今江西南昌），以躲避宋軍的壓力。問題是，躲又能躲到哪裡去呢？

　　建隆二年（西元九六一年）七月，李璟病死，太子李從嘉在金陵（今

江蘇南京）即位。李從嘉，就是歷史上著名的南唐李後主李煜。

李後主身為五代宋初最傑出的詞人，在中國古代的文化史上，是一座巍峨的豐碑，是一個不朽的傳奇。但他「生於深宮之中，長於婦人之手」，身為政治家，卻是不稱職的庸才，更不是從江湖起家的宋太祖的對手。他即位之後，面對著從父親手裡接過來的爛攤子，毫無辦法，只能是「極盡君臣之禮」，更加戰戰兢兢地侍奉宋朝。也許正如宋太祖所說的：李後主其實更適合做一個翰林學士。誰讓他偏偏生在帝王之家，又偏偏繼承了皇位呢？

宋朝出動大軍攻打後蜀、北漢和南漢的時候，兩淮兵力空虛，李後主手下的明白人都勸他乘機出兵，要不是收復兩淮失地，就是解決心腹大患的吳越，以改變兩面受敵的被動局面。但李後主沒有勇氣和魄力這樣做。待宋軍滅亡南漢之後，李後主主動上表，削掉了「南唐」的國號，只稱「江南」和「江南國主」。開寶五年（西元九七二年），又自我貶低，中書門下改為內史府，尚書省改為司會府，御史臺為司憲府等等，以此來表示對宋朝的絕對恭順。開寶六年（西元九七三年），宋朝大臣盧多遜出使江南，在臨別的時候，李後主竟然幼稚地答應了盧多遜的無理要求，贈送給了他南唐十九個州的全部地圖。於是南唐的山川地理、戶口虛實、兵力部署等等，更盡在宋朝的掌握之中了。直至宋軍開始南下，李後主還派人給宋朝送來了二十萬匹絹帛、二十萬斤茶葉，還有大批金銀財寶，不切實際地乞求宋太祖退兵。

如此種種，李後主的目的，都是希望以此不給宋太祖動武的理由，保住自己小朝廷的寶座。然而，「以抗爭求團結則團結存，以退讓求團結則團結亡」，這是一個永恆的真理。南唐越是卑躬屈膝，就越是適得其反。盧多遜回到開封，立即向宋太祖建議出兵征討南唐。至於宋太祖，滅亡南唐是他一統天下的既定目標，問題只是如何選擇最有利的時機。

南唐坐鎮洪州的南都留守林仁肇，是一員智勇兼備的名將，他膽識過人，擅長水戰，手中握有數萬精銳的水軍，控制著湖口（今江西湖口）、鄱陽湖等長江中游的戰略要地，是宋軍南下的頭號對手。為了除掉這個心腹大患，宋太祖以皇帝之尊，親自出馬，很不光彩地使用了「反間計」。他先是派人用重金賄賂林仁肇身邊的侍從，偷偷摸摸地偷出來了一幅林仁肇的畫像。當南唐使者前來進貢的時候，他就故意指著畫像問南唐使者：「這個人你認識嗎？」使者回答：「此人就是南都留守林仁肇。」宋太祖裝模作樣地說：「林將軍已經答應歸順朝廷，先送來畫像作為信物。」又指著剛修好的一處大宅子說：「這套房子，就是準備賞賜給林將軍的。」南唐使者不知是計，趕忙向李後主報信，李後主也缺乏政治鬥爭的經驗，輕信讒言，竟然自毀長城，派人毒死了林仁肇。宋太祖不費一槍一彈，就置林仁肇於死地，更加注定了南唐滅亡的命運。

　　為了製造出兵的藉口，宋太祖接二連三地派出使者，要求李後主進京朝拜。宋太祖的如意算盤是：李後主若遵命前來，當然是立即扣押，和平渡江解決南唐；如若李後主不答應進京，那就是抗命不遵，宋太祖出動大軍討伐，武力打過長江去，就算是師出有名了。李後主答不答應，都不會改變宋軍渡江南進的結局。

　　開寶七年（西元九七四年）九月，李後主最後拒絕接受宋太祖要他進京的命令，雙方的關係就此完全破裂。十月，宋太祖就組建昇州（今江蘇南京）行營，正式下令討伐南唐。

　　十月二十三日，宋太祖拜吳越國王錢俶為昇州東南面行營招撫制置使，率吳越國兵馬進攻南唐的常州，同時派親信客省使丁德裕率禁軍步騎千人，擔當吳越軍的先鋒，實際上是去充當監軍的。

　　十月三十日，宋太祖任命宣徽南院使、義成軍節度使曹彬為昇州西南面行營馬步軍戰棹都部署，山南東道節度使潘美為都監，潁州團練使悍將

曹翰為先鋒都指揮使，統大軍十萬，順江東下，直取金陵。

宋太祖為何要以曹彬來掛帥呢？

這主要是因為，當年討伐後蜀的時候，宋軍軍紀敗壞，姦淫擄掠，無惡不作，激起了四川民眾的群起反抗。非常難得的是，曹彬擔任都監的東路宋軍，軍紀要比北路宋軍好得多，基本上做到了秋毫無犯，說明曹彬督軍有方。而且，眾將都在成都瘋狂地搶奪金銀美女，只有曹彬潔身自好，清白廉潔。此次征伐南唐，為了避免重蹈伐蜀民變的覆轍，宋太祖於是欽定曹彬出任主帥。為了提升曹彬的威信，宋太祖在餞行的宴會上，還當場授予曹彬一把寶劍，宣布自都監潘美以下，凡是有不服從號令的，曹彬都有權先斬後奏。

開寶七年（西元九七四年）閏十月，曹彬統領大軍從江陵（今湖北荊州）出發，水陸並進，聲勢浩大，沿途擊破了南唐水軍的攔截，連克池州（今安徽貴池）、蕪湖（安徽蕪湖）等沿江重鎮，進抵採石磯（今安徽馬鞍山）。

採石磯，江面平緩，是宋軍預先選好的渡江突破口。原來，南唐池州有一個落魄的秀才，名叫樊若冰，他自視不凡，參加科舉考試卻鎩羽而歸，向鄉親們借貸也遭到了白眼，一怒之下，就北上開封投奔了宋朝。臨走之前，樊若冰乘小船假裝釣魚，偷偷地用繩子把採石磯江段的寬窄、水深、水流等水文狀況都進行了精心的測量，然後把這些重要的情報作為見面禮送給了宋太祖，還獻策在採石磯用船隻搭建浮橋，大軍就可以順利地渡過長江。宋太祖如獲至寶，當即採納了樊若冰的建議，特地命人在朗州按他的設計，打造了上千條黃黑龍船，並準備了大量用來搭建索橋的竹繩索。到了大軍南下的時候，宋軍的工兵先在石牌口（今安徽懷寧）嘗試紮好浮橋，再移到了採石磯。有了浮橋，宋朝大軍如履平地，輕易地突破了長江天險。

採石磯，見證了大宋開國平定江南的榮光，一百八十多年後的南宋高宗紹興三十一年（西元一一六一年），南宋名臣虞允文又在採石磯督師，打敗了金主完顏亮的百萬大軍，保住了南宋半壁江山。採石磯真是大宋朝的福地。

在水流湍急的長江上搭建浮橋，這還是歷史上的第一次。起初，李後主等南唐君臣都認為宋軍此舉如同兒戲，根本沒有當回事。待宋軍源源不斷地從浮橋上殺過江來，南唐才慌了手腳，多次派兵試圖摧毀浮橋，但都不能得手。

樊若冰為宋軍立下了頭功，宋朝封他做了池州知州，後來又升任江南轉運使，統攬原南唐地區的財政大權。親不親，家鄉人。但此人衣錦還鄉之後，拚命地抬高江南的賦稅標準，算是為當年的懷才不遇出了一口惡氣。樊若冰的鄉親更痛恨他出賣家鄉，於是把他家的祖墳都鏟了一乾二淨。

開寶八年（西元九七五年）正月，宋軍攻抵金陵城下，開始四面圍攻金陵。金陵，自古就有「虎踞龍盤」的美譽，是一座城池堅固、易守難攻的名城。但自從被圍困以來，四月，南唐常州（今江蘇常州）失守；九月，南唐潤州（今江蘇鎮江）守將又向宋朝和吳越聯軍投降；特別是在十月，南唐號稱十萬大軍的水師主力，又在順江東下，增援金陵的途中，在皖口（今安徽安慶）遭到了宋軍的伏擊，全軍覆沒。

經過這一系列沉重的打擊，金陵徹底地陷入了孤立無援的絕境。在這生死存亡的時刻，李後主走投無路，只好派使團兩次出使宋朝，希望能說服宋太祖收回成命，放南唐一條活路。使團的首席代表，名叫徐鉉。此人是南唐最為博學和雄辯的大學者，他為《說文解字》作的注解，一直流傳到了今天。

徐鉉第一次晉見宋太祖，就在宋朝大殿之上，大聲向宋太祖喊道：

「李煜無罪，陛下師出無名！」並反覆辯解說：「李煜以小事大，就像兒子侍奉父親，從來都沒有過失，陛下為何還要加兵南唐？」

宋太祖冷不丁地打斷了徐鉉的話，喝道：「大宋和南唐，既然是父子一家人，哪裡有父子倆分兩家吃飯的道理！」

這是一句大白話，但也是一句大實話，徐鉉當場無言以對。

徐鉉第二次晉見的時候，又和宋太祖一連辯論了四五個回合。

宋太祖最後不耐煩了，拿出了軍官的蠻勁，他手按佩劍，殺氣騰騰地說：「你不要再多說了！南唐哪有什麼罪過呢？但天下一家，我的臥榻之側，豈能再容他人鼾睡！」

李後主和徐鉉確實都是書生，戰爭本來就是長槍大劍發言的領域，本來就是強者為上，勝者通吃，弱肉強食。磨嘴皮子辯論戰爭的是非曲直，除了自取其辱，又能有什麼實際意義呢？

十一月二十七日，金陵陷落，南唐滅亡。宋朝得到了十九個州，三個軍，一百零八個縣。李後主倒是不失書生本色。儘管宋軍蜂擁進城，他依然若無其事地在填著一首〈臨江仙〉詞：

櫻桃落盡春歸去，蝶翻輕粉雙飛。子規啼月小樓西。畫簾珠箔，惆悵卷金泥。門巷寂寥人去後，望殘煙草低迷。爐香閒嫋鳳凰兒。空持羅帶，回首恨依依。

當他被迫離開金陵的時候，李後主又揮筆寫下了一首千古絕唱〈破陣子〉：

四十年來家國，三千里地山河。鳳閣龍樓連霄漢，玉樹瓊枝作煙羅，幾曾識干戈。一旦歸為臣虜，沈腰潘鬢消磨。最是倉皇辭廟日，教坊猶奏別離歌，垂淚對宮娥。

金陵，也是宋朝大政治家王安石歸隱的地方，晚年的王安石，騎著一

頭小毛驢，走遍了金陵的山山水水，他感慨「虎踞龍盤」的風風雨雨，寫下了一首有名的〈金陵懷古〉詩：

> 霸祖孤身取二江，子孫多以百城降。
> 豪華盡出成功後，逸樂安知與禍雙？
> 東府舊基留佛剎，後庭餘唱落虹窗。
> 黍離麥秀從來事，且置興亡近酒缸。

「豪華盡出成功後，逸樂安知與禍雙」一句話，道盡了南唐的成敗，也道盡了後來宋朝的興亡，更道盡了歷朝歷代勃興忽亡的關鍵所在……。

開寶九年（西元九七六年）正月，李後主被押送到了開封，宋太祖倒沒有太為難他，讓他做了個右千牛衛上將軍的官，封他為違命侯。宋太宗上臺後，太平興國三年（西元九七八年），就在「七夕」佳節這一天，李煜病死在開封，享年四十二歲。七月初七，也是李後主的生日。

▌滅北漢：打破太原城的神話

南唐滅亡，宋朝統一江南大局已定，吳越和漳泉的納土歸順，只是時間的問題，已經不再有用兵的必要。北漢，這個「先南後北」當中的「北」，終於徹底地暴露在宋軍的火力之下。開寶九年（西元九七六年）八月，宋太祖下令向北漢發起全面進攻。

宋朝統一南方各國，基本上都是摧枯拉朽，所向披靡，真正的激戰並不多。唯獨北漢，卻始終是宋朝最為難啃的硬骨頭。早在乾德二年（西元九六四年）的時候，宋朝就曾出動了六萬大軍，同北漢爭奪遼州（今山西左權），但經過兩年左右的反覆拉鋸作戰，乾德四年（西元九六六年），遼州還是被北漢給奪了回去。

開寶二年（西元九六九年），宋太祖御駕親征北漢，竭盡全力地圍攻太原城，付出了極其慘重的傷亡代價，甚至還不光彩地掘開了汾水和晉水

來倒灌太原，最終還是未能得手，宋太祖只得悻悻退兵。退兵的時候，宋軍的後衛遭到了北漢的追擊，輜重損失很大，北漢繳獲的糧食有三十萬石之多，還有數萬斤的茶葉和大量絹綢。

出現這種情況，其實也並不奇怪。

北漢脫胎於唐、五代的河東鎮，這一地區，早在秦、漢的時候，就有「山西出將」的說法。到了唐代，河東鎮更是被公認為「最為天下雄鎮」，歷來民風剽悍，精兵猛將輩出，軍隊的戰鬥力自然非同小可，絕非南方各國所能比。再者，當地盛產鐵礦和礬礦，鐵是鍛造兵器最主要的原材料，礬則可以用來揉削牛羊皮等皮革，進而製成軍用鎧甲。這些寶貴的資源，就保證了北漢軍隊的裝備十分精良。

北漢的都城太原，東屏太行山，西障呂梁山，北依繫舟山（小五臺山），三面環山，更橫跨汾水，緊鄰晉水，是一座依山傍水、規模宏偉、城池堅固的名城。從隋唐到五代，太原一直有「龍城」的美名，大唐王朝就興起在這裡，後唐的李克用和李存勗父子，後晉的石敬瑭，後漢的劉知遠，也都是從太原起家成就了帝業。

在整個五代時期，太原城從來沒有被攻破過，這個神話般的成就，就使得北漢軍民對固守太原城有著強烈的心理優勢。另外，北漢以稱姪、稱兒和接受冊封等屈辱的條件，與契丹遼國訂立了軍事同盟，每當太原城遭到威脅，契丹就會出動大軍前來救援，使攻城的敵軍腹背受敵。周世宗和宋太祖數次圍攻太原都鎩羽而歸，這是最重要的原因。

不過，北漢畢竟是一個小國，當時領土僅限於以太原為中心的十個州，人口只有三萬餘戶，是割據政權中人口最少的一個，兵力不過三萬餘，已經達到了平均每戶養一兵的極限。北漢財政十分艱難，宰相的俸祿不到百貫，節度使只有三十貫，也就是宋朝州縣官的待遇水準。經過與後周、宋朝長達二十幾年戰爭的摧殘，北漢疲於招架，國力消耗殆盡，已經

到了油盡燈枯的時候，再也支持不下去了。

　　開寶九年（西元九七六年）八月十三日，宋太祖下令組建河東道行營，以驍將、侍衛馬軍都指揮使党進為都部署，潘美為都監，率禁軍主力直取太原。二十二日，又出動了鄰近的地方部隊，兵分五路，同時攻擊北漢的各個州縣。然而，正當各路宋軍順利推進、節節勝利的時候，宋太祖於當年十月逝世於開封，前線宋軍不得不全線撤退，岌岌可危的北漢又幸運地度過了一次難關。

　　宋太宗即位之後，更加積極地準備對北漢的戰事，太平興國三年（西元九七八年）四月底五月初，他軟硬兼施，用軟禁和扣留的辦法，迫使福建漳泉的陳洪進和吳越的錢俶，先後「主動」地交出了土地，宋朝不戰而得漳泉兩個州，十四個縣；吳越十四個州，八十六個縣。至此，南方全部平定，宋朝完全沒有了後顧之憂。

　　太平興國四年（西元九七九年）正月，宋太宗在樞密使曹彬的支持下，調度整個北方的物力，出動了全部禁軍主力十餘萬，對北漢發起了最後一擊。潘美出任北路都招討制置使，擔當圍攻太原城的前敵總指揮；名將郭進則率精銳屯駐石嶺關（今山西陽曲），擋住了契丹援兵的來路，並在當年三月大破契丹援軍。

　　四月，宋太宗本人御駕親征，親臨第一線督戰。宋軍兵力多出北漢五六倍，雙方在太原城下激戰了四個月，北漢內外交困，終於抵擋不住了。五月初五，北漢主劉繼元投降，北漢滅亡，宋朝共得十個州、一個軍，四十一個縣。

　　戰鬥結束後，不知道是因為太原這座名城給宋軍留下了太多痛苦的記憶，為了洩憤，還是擔心有人再利用太原城對抗中央，宋太宗把太原的行政組織移到了榆次縣，然後下令火燒太原城，很多百姓來不及搬遷，都喪生於火海當中。

這一舉動，無疑是極其野蠻，又十分愚蠢，南宋的陸游曾經評論說：如若不是宋太宗焚毀了隋唐五代的太原城，金兵南下的時候，宋朝軍民依託這座堅城，取得的戰果肯定要大得多，說不定就有挽救宋朝危亡的可能。損人不利己，就是對宋太宗此舉的最好評價。

　　北漢的滅亡，象徵著自唐玄宗天寶十四載（西元七五五年）「安史之亂」以來，長達兩百三十年之久的地方割據分裂的局面終於結束了，統一、和平的陽光再一次普照華夏大地。為了這一目標的實現，宋朝從乾德元年（西元九六三年）開始，共用了十七年上下的時間。

第五章　統一南北：臥榻之側，豈容他人酣睡

第六章
經略幽燕：從小三國到大三國

> 大江東去，浪淘盡，千古風流人物。故壘西邊，人道是：三國周郎赤
> 壁。亂石穿空，驚濤拍岸，捲起千堆雪。江山如畫，一時多少豪傑。
> 遙想公瑾當年，小喬初嫁了，雄姿英發。羽扇綸巾，談笑間，檣櫓灰
> 飛煙滅。故國神遊，多情應笑我，早生華髮。人生如夢，一樽還酹
> 江月。
>
> ——蘇軾〈念奴嬌·赤壁懷古〉

在這首千古絕唱當中，蘇東坡神遊「三國」，詠嘆了三國周瑜談笑之間大破曹操的名將風采。不止是蘇東坡，宋代具有「三國」情節的文人士大夫，可謂比比皆是，如王安石就有意約蘇東坡一起重修三國史。其實，又何止於士大夫，宋代的城鄉，到處都流傳著三國的故事和戲曲，城市市民和鄉村百姓，每當聽到劉備和諸葛亮打了勝仗，個個喜上眉梢，而當聽到曹操得勢之時，則個個咬牙切齒……。

宋人為何有如此濃烈的「三國」情節呢？

關鍵就在於：宋人自身所處的歷史環境就是一個「三國」的格局，宋朝開國之初的時候，宋朝是與江南的南唐和四川的後蜀形成了小「三國」的局面；宋太宗統一南北完成之後，宋朝又與北方的契丹遼國和西北的党項西夏政權，形成了大「三國」的形勢。只不過，宋初的時候，宋人以「魏」自居，宋太宗以後，宋人就越來越多地以「蜀」自居了。

當然，羅貫中「三國」的說法，其實並不十分的準確，因為不論是魏，還是東吳，還是蜀漢，都只是中國境內的一個朝廷而已，他們爭奪的也是中國的主導權，而不是要把中國分割成三個國家。宋、契丹和西夏也是如此，契丹、宋互稱「兄弟」，契丹稱「北朝」，宋稱「南朝」，西夏則力爭「西朝」的地位，也都是表明宋、契丹和西夏有著共同的國家認同，彼此都是一個國家內部的並列朝廷而已。

從這個意義上來說，契丹在東北的積極開拓，雄踞北方草原；西夏在

西北的大力發展，一統西北河西走廊；宋對大江南北的空前經營，並逐步向兩廣和雲南深入推進，都是中國國家在這一歷史時期所取得的成就。待到元、明和清的時代，中國遂實現了空前的大一統局面。這其中，有宋的貢獻，也有契丹的貢獻，當然也有西夏的貢獻。

「既生瑜，何生亮」！東北草原，西北大漠，生機勃勃，英雄輩出。對宋朝人來說，這無疑是很痛苦的事情。不過，「滄海橫流，方顯出英雄本色」。棋逢對手，將遇良才，方能演繹出壯麗的歷史長歌……

▎建交：贖買燕雲

宋朝開國的時候，中原王朝與契丹遼國之間，仍然處於激烈的戰爭狀態，宋太祖的陳橋兵變，就是以北上抗遼的名義而成功發動的。這場血腥的戰爭，從後晉開運元年（西元九四四年）開始，已經時斷時續地進行了十六年了，給雙方的民眾都帶來了無窮的苦難。

當時的契丹遼國，剛剛遭受了周世宗北伐的沉重打擊，喪失了關南十餘個縣的土地，對中原王朝實際上以守勢為主。得知宋太祖上臺的消息後，契丹遼國就主動退兵了，算是給了宋太祖一個順水人情。建隆二年（西元九六一年），宋太祖隨即特地下令：不得再鼓勵邊民前往契丹遼國境內偷盜和搶劫契丹平民的馬匹，也算是回報了契丹的善意。

建隆三年（西元九六二年），隨著「先南後北」優先統一南方的方針確立之後，宋太祖更是明確地把幽州城排除在統一用兵的範圍之外，對契丹遼國改取「保境息民」的積極防禦政策。宋太祖特地選派李漢超、馬仁瑀等猛將精兵，加強了對雄州（今河北雄縣）、瀛州（今河北河間）、易州（今河北易縣）、定州（今河北定州）、棣州（今山東惠民）等沿邊地區的防禦力量。李漢超和馬仁瑀，都是宋太祖的心腹愛將，陳橋兵變的參與者，宋太祖讓他們長期鎮守邊境，授予他們「便宜行事」的特權，可以

機動靈活地與契丹較量，很快就占據了上風。但是，宋太祖只允許他們對契丹的騷擾，針鋒相對地進行報復，卻不准主動地向契丹挑釁。

此後，宋、契丹雙方小的摩擦和衝突仍然相當頻繁，但卻沒有爆發大的戰爭。宋朝出兵平定南方各國，契丹遼國都沒有借機發難，特別是南唐，原本與契丹遼國有同盟的關係，但宋滅南唐的時候，契丹遼國也沒有進行干涉。只有當宋朝圍攻北漢太原城之時，契丹遼國方出兵增援北漢。

開寶二年（西元九六九年），宋太祖親征太原，宋、契丹兩軍遂在石嶺關（今山西陽曲）和定州（今河北定州）同時交戰，但雙方都是比較克制，沒有轉化成大戰。這說明，契丹遼國方面也有同宋朝改善關係、結束戰爭狀態的強烈願望。

正因為雙方都有實現和平的願望，開寶七年（西元九七四年），契丹、宋就由遼涿州刺史耶律琮和宋雄州知州孫全興出面，進行了正式的議和活動。按照宋朝方面史書的記載，和議是由契丹遼國最先提出來的，而契丹遼國方面的記載，則認為是宋朝首先派使者提出和議的。不過，這種看似截然相反的記載，恰恰說明了議和是雙方的共同願望和共同需求，可謂一拍即合。

開寶七年（西元九七四年）十一月，宋太祖收到了耶律琮的議和信，這封信流暢明白，不卑不亢，把戰爭的責任，完全歸之於後晉君臣對契丹遼國的背信棄義，因而撇清了契丹、宋兩家。所以宋方欣然接受，同意以這封信作為雙方外交交涉的基調，並把它作為重要的外交文書，鄭重其事地收到了《宋會要》當中。

開寶七年（西元九七四年）年底，宋朝派出的議和使者就來到了契丹遼國，契丹遼國方面為了表示議和的誠意，還特地派人前往北漢，約束北漢不得騷擾宋朝邊境，令北漢非常氣憤，甚至準備對遼開戰。開寶八年（西元九七五年）三月二十六日，契丹由克妙骨慎思為首的十三人「講

和」使團抵達了開封，宋太祖親自接見了使團，加以盛情款待。

由此可見，宋太祖對與契丹遼國建交十分的積極，也十分的高興。當年七月，宋朝就派使團回訪，契丹遼國也在八月再派團出使宋朝，還贈送給了宋朝五十匹戰馬。宋、契丹由此建立了正式的外交關係，每逢新年和皇帝的生日，彼此都要派遣使團進行外交活動。邊境地區的貿易往來，雙方也同時予以開放。

那麼，宋、契丹雙方確立了和平的外交關係之後，宋太祖還要不要收回燕雲十六州呢？開寶九年（西元九七六年）二月的時候，群臣給宋太祖上了一個「一統太平」的尊號，但宋太祖以「幽燕未定，何謂一統」為理由，堅決地加以拒絕了。這說明，宋太祖直到晚年還是想盡量收回燕雲的。

問題是，宋朝既然同意以耶律琮的信作為雙方外交交涉的基礎，接受了信中把戰爭責任歸於後晉的看法，那麼，同時也就只能承認契丹依據與後晉之間的條約，擁有燕雲十六州是合法又合理的，中原王朝用武力加以奪回反而是背信棄義，師出無名。這才是耶律琮這封信真正厲害的地方。

耶律琮的說法能否站住腳呢？應該說，雖然也有一面之詞的地方，但大致還是符合歷史事實的，天福八年（西元九四三年）後晉和遼國關係破裂的時候，後晉多數文武大臣就表示反對，因為契丹對後晉「有大功，不可負」。這也是燕雲十六州問題特別複雜的地方。不管怎麼說，燕雲十六州都是石敬瑭透過契約主動地割讓給契丹的而非契丹出兵攻占。契丹在這個問題上的主動地位，是歷史形成的。對此，宋朝也很難完全否認。「寧可戰而失地，絕不可在談判中失地」，說的就是這個道理。

一般說來，要收回領土，不外武力奪取和外交交涉兩種辦法，宋太祖既不想輕易對幽州城用兵，又承認了契丹對燕雲的占領有其合法性，外交交涉同樣不占上風，宋太祖還有什麼收回燕雲的錦囊妙計嗎？

宋太祖的辦法，說起來十分簡單。宋朝在統一南方的過程中，不僅是得到了土地，而且發了橫財，特別是從後蜀、南漢、南唐、荊南和吳越手裡，繳獲和取得了數不清的金銀財寶。宋太祖在皇宮中修建了一座名叫「封樁庫」的倉庫，特地用來貯藏這批堆積如山的金銀財寶，還下令任何人都不得動用一絲一毫。宋太宗上臺後，在第一次領著宰相和文武高官們視察這些倉庫時，竟然發出了「這裡的財寶堆得像山一樣高，哪裡能用得完」的感慨，可見其中存放的金銀財寶的數量之大。

　　原來，宋太祖並不是想當守財奴，而是準備用這麼一筆巨額財富，向契丹遼國贖回燕雲地區的土地，還有當年被契丹擄去的民眾。契丹遼國如果肯答應，宋太祖就要把得自南方各國的「像山一樣高」的所有財寶，全部都送給遼國。考慮到幽州城對契丹有著特別重要的地位，也有一種說法，說宋太祖的底線，是贖回燕雲西半部的八個州，也就是與契丹遼國平分燕雲十六州。

　　這件事最早是由宋真宗、仁宗兩朝的宰相王曾，在他的《王文正公筆錄》一書中披露出來的，《澠水燕談錄》、《石林燕語》等幾部宋代筆記也有大致相同的記載，南宋大史學家李燾也把此事寫進了《續資治通鑑長編》之中。可見，宋太祖有意用金銀財寶贖買燕雲一事的可信度是非常高的。或者說，宋太祖之所以要與契丹遼國建交，除了停止多年的戰爭之外，主要目標就是為了透過外交交涉，爭取和平贖回燕雲。

　　但是，正所謂「一寸山河一寸金」，宋太祖贖回燕雲的想法存在著可行性嗎？

　　由於宋、契丹建交之後不久，宋太祖就去世了，歷史並沒有給他真正實踐自己想法的機會。倒是一百多年後，在宋徽宗宣和五年（西元一一二三年），宋朝倒真是以每年一百萬貫的價碼，從金國手中贖回了幽州等燕雲十六州中的六個州。只是當時宋末宋朝的兵力太弱，宣和七年

（西元一一二五年）底，金國又出兵奪回了幽州。即便如此，宋朝靠和平贖買，仍然是得到了幽州城將近三年的時間。

宋朝開國的時候，宋、契丹軍力大致平衡，宋太祖開出的價碼，又是一個天文數字，如果以金銀財寶為交換，以外交交涉為方法，同契丹遼國達成以金錢換土地的協定，情況肯定要比宋徽宗時好得多。畢竟，契丹遼國始終以「草原本位」為基本國策，重心放在北方的草原地區，對中原地區的經略，掠奪金銀財寶是其主要的目標，放棄部分土地，也不是絕對不可能的。

當然，外交交涉也要以軍事方法為後盾，宋太祖曾表示：如果契丹遼國完全拒絕談判燕雲的問題，他就要用這筆財富招募勇士，集中全國的人力、物力，與契丹展開全面的較量。他還做了計算，認為契丹遼國的精兵在十餘萬上下，只要以每得一契丹兵首級，重賞二十匹絹綢，不過用兩百萬匹絹的花費，就可以慢慢地把契丹主力全部消滅掉。宋太祖的這一想法，立足於先禮後兵，又揚長避短，重點發揮宋朝綜合國力的優勢，而不是輕易地與契丹賭決戰的輸贏。應該說，是比較穩妥的。

宋太宗即位後，很快就對契丹遼國推行強硬的戰爭政策，用金錢贖回燕雲的思路，當然就被束之高閣了。

▌開戰：石嶺關、高梁河與滿城會戰

宋、契丹之間雖然建立了外交關係，但北漢問題一直是雙方的一個死結。宋朝視北漢為眼中釘，必欲置之死地而後快，契丹遼國則把北漢作為牽制宋朝的重要標準，和南下中原的橋頭堡，自然是不願意輕易放棄，每當北漢形勢危急，契丹遼國就要出兵增援。開寶九年（西元九七六年）八月，宋太祖討伐北漢的時候，契丹就出動了援軍，如若不是宋太祖去世，宋軍主動撤退，宋、契丹兩軍的交戰不可避免。

宋太宗即位後，新官上任三把火，堅決建立超過周世宗和自己哥哥宋太祖的功業，他一方面積極擴軍備戰，一方面加強與契丹遼國的外交聯繫，特別是在太平興國二年（西元九七七年）三月，在鎮州、易州、雄州、霸州和滄州都設立了契丹十分看重的権場，開放貿易，以藥材、香料、犀牛角、象牙和茶葉等物資與契丹交易，以此來麻痺契丹。

　　直到太平興國四年（西元九七九年）正月，宋朝大軍已經向太原攻擊前進，契丹遼國才如夢方醒，急忙派使者撻馬長壽去勸說宋太宗退兵，宋太宗很乾脆俐落地對遼國使者表示：

　　河東逆命，所當問罪。若北朝不援，和約如舊，不然則戰。

　　宋太宗這段豪言壯語，被後來的宋、契丹戰爭證明，不過是不知天高地厚的吹牛皮而已，所以宋朝方面的史書很少渲染此事，倒是《遼史》把宋太宗這段話，都一字不差地記錄了下來，也算是立此存照，以作笑柄了。

　　契丹遼國方面也針鋒相對，派出冀王敵烈、南院宰相耶律沙、南院大王耶律斜軫等大將，率兵前去增援北漢。

　　三月，契丹軍進抵石嶺關，與早已駐紮在此地的宋軍郭進部相遇，一場激戰隨之展開。宋、契丹兩軍，隔著一條很寬的山澗對峙。耶律沙主張進行休整，等待耶律斜軫的後軍抵達之後，再與宋軍決戰。但冀王敵烈等人求勝心切，極力主戰，否決了耶律沙的意見。結果，遼軍剛剛渡過一半，就遭到了郭進所部的猛烈衝擊，遼軍被截成了兩段，大部就殲，敵烈父子、耶律沙的兒子以下五員大將都當場陣亡，兵員損失更是高達上萬人，幸虧耶律斜軫的後軍趕到，才避免了全軍覆滅的命運。

　　石嶺關之戰，宋軍奪得空前大捷，也直接決定了北漢滅亡的命運。太平興國四年（西元九七九年）五月，宋軍攻克了太原。宋太宗本來就傾向

於對契丹遼國採取強硬的態度，石嶺關的空前大捷和太原攻堅戰的勝利，又使得沒有多少實戰經驗的宋太宗產生了錯覺，既高估了宋軍的力量，又認為契丹的實力不過如此。於是，宋太宗決心一鼓作氣，立即進攻契丹遼國，目標直指幽州城。

六月十三日，宋太宗從鎮州親率大軍北上。一路之上，宋太宗身先士卒，宋軍進展神速。二十日，就取岐溝關（今河北淶水），二十一日取涿州，二十二日，宋軍就順利地推進到了幽州城下，開始了四面攻城。此前，宋軍在幽州城外，已經先後擊敗了契丹北院大王耶律奚底和南府宰相耶律沙等部遼軍。耶律奚底和耶律沙都是契丹資深的大將，他們統領的部隊，也都是契丹對宋作戰的主力軍。宋軍連挫強敵，軍威大振，形勢一片大好。

就在契丹遼國「岌岌乎殆哉」的危急時候，契丹出現了三位傑出的人物，逐步扭轉了戰局。

一位是幽州城的守將南京留守韓德讓。此人文武兼備，把一座幽州城守得如鐵桶一般，不論宋軍用政治方法誘降，還是竭盡全力地四面猛攻，都被韓德讓一一化解。幽州城一直屹立不動，大大消耗了宋軍的實力和銳氣，導致宋軍在全域上陷入了被動的局面。

一位是南院大王耶律斜軫。此人作戰勇猛，指揮有方，而且深得契丹皇后蕭燕燕的賞識，蕭燕燕把自己的姪女嫁給他，讓他執掌契丹遼國兵權。

一位是惕隱耶律休哥。此人「智略宏遠」，料敵如神，用兵智勇雙全，而且治軍嚴整，從不濫殺無辜，是一位令對手聞風喪膽的名將。當時他只是擔任一個不起眼的「惕隱」官職，惕隱，類似於中原王朝的「宗正」官，負責處理皇室的事務。在國家危急的時刻，耶律休哥不僅出謀劃策，更積極請戰，遼國皇帝遂破格提拔耶律休哥，讓他統精兵三萬，與南

院大王耶律斜軫一起，率生力軍增援幽州城。後來的歷史表明，這是決定勝負的一大關鍵。

七月初六，契丹開始反攻。宋太宗輕敵冒進，不調圍城的大軍，而是親率御營護駕的精銳迎戰。戰鬥一打響，契丹軍節節後退，把宋軍引誘到了高梁河（今北京西直門外），這裡地勢平坦，易於發揮契丹騎兵的優勢，當宋太宗和宋軍緊隨在後追到高梁河的時候，早已從小路穿插到宋軍背後的耶律休哥和耶律斜軫兩軍，分左右兩翼殺出，配合正面的耶律沙部，三路圍殲宋軍。宋軍陷入了重圍，腹背受敵，雖然反覆衝殺，也難以挽回敗局，兩軍一直激戰到了傍晚，宋軍戰死上萬人，終於全線崩潰。

在激戰當中，宋太宗被箭射中了大腿，身負重傷，只好趁著夜色，落荒逃離戰場。他連幽州城下的宋軍大營都不敢回，一夜向南狂奔了三百多里，逃到了涿州。到了涿州，宋太宗箭傷更重，連馬都不能騎了，只能換乘一輛毛驢車，從涿州繼續南逃定州。宋太祖當年是騎著毛驢投奔郭威，宋太宗此番又是坐著驢車逃命，毛驢也算是與大宋王朝很有緣分了。

宋太宗負傷逃跑，幽州城下的宋朝大軍失去了統一指揮，連忙倉皇撤退，堆積如山的糧草、物資，宋太宗御營的儀仗，大批的宮娥采女，都成了契丹的戰利品。宋軍在退兵途中，到處遭到契丹的截殺，損失很大，多部潰散，一直撤退到了金臺驛（今河北保定），才算勉強站住了腳跟。

在兵敗的荒亂當中，由於宋太宗生死未卜，石守信等軍中的元老重臣曾一度有意擁立宋太祖的長子趙德昭為皇帝，以安定軍心，此事雖然沒有完全成為事實，卻為趙德昭帶來了災禍。戰後不久，趙德昭就自殺身亡。

這就是歷史上有名的高梁河之戰。宋軍從連戰連捷、圍攻幽州城，到最後大敗於高梁河，原因是多方面的。

客觀方面，一是契丹遼國是宋朝的勁敵，國運正盛，當時遼國的皇帝遼景宗耶律賢，「任人不疑，信賞必罰」，是一個有作為的皇帝。韓德

讓、耶律斜軫、耶律休哥等人，也都是傑出的軍政幹才，有了他們，契丹方能反敗為勝。二是幽州城易守難攻，宋軍根本無法在短時間內加以攻克，導致主力部隊被幽州城拖延住，無所作為。按照宋人的說法，當時攻城的重武器主要是依賴拋石機，但幽州城四周偏偏石料缺乏，只能是遠遠地從外地供應，當然是遠水不解近渴。三是宋軍在攻契丹之前，剛剛經歷了三、四個月圍攻太原城的激戰，沒有經過必要的休整，又馬上投入了攻打幽州這一更加艱苦的戰鬥，很快就陷入了「一鼓作氣，再而衰，三而竭」的窘境，終於被契丹援軍的奇襲打垮。

主觀方面，宋太宗從石嶺關大捷，攻克太原城，到兵臨幽州城下，一直是順風順水，導致他對契丹軍隊的戰鬥力嚴重估算不足，犯了驕傲輕敵的致命錯誤。幽州城池堅固，本來就應以圍困為好，不宜投入大軍攻堅，而應用主力來吸引其他地方的敵人增援，圍殲契丹援兵。但他既要用主力攻城，又要殲滅契丹的援兵。結果，幽州久攻不下，他自己的御營則盲目出擊，大敗於高梁河，直接導致了全軍失利。宋太宗如果能集中兵力於高梁河會戰，戰局很可能就是另外一個結果了。不過，戰爭永遠是不會有「如果」的位置的。

說到底，宋太宗畢竟只是公子哥兒出身，沾哥哥宋太祖的光當上了皇帝，絕非戰場上的行家，此前也沒有真正指揮大軍作戰的經歷，卻偏偏試圖在沙場上建功立業，失敗是必然的。

太平興國四年（西元九七九年）九月，為了報復宋軍圍攻幽州，契丹遼國以燕王韓匡嗣為都統，耶律沙為監軍，率耶律斜軫、耶律休哥等各部十萬大軍，大舉南下攻宋。十月，宋、契丹兩軍主力在滿城（今河北滿城）相遇，雙方又展開了一場大規模的主力會戰。會戰當中，契丹軍主帥韓匡嗣中了宋軍的詐降計，坐等宋軍前來投降，結果被宋軍以凌厲的衝擊打得大敗。由於滿城多為山地，不利於遼國騎兵的行動，契丹軍戰死就高

達一萬多人，被俘三萬多人，宋軍繳獲了戰馬上千匹。契丹在滿城會戰中的損失，比宋軍在高粱河一役中的損失還要慘，基本上抵消了此前的戰果。

滿城一戰，李繼隆脫穎而出，成為宋軍的後起之秀。李繼隆出身貴冑，是大宋開國元勳李處耘的兒子，他的妹妹，就是宋太宗的李皇后，因此特別得到宋太宗的親信。李繼隆治軍有方，用兵果敢，勇於出奇制勝，他的部隊愈來愈成為宋軍的王牌軍，多次與耶律休哥交戰都不落下風。

滿城會戰的勝利，說明宋軍只要指揮得當，仍然完全有能力打敗遼軍。只是宋太宗被高粱河的失敗嚇破了膽，從此畏敵如虎，再也不敢親臨前線。不親臨前線也就罷了，宋太宗偏偏還要在開封城對前線加以遙控，給前線將帥頒發排兵布陣的「陣圖」，在滿城會戰當中，前線眾將抵制了宋太宗完全脫離戰場實際的「陣圖」的瞎指揮，才取得了空前的大捷。但是，宋太宗這種指揮模式，為宋軍的命運籠罩上了越來越濃重的陰影。

▌慘敗：岐溝關、陳家谷和君子館戰役

高粱河和滿城會戰的結果表明：宋朝固然難以輕易攻下幽州，契丹遼國想要顛覆宋朝，也是不可能的，雙方都有能力在條件有利的內線作戰中痛擊對手，戰爭的長期化不可避免。相比而言，契丹遼國方面較早明白了這個道理，每次攻擊的目標都比較有限。宋太宗卻仍然對幽州抱有不切實際的幻想，總試圖透過一兩次軍事冒險，就一舉奪回燕雲，致使宋軍的嘴巴總是張得很大，終於招致了更大的失敗。

太平興國七年（西元九八二年）九月，遼景宗去世，他的兒子耶律隆緒即位，就是歷史上的遼聖宗。遼聖宗即位時只有十二歲，大權掌握在他的母親「承天太后」蕭燕燕手中。

消息傳到宋朝，宋太宗幸災樂禍，躍躍欲試，準備重演一齣欺人「孤

兒寡母」的拿手好戲。緊接著，宋朝邊境守將又打探到了蕭燕燕私通韓德讓的個人隱私，宋太宗一聽，更是喜出望外，認定：蕭氏以皇太后之尊，卻不守婦道，契丹貴族必然離心離德、四分五裂，如此千載難逢的天賜良機，又怎能放過？

事實證明，宋太宗的上述判斷，純屬徹頭徹尾的想當然。

契丹是「孤兒寡母」不假，但蕭燕燕上馬能統軍，下馬能治國，殺伐決斷，虎虎生風，是一位鐵腕的女中豪傑，對付宋太宗綽綽有餘。而且她善於用人，「聞善必從」，「賞罰信明」，任用韓德讓為大丞相，總攬朝政；耶律斜軫為北院樞密使，執掌兵權；名將耶律休哥則坐鎮幽州城，全權主持對宋朝的戰事。有了這些賢臣猛將的輔佐，蕭燕燕如虎添翼，契丹國勢也如日中天，哪裡有什麼可乘之機。

蕭燕燕與韓德讓私通不假，但契丹是馬上遊牧民族，男女關係遠比中原要開放得多，女性地位和自主權也很高，沒有中原那麼多「三從四德」一類陳腐的禮教束縛。蕭燕燕的風流韻事，在契丹貴族上層不算什麼大不了的事，更不會因此就四分五裂。恰恰相反，韓德讓身為燕雲地區漢人大族的頭面人物，蕭燕燕與他的特殊關係，既贏得了韓德讓本人死心塌地的效忠，又加強了燕雲地區漢人群體對契丹政權的向心力。

宋太宗伐人之國，決策卻建立在捕風捉影的憑空想像上，焉能不敗？

雍熙三年（西元九八六年）正月，宋太宗不顧許多大臣的反對，斷然下令第二次北伐契丹。這一年，宋太宗的年號是「雍熙」，所以史書中稱為「雍熙北伐」。

宋軍共出動三十餘萬人，兵分三路，向燕雲發起全線進攻。東路軍大軍十餘萬，出雄州直指幽州城，天平軍節度使曹彬出任幽州道行營前軍馬步水陸都部署，擔當主帥，河陽三城節度使崔彥進為副，侍衛馬軍都指揮使米信為西北道都部署，配合行動。中路軍出飛狐（今河北淶源），指向

蔚州（今河北蔚縣），侍衛步軍都指揮使田重進出任定州路部署，擔當主帥。西路軍出雁門關（今山西代縣北），指向雲州（今山西大同），忠武軍節度使潘美出任雲、應、朔等州都部署，擔當主帥，雲州觀察使、名將楊業為副。

大戰的序幕拉開，宋軍聲勢浩大，一度節節勝利，潘美、楊業的西路軍連克寰州（今山西朔州東）、朔州（今山西朔州）、雲州和應州（今山西應縣）四個州，田重進的中路軍也連戰連捷，奪取了飛狐、靈丘（今河北靈丘）和蔚州多個戰略要地。

不過，西路軍也好，中路軍也好，他們殲滅的都是契丹的地方部隊，雖然是略地攻城、威風凜凜，卻不能給契丹致命的打擊，決定勝負的主戰場，還是在東路。在這裡，宋朝集中了十餘萬禁軍的精銳。按照宋太宗的事先部署，東路軍應該持重緩進，吸引住契丹幽州的主力即可，待潘美和田重進兩軍由西向東掃蕩過來之後，三路大軍再在曹彬的統一指揮下，會攻幽州城。這個設想儘管很不錯，卻是太一廂情願。

要知道，契丹幽州城的主將可是耶律休哥，此人能征慣戰，足智多謀，開戰之後，他巧妙地示弱誘敵，步步後退，很快地就把宋軍主力誘到了離雄州百里之外的涿州一帶，然後派出多路小股輕騎，發揮騎兵機動的優勢，著重截斷了宋軍糧食補給的糧道。大軍未動，糧草先行，十餘萬大軍，沒有充足的糧草供應，自然不戰自亂，在堅持了十多天之後，曹彬只好主動地放棄涿州，退回雄州就糧。來回之間，宋軍銳氣盡失。

更不可思議的是，四月初，曹彬撤兵之後，又帶了五十天的糧食，第二次前去攻打涿州。這個時候，蕭太后率領的契丹主力已經抵達前線，耶律休哥大大加強了正面阻擊的力度，宋軍一路之上經過二十多天的拉鋸激戰，才勉強重新奪回了涿州，但糧草補給隨即消耗大半，而且天降大雨，宋軍上下疲憊不堪，已經陷入了困境。

此時，宋太宗得知了蕭太后率兵大舉增援幽州、已經親臨前線的情報，驚慌失措，貿然下令曹彬趕緊撤退。敵前撤退，本來就是兵家大忌，曹彬又不留強有力的部隊以掩護大軍後撤，結果撤退變成了潰退，十餘萬宋軍出城之後，就冒著大雨，爭先恐後地向南奔逃。耶律休哥見時機已到，下令全線出擊，猛追宋軍不舍。

五月初三，南逃的宋軍主力逃到岐溝關（今河北淶水），就被契丹大軍追上了。曹彬等大將抱頭鼠竄，搶先渡過了拒馬河（今河北淶水東），宋軍失去了指揮，更是亂作一團，戰死數萬人，更多的則自相踐踏，淹死在水流湍急的拒馬河當中，丟棄的軍用物資更堆積如山。至此，宋朝東路軍十餘萬大軍，全部潰敗。

作為主力的東路軍潰敗，中路軍和西路軍也只好全線撤退，雍熙北伐就徹底失敗了。雍熙北伐的失敗，象徵著宋太宗以武力奪回燕雲政策的徹底破產。

雍熙北伐，宋朝官兵作戰是英勇的，也是有戰鬥力的，宋軍的失敗，主要原因有四：一是對契丹的國情不了解，誤以為有機可乘，結果碰了個頭破血流。二是兵分三路，圖上作業的三路大軍布成「品」字形，互為犄角，互為配合，幾乎是完美的，實戰中卻是目標不明，互不通氣，無法真正配合，反而被契丹各個擊破。三是指揮不明，大事小情都要由開封城的宋太宗遙控，眾將也人人通天，互不隸屬。四是主帥不力，曹彬不是沒有優點，但此人最大的問題是只唯上，不唯實，謹小慎微地明哲保身，事事聽從宋太宗的擺布，完全是一個傀儡。如此為將，焉能克敵制勝？

歸根到底，宋軍的失敗，還是由宋太宗一手造成的。從決策出兵，到排兵布陣，到大的戰場指揮，宋太宗都是乾綱獨斷。難怪當他聽到戰敗的消息之後，連著寫了好幾首自我解嘲的〈自勉詩〉，還氣急敗壞地對樞密使等高官們說：「大家都盯著朕，看我以後還做不做如此的傻事。」戰敗

之後，宋太宗也只是象徵性地處分了曹彬等前線將帥，因為曹彬其實是個不折不扣的代罪羔羊，真正應承擔責任的，毫無疑義是宋太宗本人。

雍熙北伐失敗之後，宋軍的中路軍和西路軍好歹安全地全師退回，沒想到宋太宗又節外生枝，下詔命令潘美和楊業，再度出師，前去接應雲州、朔州和應州等幾個州的官民撤退。

這個時候，契丹在打垮了曹彬之後，已經把重點移到了山西這面，耶律斜軫已經乘勝率大兵壓境，奪取了寰州，蕭太后、耶律休哥等率十餘萬契丹主力軍，也正在源源不斷地趕來。宋太宗此時令宋軍貿然出境，置大軍於險境，無疑是極其失策的。

七月初，西路宋軍被迫再度出代州之後，楊業建議避實擊虛，走小路向東佯動，威脅耶律斜軫的後路，調動契丹回援之後，雲州、朔州的官民就可趁機撤退。這是一個比較穩妥的方案，最起碼可以保證大軍的安全。誰知宋太宗派來的兩位監軍劉文裕和王侁卻橫加指責，強令楊業走大路正面挑戰契丹，王侁還不懷好意地對楊業說：「你不是號稱『無敵』嗎？如今手握數萬精兵，見到敵人不打就跑，是怕死，還是有其他的企圖呢？」

劉文裕和王侁都是宋太宗的心腹，王侁的父親，就是大名鼎鼎的後周宰相、樞密使王朴，劉文裕則是宋朝的皇親國戚。主帥潘美明哲保身，也不敢出來支持楊業的正確意見。

楊業性格剛烈，又出身北漢降將，因宋太宗的恩寵，才得以繼續統領軍隊，對此類十分傷人的唇槍舌劍，自然很是敏感，他悲憤地說：「我哪裡是怕死，只是如今時機不利，白白使將士們犧牲，卻不能建立功業。既然責備我楊業怕死，那我就先死在諸公前面。」

楊業在出師之際，哭泣著對潘美說：「此行一定不利，我本來是太原的降將，早就應該死了，皇上不但不殺，還授予我兵權，不是我縱敵不打，而是想尋找有利的時機，為國立功，以報答皇帝的恩典。」他又指著

陳家谷（今山西寧武陳家溝）說：「還望各位在谷口布置好步兵和強弓硬弩，等我轉戰到這裡，好前來接應，否則一定會全軍覆沒。」潘美當即下令在谷口布好陣勢，準備接應楊業。

宋軍盲目出動，耶律斜軫求之不得，他命令部下蕭撻凜事先埋伏好伏兵，然後引兵前去迎擊楊業。兩軍接戰，耶律斜軫佯裝敗退，楊業久經戰陣，不會看不出契丹的詭計，但他別無選擇，依然奮勇向前，終於陷入了契丹的重圍之中，全部潰敗。

楊業率殘部退至陳家谷時，發現谷口並無一人接應。原來，潘美和王侁等人聞聽楊業戰敗，早已是搶先逃跑了。楊業見事已至此，知道大勢已去，他抱定必死的決心，轉身與契丹追兵展開了悲壯的廝殺，楊業的長子楊延玉和部將王貴都壯烈戰死，楊業自己身負十幾處重傷，仍然打死了百十號契丹兵，終因傷重被俘。楊業被俘後，絕食三天，壯烈殉國。

陳家谷戰敗，楊業犧牲，完完全全是人為製造的大災難。監軍劉文裕、王侁是罪魁禍首，潘美身為主帥，既不約束劉文裕、王侁干預軍政，又只顧自己逃命，不安排接應楊業，同樣是責無旁貸。後來在小說、民間戲曲之中，潘美就被醜化成蓄意陷害楊業的大奸臣，甚至成了勾結契丹的內奸，雖然有過分演義之處，但也算是罪有應得。

宋太宗接到楊業戰死的報告後，就處分了劉文裕、王侁和潘美。潘美被連降三級，劉、王二人，一個被除名，一個被發配，這在宋代，算是極其嚴厲的懲罰了。不過，宋太宗錯誤地令宋軍出師，才是導致陳家谷慘敗的真正原因。正因為如此，宋太宗給予了楊業莫大的哀榮，追贈他為太尉、大同軍節度使，封了他六個兒子為官，賜其家布帛千匹，粟萬石。

楊業的六個兒子當中，以楊延朗最為有名。楊延朗，後改名楊延昭，他自幼跟隨楊業與契丹拚殺，宋真宗時成長為獨當一面的大將，鎮守邊關二十多年，對契丹百戰百勝，契丹人尊稱他為「楊六郎」，他曾經鎮守的

遂城（今河北徐水）有「鐵遂城」的美名。楊延昭的兒子楊文廣，是范仲淹麾下抵抗西夏的名將，打過許多惡仗，還曾跟隨狄青平定過廣西儂智高的叛亂。宋神宗時，楊文廣被提升為侍衛步軍都虞候、定州路的軍事長官，負責主持對遼國的防務，他曾經向皇帝獻過取幽、燕的計策，深得宋神宗的器重。楊業祖孫三代盡忠報國的事蹟，在民間廣泛流傳，家喻戶曉，千百年來，「楊家將」都受到後人們的敬仰。

楊業有「楊無敵」的美名，他的死，極其沉重地打擊了宋軍的士氣，宋軍戰場上的局勢更加惡化了。經此一戰，蕭撻凜在契丹軍中聲名鵲起，後來就接替了耶律休哥、耶律斜軫，成為契丹軍中的大將。

雍熙三年（西元九八七年）十二月，耶律休哥乘勝大舉南下，試圖擴大戰果。十二月十二日，耶律休哥與宋將瀛州都部署劉廷讓所部會戰於君子館（今河北河間北）。戰鬥打響後，劉廷讓奮勇當先，不落下風，就在這個時候，突然天降鵝毛大雪，氣溫驟降，宋方的弓弩都無法使用，契丹乘機反擊，大敗宋軍。強者運強，就是這個道理。

劉廷讓在戰前把精銳之師都交予了負責殿後的國舅爺滄州都部署李繼隆指揮，約定一旦戰局惡化，李繼隆就前來增援。沒想到李繼隆一看形勢不妙，徑直率兵南撤，置劉廷讓於不顧。劉廷讓孤軍奮戰，終至全軍覆沒，劉廷讓本人一連換了三次馬，總算保住了性命，但數萬宋軍被殲滅，損失之大不亞於岐溝關慘敗。

戰後，宋太宗知道劉廷讓已經盡力了，慘敗的主要責任在國舅爺李繼隆的見死不救上，就沒有追究他的責任。宋太宗對李繼隆也沒有過於處分，因為李繼隆分辯說：即便他增援劉廷讓，也挽回不了敗局，反而會導致更多的宋軍被契丹殲滅。

大兵團作戰，軍紀應該從嚴。不管怎麼說，李繼隆不顧主帥安危，只求自保，都應該給予嚴厲的處分，宋太宗輕描淡寫地草草了事，自然難以

服眾。但就事論事，李繼隆畢竟保住了河北宋軍的精銳，田重進和李繼隆兩部，這是宋軍後來得以重振的主要本錢。而且，李繼隆所說的還是有一定道理的，在當時的情況下，宋方避免與契丹決戰方為上策，劉廷讓集中兵力一戰賭輸贏，看似勇敢，實不可取。

在雍熙三年（西元九八七年）一年之內，宋軍連遭岐溝關、陳家谷和君子館三大慘敗，精銳主力幾乎損失殆盡，朝廷上下一片風聲鶴唳，河北各城池都只能龜縮自保。契丹大軍縱橫馳騁，所到之處，如入無人之境。耶律休哥占領了易州，還一度攻下了深州（今河北深州）、祁州（今河北安國）、德州（今山東德州）等州縣，兵鋒直逼河北重鎮大名府（今河北大名）。他還雄心勃勃地向蕭太后建議：占領河北全境，與宋朝劃黃河為界。但蕭太后並沒有採納他這個方案，宋朝這才有了難得的喘息之機。

宋太宗面對危局，頭腦終於清醒了下來，他採取了一系列的措施：

在政治方面，宋太宗頒布了《契丹攻劫罪己詔》，公開向臣民承擔了戰敗的責任，免除河北等遭受戰爭摧殘地區民眾們的賦稅負擔，對陣亡將士、死難民眾都進行優厚的撫恤，重振民心和軍心。他還多次派出使團出使契丹，提出和議，以爭取主動。

按照儒家經典的說法，「萬方有罪，在予一人」，「萬方有罪，罪在朕躬」。但在君主專制時代，帝王勇於發布罪己詔，主動承認錯誤和承擔責任，還是需要很大勇氣的，也正因為如此，往往就能收到奇效。如漢武帝征和四年（西元前八九年）的《輪臺詔》，就是一個十分成功的罪己詔，挽回了人心，為「昭宣中興」做了鋪墊，使西漢統治得以再延續近百年之久。

在軍事方面，宋太宗徹底改取戰略防禦的態勢，利用契丹不善於攻城的弱點，加強河北的防禦，特別是重點經營定州、鎮州、高陽關、大名府和澶州等幾個戰略據點，派出大軍駐守，依託堅固的城池，不與契丹在野

戰中決勝。在河北東部的關南地區，則利用當地湖泊、水網密布的自然條件，大力開挖河道，興修水田，大量種植水稻和樹木，以此來遏制契丹騎兵的活動。如此一來，宋朝就在河北建立了完整的防禦體系。此外，宋朝還全力擴充軍力，宋太宗末年，宋軍總數迅速由宋初的不到二十萬人，上升為六十六萬六千餘人，其中禁軍高達三十餘萬，到了宋真宗的時候，總兵力更進一步擴充到九十餘萬人，禁軍五十餘萬人。

　　端拱元年（西元九八八年）十一月，李繼隆戴罪立功，奮勇拚殺，在唐河（今河北唐縣）大破耶律休哥統率的契丹軍，殲滅契丹一萬五千餘人，繳獲戰馬上萬匹。第二年，宋將尹繼倫又於唐河北趁著契丹兵開飯的機會，突襲耶律休哥的大營，儘管耶律休哥機警過人，扔下碗筷就跑，還是被奪門而入的宋兵砍傷了手臂。這兩次唐河大捷，打破了耶律休哥不可戰勝的神話，宋軍則開始走出了雍熙北伐慘敗的陰影。此兩役過後，兩軍重新趨向大致的均勢，終宋太宗一朝，契丹沒有再大舉南下，宋和契丹的對抗，由大規模的戰爭轉化為長期的邊境摩擦和冷戰的狀態。

▋金錢換和平：澶淵之盟

　　雙方僵持局面的出現，對契丹是不利的，因為契丹的軍事實力很強，但它的經濟實力卻無法與宋朝方面相提並論，長期支持戰爭的難度要大於宋朝。而且，契丹許多物資的供應，如茶葉、絲綢等等，都要依靠與宋朝的貿易來補給，長期的戰爭截斷了雙方的貿易往來，對契丹影響很大。至道三年（西元九九七年），宋太宗去世，宋真宗即位。契丹就趁著宋朝新舊交替的機會，再次向宋朝發起了連續的進攻，試圖打破僵局。

　　景德元年（西元一○○四年）閏九月，蕭太后、遼聖宗和韓德讓盡起大軍三十餘萬，全力南下攻宋。這個時候，耶律休哥、耶律斜軫等名將已經去世，契丹的主帥由蕭撻凜擔任。

早在九月，宋朝已經得到了契丹將要大舉南下的消息，在宰相寇準等人的主持下，宋真宗已經確定了御駕親征澶州（今河南濮陽）的預案。但是，當契丹真的傾國來犯的時候，宋朝朝廷還是一片驚慌，參知政事王欽若是江南人，就勸宋真宗逃往金陵避難；另一大臣陳堯叟是四川人，就勸宋真宗逃往成都。

　　「滄海橫流，方顯出英雄本色！」在這危急的關頭，宰相寇準挺身而出，當宋真宗動搖猶豫，徵求他的意見時，寇準就當著王欽若、陳堯叟二人的面，大聲說道：「是誰向陛下出此下策的？此人罪當斬首！如今我朝天子神武、眾將協合，只要陛下御駕親征，契丹一定會望風而逃。即便契丹頑抗，我軍依託河北各鎮，以逸待勞，一定能打敗契丹。」宋真宗總算是採納了寇準的建議，堅持御駕親征。

　　寇準對戰局走勢的分析是有道理的。契丹軍力要占上風不假，但契丹的弱點也很明顯，那就是不善於攻城。宋朝河北各重鎮，都經過了多年的苦心經營，個個兵精糧足，都是契丹吃不下、啃不動的硬骨頭。而宋軍早已吸取了雍熙北伐的教訓，盡量不給契丹在野戰中捕捉並痛殲宋軍主力的機會。契丹雖氣勢洶洶，卻無從下口。

　　戰局的發展也證明了寇準的判斷。契丹大軍南下之後，兵鋒直指定州，但定州的十餘萬宋軍主力堅壁不戰，令契丹無可奈何。十月初六，蕭太后親自指揮圍攻瀛州，契丹付出了戰死三萬餘人、受傷六、七萬人的慘重代價，仍然沒有能夠攻破城池。十一月二十二日，契丹攻擊大名府，同樣是未能得手。

　　二十四日，契丹進抵澶州城郊，已經兵臨黃河北岸。但此時的澶州，宋軍名將李繼隆、石保吉早已各領所部嚴陣以待。契丹主帥蕭撻凜身先士卒，前去察看地形，結果被宋軍埋伏好的床子弩擊中，當晚就因傷重死於軍中。

十一月二十日，宋真宗離開了開封，在宰相寇準、殿前都指揮使高瓊等人的護衛下向澶州出發。

二十二日，宋真宗一行到達韋城縣（今河南滑縣）。在這裡，又有人老調重彈，慫恿宋真宗南逃金陵，宋真宗又動搖了，問寇準：「南巡如何？」寇準氣憤地說：「如今敵人已經兵臨城下，陛下只能進尺，不能退寸！河北諸軍，日夜盼望陛下的到來，此時如果陛下後退半步，必將全軍瓦解，敵人乘勝追擊，就是想逃到金陵，恐怕也辦不到。」殿前都指揮使高瓊也支持寇準，宋真宗這才勉強繼續前進。

二十六日，在寇準的一再堅持之下，宋真宗終於渡過黃河，抵達了澶州北城。當皇帝的龍旗升起在澶州城頭的時候，宋軍上下高呼萬歲，聲震數十里。至此，宋軍士氣高漲，澶州城已經是固若金湯。契丹前進無法突破澶州，後路又有宋朝河北各鎮重兵的虎視眈眈，已經陷入進退兩難的困境。主帥蕭撻凜的意外陣亡，更沉重地打擊了契丹大軍的士氣。當然，宋軍如若主動出擊，與契丹大軍展開決戰，也絕對沒有必勝的把握。

雙方既然各有顧忌，都不敢輕舉妄動，外交議和活動就更加緊鑼密鼓地展開了。令人驚奇的是，契丹和宋朝之間的交涉，進展得極其神速：

十一月二十八日，蕭太后、遼聖宗和韓德讓在契丹大營接見了宋朝使者曹利用。

十二月初一，宋真宗也在澶州城接見了回訪的契丹使者韓杞。

初四日，曹利用再赴契丹大營，雙方就和約的具體內容達成了協定。

初七和十二日，宋真宗和遼聖宗分別正式簽署了誓書，隨後雙方交換誓書文本。

初十日，契丹大軍宣布解除戰鬥狀態，隨後撤軍。

十五日，宋真宗啟程班師回朝。就這樣，剛剛還在拚死廝殺的兩國大

軍，只用了短短十幾天的時間，竟然就罷兵講和、握手言歡了！

為什麼會出現如此戲劇性的變化呢？

原來，咸平六年（西元一〇〇三年）的時候，契丹俘虜了宋朝的殿前都虞候王繼忠，此人本是宋真宗的心腹愛將，被俘之後，又得到了蕭太后的特別恩寵。蕭太后封他做了官，還把契丹皇室的一位女子嫁與他為妻。王繼忠就利用這一機會，建議蕭太后與宋朝議和。早在契丹大軍南下之初，蕭太后和宋真宗就以王繼忠為仲介，頻繁地書信往來，雙方已經開始了議和的初步接觸。

蕭太后和宋真宗都有議和的誠意，只是契丹一直堅持收回關南地區的目標，宋真宗則堅決拒絕割地，才一直難以談妥。契丹主將蕭撻凜戰死之後，蕭太后見戰場形勢不太有利，就不再堅持索要關南。於是，在王繼忠的全力斡旋之下，雙方略作討價還價，很快就達成了和議。

王繼忠後來在契丹一直做到了楚王、樞密使的高位，被認為是一位「忠於兩朝」的傳奇人物。在楊家將的傳奇中，有一個「楊四郎」被遼國招為駙馬的故事，「楊四郎」的原型，應當就是王繼忠。

契丹和宋朝的和議，因為是在澶州城下達成的，澶州又稱澶淵，所以史書上稱為「澶淵之盟」。「澶淵之盟」的內容，主要有以下幾項：

雙方從此徹底停戰，友好往來，結為平等的兄弟之國，契丹為「北朝」，宋為「南朝」。兩國君主結拜為兄弟，宋真宗年長為兄，遼聖宗為弟，宋真宗尊蕭太后為叔母。

雙方各守疆界，以白溝河為界河，宋朝承認契丹對幽州為中心的燕雲十六州大部地區的主權，契丹則放棄對周世宗所收復的關南地區十餘個縣的領土要求。雙方各自從邊境地區撤兵，不得再增修和擴建針對對方的軍事設施，也不得接受彼此的叛逃人員。

雙方互相協助，宋朝每年送給契丹白銀十萬兩、絹二十萬匹，稱為「歲幣」。雙方同時在邊境地區設立「権場」，開放貿易，以互通有無。

雙方君主共同起誓：和約永久有效，子子孫孫世代友好，誰若毀約，甘受國家滅亡等上天重罰。

「澶淵之盟」不僅化解了一場迫在眉睫的生死決戰，更確立了契丹和宋朝這兩個平等大國之間能夠和平共處的模式，那就是以「金錢交換和平」。當時人具體地稱之為「以金帛買和」，即宋朝提供給契丹一定數量的「歲幣」，以此來換取契丹不再南下攻宋。

契丹武力強盛，但經濟實力卻無法與宋朝相提並論，每年有了宋朝提供的白銀、絹帛這一大筆強勢貨幣，就可以透過與中原地區的貿易往來，購入茶葉、瓷器、絲綢、藥材等等必需品。這筆強勢貨幣，可以說是契丹財政的重要生命線，有了它，契丹就可以不去攻掠宋朝；如若沒有「歲幣」這一條件，南下攻宋無法避免。

宋朝軍力明顯要遜契丹一籌，加上失去了天險、地利的屏障，對付契丹的擾邊十分吃力，契丹鐵騎兵臨開封城下，更是像噩夢一樣，始終縈繞在宋朝朝野上下的心頭。和約簽訂之後，解除了契丹南下之憂，絕對是宋朝方面最為渴望的。至於每年付出的白銀、絹帛的代價，由於宋朝的經濟發展水準，在當時世界的範圍內，都絕對的是首屈一指，所以中央政府財力雄厚，「歲幣」的壓力並不很大。

就白銀和絹帛實物而言。白銀一項，宋太宗的時候，宋朝中央每年從地方所得的白銀就有三十七萬兩左右；到宋真宗時，已經達到了年八十八萬餘兩；宋神宗時，更是上升到年一百一十四萬餘兩。福建路一個路，每年上交中央的白銀就有二十萬兩。可見，歲幣每年的十萬兩白銀，還不到宋朝中央年白銀收入的百分之十。更何況，宋朝在對契丹的権場貿易當中，處於絕對的出超有利地位，每年從権場當中所回籠契丹的白銀，至少

就能達到歲幣白銀的一半，甚至是全部。

至於絹帛，宋朝政府每年的收入，更是數量驚人，宋真宗時一年就能達到一千萬匹的水準，到了宋哲宗的時候，更高達二千四百四十五萬匹！歲幣中的二十萬匹絹，對宋朝來說，確實是九牛一毛，不值一提。據說，僅越州（今浙江紹興）一個州每年上交中央的絹帛就不下二十萬匹，足以應付歲幣的需求了。

「金錢換和平」，聽起來似乎不太光彩，但它在當時的歷史條件下，卻是各取所需，皆大歡喜，較大限度地照顧到了契丹和宋朝雙方的利益，因而才有可能為雙方所接受。

「澶淵之盟」的「金錢換和平」，與宋太祖當年所設想的以金錢贖回燕雲十六州比起來，明顯是後退了一大步。如若宋太宗堅持宋太祖的政策，耐心地進行政治和外交運籌，而不是迫不及待地出兵攻打幽州城，對宋朝來說，結局是不是可能會更好一些呢？當然，歷史永遠是不會有「如果」的位置的。

正是因為有了「金錢換和平」的模式，契丹和宋朝在「澶淵之盟」之後，就實現了長達一百一十八年（西元一〇〇四至一一二二年）之久的和平共處的局面，成就了中國古代史上一段難得的佳話。

南北和解之後，契丹不再南下，而是把開拓的重點轉移到東北和西北，先後打敗和征服了高麗、烏古、敵烈等眾多的政權和部族，發展成為一個擁有五個京、六個府、一百五十六個州、兩百零九個縣、五十二個屬部、六十個屬國，疆域東到大海，西至阿爾泰山，北到克魯倫河，南到白溝河，幅員萬里的大國。契丹以中國正統自居，由於其聲威遠及西域和中亞，當時的歐洲就把中國稱作「契丹」。

宋朝方面，則專心於內部經濟、文化的建設。到了宋真宗天禧四年（西元一〇二〇年）、五年（西元一〇二一年）前後，也就是大宋開

國六十年的時候，與宋太宗至道三年（西元九九七年）相比，人口數從
4,132,576 戶增加到了 9,716,716 戶，翻了一番多；開墾土地的數量，也從
312,525,125 畝增加到了 524,758,432 畝；宋朝政府的財政收入，更是由
至道年間的一千六百餘萬貫，增加到了兩千六百五十餘萬貫不止。在不到
二十四年的短短時間裡，宋朝的社會經濟就取得了如此成就，可見宋、契
丹和平實現之後，所帶來的和平紅利的分量。

▊ 東封西祀：挽回顏面

　　寇準無疑是「澶淵之盟」的頭號功臣，如果不是寇準力排眾議，只要
宋真宗聽從王欽若或陳堯叟的話，向南方逃跑，南宋的歷史悲劇必將提前
上演。宋真宗勉強到了澶州城之後，仍然是忐忑不安，直到見到寇準鎮靜
自若，要不是喝酒唱曲，就是高枕而臥，宋真宗才終於放下心來。寇準號
令嚴明，宋軍在寇準的統一調度指揮下三軍用命，這才在澶州城牢牢抵擋
住了契丹鐵騎。當時人都把寇準比作東晉的名相謝安，王安石後來也寫了
一首〈澶州〉詩，讚頌寇準說：

> 去都二百四十里，河流中間兩城峙。
> 南城草草不受兵，北城樓櫓如邊城。
> 城中老人為予語，契丹此地經鈔虜。
> 黃屋親乘矢石間，胡馬欲踏河冰渡。
> 天發一矢胡無酋，河冰亦破沙水流。
> 歡盟從此至今日，丞相萊公功第一！

　　「丞相萊公功第一」！這句話，寇準是當之無愧的。然而，當契丹的軍
事威脅解除之後不久，王欽若等人就向宋真宗中傷寇準，胡說御駕親征是
寇準把皇帝當作賭博「孤注一擲」中的「孤注」，意思是說寇準對皇帝不
忠，不管皇帝的死活，還說「澶淵之盟」是不光彩的城下之盟，不足為功。

宋真宗聽王欽若一說，就在景德三年（西元一〇〇六年）二月，很不公平地解除了寇準的宰相職務，外放地方官。其實，宋真宗本來就擔心寇準功高震主，他之所以一直用王欽若，就是為了牽制寇準，這就叫作「異論相攪」。「異論相攪」，後來就成為宋朝歷代皇帝遵循的「祖宗家法」之一。

寇準罷相後，宋真宗就在王欽若、丁謂等人的鼓動下，發起了一場裝神弄鬼、尊崇道教、粉飾太平的「天書下降」鬧劇，據稱希望以此來挽回「澶淵之盟」中丟掉的面子。

大中祥符元年（西元一〇〇八年）正月，宋真宗君臣胡謅說「天書」降臨開封，遂裝模作樣地改元「大中祥符」，大赦天下。十月，宋真宗就以「天書」祥瑞下降為名，親率文武百官封禪泰山。為了表示虔誠，皇帝和百官都蔬食齋戒，但據當時任樞密使的馬知節所說，除了宋真宗真正在吃蔬菜外，百官們都在途中偷偷地吃毛驢肉，糊弄皇帝而已。十一月，宋真宗又到曲阜，參拜孔子廟，封孔子為至聖文宣王。

「天書」究竟是什麼樣子呢？據說天書有三幅，語句和《尚書·洪範》、老子《道德經》差不多，外面包著兩丈長的黃絹，上面寫著：「趙受命，興於宋，付於恆。居其器，守於正。世七百，九九定。」不用說，所謂「天書」，當然是人為假造的。當時就有個很不知趣的人說：「天不言，怎麼會有天書呢？」

封禪泰山之後，大中祥符四年（西元一〇一一年），宋真宗又至汾陰（今山西滎河）祭祀後土地祇。這就叫「東封西祀」。大中祥符五年（西元一〇一二年），宋真宗又胡謅趙宋皇室的始祖「聖祖」趙玄朗下凡，特地修建了多座豪華道觀，來供奉聖祖。大中祥符七年（西元一〇一四年），宋真宗又親臨老子家鄉亳州（今安徽亳州）太清宮，封老子為太上老君混元上德皇帝。

「天書」下降，「東封西祀」，尊崇「聖祖」和道教，這場鬧劇，前前後後持續了十五年之久，浪費的金錢高達上千萬貫之巨，這個數字，至少能頂得上三十年的歲幣！不僅是浪費，也嚴重毒化了官場的空氣，因循苟且的風氣愈來愈烈，白白浪費了宋、契丹和好後寶貴的大好局面和歷史機遇。南宋的朱熹就說：「真宗東封西祀，糜費巨萬計，不曾做得一事。」《宋史·宋真宗本紀》更嘲笑宋真宗君臣說：「及澶淵既盟，封禪事作，祥瑞遝臻，天書屢降，導迎奠安，一國君臣如病狂然。籲，可怪也。」

乾興元年（西元一〇二二年）宋真宗去世後，宋真宗的皇后劉氏攝政，她倒是個明白人，就下令把天書都為宋真宗殉了葬，這才終結了這場鬧劇。宋真宗之後，再也沒有皇帝大規模地封禪泰山了。

▌鏖兵西北：党項西夏崛起

三國時代，曹操和孫權兩大強權會戰赤壁，力量最小的劉備趁機漁翁得利，經過諸葛亮一番縱橫捭闔，劉備集團東聯孫權，北拒曹操，逐步由小到大，終與曹魏、孫吳兩家三分天下。党項西夏在宋代的崛起，也大致如此。

党項的實力，遠弱於契丹和宋朝兩家，但党項卻利用宋朝和契丹廝殺二十六年的機遇，聯遼抗宋，在陝北打出了一片天地。到元昊在位的時候，就在宋仁宗寶元元年（西元一〇三八年）稱帝，國號大夏，年號「天授禮法延祚」，先打敗了宋，再打敗契丹，傲然為「西朝」，與契丹「北朝」、大宋「南朝」鼎足而立。

金兵南下的時候，契丹和北宋先後敗亡，西夏卻毫髮未損，繼續與金朝、南宋三分天下，直到一代天驕成吉思汗的蒙古帝國橫掃天下，立國兩百多年的西夏才走到了盡頭……。

太平興國七年（西元九八二年）五月，就在宋太宗積極準備第二次出

兵攻打幽州城的時候，喜訊傳來，定難軍節度留後李繼捧來朝，並主動把下轄的五個州、八個縣的土地上交朝廷。宋太宗不戰而得五州八縣之地，當然是喜出望外。

夏州（今陝西橫山）李氏，自稱北魏鮮卑皇族拓跋氏的一支，是党項最為顯赫的貴族。元昊稱帝後，西夏皇族就稱「嵬名氏」。唐朝初年的時候，他們已經在夏州一帶活動。到了唐朝末年，其先祖拓跋思恭出兵勤王，平定黃巢有功，被唐朝封為了定難軍節度使，並賜姓李，党項李氏從此擁有了以夏州為中心的夏州、綏州（今陝西綏德）、銀州（今陝西米脂）、宥州（今內蒙古鄂爾多斯）、靜州（今寧夏永寧）五州之地。整個五代時期，李氏四代世襲定難軍節度使，實際上是一個獨立的王國，實力並不亞於那些江南小國。宋朝開國以後，宋太祖也不得不承認李氏的實際地位。直到太平興國五年（西元九八〇年）李繼捧即位以後，由於党項貴族間的內訌，李繼捧難以控制局勢，遂決定向宋朝中央納土歸順。

李繼捧納土歸朝之後，宋太宗改封他為彰德軍節度使，並下令夏州等地的李氏親屬，一律移往京城開封，並派出知夏州尹憲和都巡檢曹光實前去執掌軍政大權。

宋太宗借党項內訌的機會，乘機把五州收歸中央，無疑是正確的。但問題是，宋太宗太操之過急了，急於把党項李氏在當地的勢力連根拔掉，而不是多採取些必要的過渡的懷柔方法，終於激起了党項人的群起反抗。要知道，党項李氏在當地已經營了三百餘年，勢力盤根錯節，哪裡是能輕易剷除得掉的。

領導反宋起事的，是党項族歷史上傑出的英雄人物，西夏「太祖」李繼遷。此人出生在銀州（今陝西米脂）無定河畔的繼遷寨，明代著名的「李闖王」李自成也出生在這個寨子裡。李繼遷是李繼捧的堂弟，擔任定難軍管內都知蕃落使。當宋太宗下令徵發李氏親屬進京的時候，李繼遷年

方十七歲，當時正在銀州城內，他不願意去開封城寄人籬下，就以給自己的奶媽辦喪事為由，把兵器藏在棺材裡，帶著弟弟李繼沖、謀主張浦等數十名親信，逃往離夏州東北三百里外的地斤澤（今內蒙古巴彥淖爾）。

地斤澤水草豐美，是党項族聚居的地區，李氏身為党項貴族，在當地有很強的號召力。李繼遷到了地斤澤後，馬上打出了「收復失地」的旗幟，在地斤澤建立起了反宋的根據地。他採取聯姻的辦法，得到了野利、衛慕等多個党項部落的擁戴，開始積聚力量。

宋太宗派去接管夏州等地的尹憲和曹光實，也是兩個厲害角色。雍熙元年（西元九八四年）九月，他們打探到李繼遷躲在地斤澤，就挑選了數千名精銳騎兵，突襲地斤澤，李繼遷羽翼未豐，又猝不及防，被殺得大敗，連他的母親和妻子都當了宋軍的俘虜。這就是很有名的地斤澤之戰。

李繼遷雖然吃了大敗仗，但並不氣餒。轉過年來的二月，他就利用曹光實驕傲輕敵的心理，巧使詐降計，設下埋伏，置曹光實於死地，不僅徹底報了地斤澤的一箭之仇，還乘機奪回了老家銀州。曹光實是宋太祖、宋太宗都十分欣賞的名將，李繼遷年紀輕輕，就剷除了如此強悍的對手，李繼遷威名大振，在西北站穩了腳跟。

雍熙三年（西元九八六年）契丹和宋朝之間爆發了大戰，雙方共出動了五、六十萬大軍，展開了空前規模的大廝殺。李繼遷聞訊之後，抓住了這個千載難逢的良機，主動歸順契丹，請求契丹冊封。蕭太后為了牽制宋朝，就封李繼遷為契丹的定難軍節度使、都督夏州諸軍事，贈送戰馬三千匹，後來又晉封他為「夏國王」，還把契丹皇室的一位女子「義成公主」，嫁給李繼遷為妻。契丹是公認的北方草原的霸主，李繼遷當上了契丹的駙馬爺，有了契丹當後臺，當然是如虎添翼，更加積極地向宋朝進攻。

到了端拱元年（西元九八八年）的時候，宋太宗疲於應付契丹對河北

的強大壓力，只好把夏州等五州之地，又如數交還給了李繼捧，重新任命李繼捧為定難軍節度使。並透過李繼捧出面，試圖招降李繼遷。宋太宗還給李繼捧和李繼遷，分別起了個「趙保忠」、「趙保吉」的名字。李繼遷哪裡會上當就範！他軟硬不吃，打打談談，以打為主，反正是不斷地擴充實力，開始圍攻宋朝在西北的根本重鎮靈州（今寧夏靈武）。

宋太宗惱羞成怒，淳化四年（西元九九三年）他下令禁止輸入党項西夏境內烏池（今陝西定邊）和白池（今內蒙古鄂托克前旗）所產的優質食鹽「青白鹽」，以便從經濟上打擊李繼遷。但除了把以販賣青白鹽為生的數萬名党項人，都逼到了李繼遷反宋陣營一邊外，沒有收到多少實際效果。至道二年（西元九九六年）九月，宋太宗又下令五路同時出兵，由國舅爺李繼隆等率十餘萬大軍，前去掃蕩李繼遷。但李繼遷發揮地形與民心的優勢，採取機動靈活的遊擊戰術，不與宋軍正面硬拚。宋軍雖氣勢洶洶，但處處撲空，一籌莫展，幾番武裝大遊行下來，只好灰溜溜地草草收兵。

宋真宗即位之後，契丹和宋朝之間的戰事再次趨向激烈，為了避免兩面作戰的不利態勢，咸平元年（西元九九八年），宋朝授予李繼遷定難軍節度使，把夏、銀等五個州事實上交給李繼遷。不過，這個時候，區區五個州已經不能滿足李繼遷的胃口了，他在笑納五州的同時，加緊圍困靈州，終於在咸平五年（西元一〇〇二年）拿下了靈州城。靈州土地肥沃，河渠縱橫，從秦、漢以來，就是西北軍事和經濟的中心。李繼遷在咸平六年（西元一〇〇三年），改靈州為西平府，並正式定都於此。

奪得靈州之後，李繼遷重點攻打涼州的六谷部。六谷部是吐蕃人的一支，一直就是党項的死敵，為了牽制李繼遷，宋朝採取聯合六谷部的政策，封六谷部大首領潘羅支為朔方節度使，六谷部也時常出兵配合宋軍。咸平六年（西元一〇〇三年），李繼遷率兵攻打六谷部。智者千慮，

必有一失。李繼遷用兵詭詐，當年就是靠詐降計，除掉了曹光實。這一次，沒想到他自己也中了潘羅支的詐降計，被射中要害，景德元年（西元一〇〇四年）正月初二身亡，終年四十二歲。李繼遷後來被尊為夏太祖。

李繼遷死後，其子李德明即位。就在這一年，宋朝和契丹訂立了「澶淵之盟」，來自北方的強大威脅基本解除，許多將領建議宋真宗將大軍西調，乘李德明立足未穩，掃蕩党項。但是，宋真宗決意「罷兵息民」，拒絕了邊將們用兵的請求，按照「澶淵之盟」以金錢換和平的模式，主動向党項提出議和。李德明欣然接受，雙方在景德三年（西元一〇〇六年）九月，正式簽訂了和約。

宋朝和党項西夏的和議簽訂之後，在三十多年的時間裡，雙方和平相處，互通有無。党項不再向東進攻宋朝的邊界，轉而向西方拓展，連續對割據甘州（今甘肅張掖）的回鶻政權和涼州的吐蕃政權用兵。

宋真宗大中祥符元年、二年和三年，李德明連續三次出兵攻打甘州。甘州回鶻當時的可汗夜落紇，也是個很有作為的人物，他雄踞甘州和沙州（今甘肅敦煌），手下的回鶻騎兵戰鬥力也很強，多次打敗党項。直到宋仁宗天聖六年（西元一〇二八年），党項才最終平定甘州、沙州。涼州的吐蕃六谷部政權，更是党項的死敵，多次挫敗李德明的進攻。但大中祥符九年（西元一〇一六年）的時候，涼州被甘州回鶻攻占。宋仁宗明道元年（西元一〇三二年），党項就從回鶻手中奪取了涼州。

到了李德明兒子李元昊在位的時候，党項西夏就全部統一了河西走廊地區，結束了唐代中期以來當地四分五裂、吐蕃和回鶻割據稱雄的局面，這是一項影響深遠的、很了不起的成就。在此基礎之上，西夏還把自己的影響力伸向西域和中亞……。

第七章
宮闈風雲：親情與權力

一尺布，尚可縫。
一門粟，尚可舂。
兄弟二人，不能相容。

——《史記》卷一一八〈淮南衡山列傳〉

　　這首西漢時期的淒婉民謠，唱的是淮南王劉長被他的「大哥」漢文帝劉恆逼迫自殺的結局。兄弟二人，卻「不能相容」，在山野村夫、尋常百姓的眼中，當然是極其不幸的人倫慘劇了。但在巍峨宮廷之中，龍子鳳孫之間，兄弟反目成仇，其實是再平常不過的事情。特別是在一個王朝的開國伊始，喋血宮廷，手足相殘，更是司空見慣的家常便飯！

　　唐代有「玄武門事變」，秦王李世民就親手射死了自己的親大哥李建成，還與三弟李元吉展開了一場生死的格鬥，李元吉最終血濺當場。

　　明代有「靖難之役」，燕王朱棣與姪子建文帝朱允炆爭奪皇位，在三年的血腥的自相殘殺中，白白犧牲了無數的大明將士。朱棣攻入南京之後，還對方孝孺等大明忠臣進行了慘絕人寰的大屠殺。

　　清代有「雍正奪嫡」，四皇子胤禛即後來的雍正皇帝，圍繞著太子之位，與自己的兄弟們上演了一場龍爭虎鬥的好戲，陰謀陷害、進讒中傷、拉幫結夥、暗殺滅口，各種各樣的方法，無所不用其極。

　　「倒是一家子親骨肉呢？一個個都像烏眼雞，恨不得你吃了我，我吃了你。」《紅樓夢》中賈探春的這段高論，不只是對清朝，也是對整個中國古代歷史上宮廷政治的絕佳寫照。

　　大宋開國，宋太祖、太宗和趙廷美三兄弟之間，也並不都是親密無間的，宮闈之中當然也不會缺少類似的故事。相比而言，宋朝的宮闈之爭，從來沒有真正動用過軍隊，也沒有引發內亂。北宋、南宋共十八位皇帝，宋太祖、太宗兄弟兩人的子孫平分秋色，各占八位，這在古代，也算是很難得的皆大歡喜了……。

宋世系表

北宋（西元九六〇至一一二七年，亡於金）

1	太祖	趙匡胤	西元九六〇至九七六年	
2	太宗	趙光義	西元九七六至九九七年	太祖弟
3	真宗	趙恆	西元九九七至一〇二二年	太宗子
4	仁宗	趙禎	西元一〇二二至一〇六三年	真宗子
5	英宗	趙曙	西元一〇六三至一〇六七年	太宗曾孫
6	神宗	趙頊	西元一〇六七至一〇八五年	英宗子
7	哲宗	趙煦	西元一〇八五至一一〇〇年	神宗子
8	徽宗	趙佶	西元一一〇〇至一一二五年	哲宗弟
9	欽宗	趙桓	西元一一二五至一一二七年	徽宗子

南宋（西元一一二七至一二七九年，亡於元）

1	高宗	趙構	西元一一二七至一一六二年	欽宗弟
2	孝宗	趙昚	西元一一六二至一一八九年	太祖七世孫
3	光宗	趙惇	西元一一八九至一一九四年	孝宗子
4	寧宗	趙擴	西元一一九四至一二二四年	光宗子
5	理宗	趙昀	西元一二二四至一二六四年	太祖十世孫
6	度宗	趙禥	西元一二六四至一二七四年	太祖十一世孫
7	恭帝	趙㬎	西元一二七四至一二七六年	度宗子
8	端宗	趙昰	西元一二七六至一二七八年	恭帝弟
9	少帝	趙昺	西元一二七八至一二七九年	端宗弟

以假亂真：金匱之盟

　　建隆二年（西元九六一年）六月，宋太祖的母親杜太后病重。這位年屆六十的開國皇太后，在彌留之際，念念不忘的還是兒子宋太祖和新生的大宋王朝的前途。

杜太后躺在病榻上，鄭重其事地對侍奉在身邊的宋太祖說：「你知道你為什麼能夠得到天下嗎？」

宋太祖難過地哭泣著，顧不得回答。

杜太后說：「我要向你交代國家大事，你不要光哭了。再說我現在已經到了老死的時候，哭又有什麼用呢？」緊接著，她又重複問了一遍剛才的問題。

宋太祖回答：「這都是靠祖宗和母后您行善積德累積下的福氣呀。」

杜太后搖了搖頭，說道：「根本不是這麼一回事。你能得天下，後周柴氏讓只有七歲的小孩子來執掌國家，是最重要的原因。如若後周有長君在位，你是肯定到不了今天這個位置的！」

宋太祖只能不停地點頭稱是。

杜太后又說：「你和光義，都是我親生的，你將來應當把皇位傳給你的弟弟光義。這麼大的國家，內憂外患不斷，能立長君，這才是國家社稷真正的福氣！」

趙光義當時二十三歲，除宋太祖之外，在皇室中是最年長的。宋太祖的長子趙德昭當時只有十一歲，二兒子趙德芳更只有三歲，都還只是小孩子。

宋太祖就邊磕頭邊哭著答應了母親的要求，他還發誓說：「我一定聽從母后的教誨。」

杜太后又叫過來趙普，拉著他的手，命他把母子二人之間的約定寫成了書面的文書，由趙普簽上「臣普書」三個字後，珍藏在皇宮大內之中。

這就是宋朝開國史上有名的「金匱之盟」。

六月初二，杜太后去世了。同年七月二十一日，宋太祖就任命皇弟趙光義為開封尹、同平章事。同平章事，是宰相銜；開封尹，更是了不得，

按照五代和宋初的慣例，凡是親王出任都城的長官，在實際上就取得了皇位繼承人的地位。如周世宗、宋真宗等在即位之前，就是都先出任了開封尹。

以上記載，都出自南宋史學家李燾的《續資治通鑑長編》。按照李燾的說法，他的史料來源，主要是宋真宗時修訂的《宋太祖實錄》，也稱《太祖新錄》，還有宋朝官方編纂的《國史》。元代人修《宋史》，在〈宋太祖本紀〉的末尾，也大書特書說：「受命杜太后，傳位太宗。」因為這一約定的主旨，是宋太祖傳位於宋太宗趙光義，而且是「獨指太宗」，所以後來就被稱作「獨傳約」。

宋太祖貴為大宋朝的開國皇帝，在皇位傳承的問題上，為什麼聽從母親杜太后的意見呢？

說起來，杜太后可不是一般的家庭婦女。她出身河北大族，娘家是河北安喜縣有名的豪強，光家兵就有二、三百人之眾。趙、杜兩家聯姻的時候，宋太祖的父親趙弘殷也號稱官宦子弟，其實早已家道敗落，已經是徹頭徹尾的光棍流浪漢了。他實際上是入贅到杜家的。他後來能夠當上軍官，也是靠著杜家的實力。所以，趙家真正的當家人，一直就是杜太后。顯德三年（西元九五六年）趙弘殷去世後，杜太后更是趙家說一不二的大家長。

杜太后一共育有五個男孩和兩個女孩，男孩不幸夭折了兩個，成年的有三個，即趙匡胤、趙光義和趙廷美。杜太后治家，講究的是尊卑有序的大族禮法，講究的是儒家傳統的倫理綱常，對子女十分嚴厲，絕不許子女自行其是。她特別喜愛二兒子趙光義，但趙光義每次要出門，都必須徵得母親的同意，還要在母親規定的時間內返家。包括趙匡胤在內，幾個子女對母親都是既敬重又畏懼。

杜太后為人精明強幹，在政治上也很有眼光，宋太祖能夠成就帝業，

也包含母親的功勞。在陳橋兵變之前，杜太后就直接出面，替宋太祖爭取到了後周符太后、第三宰相魏仁浦的支持，宋太祖能出任殿前都點檢和北面行營都部署，這兩個人的支持顯然至關重要。

陳橋兵變中，杜太后率領兒孫和媳婦們留在開封城，實際上是替宋太祖當人質。有了這些人質，後周朝廷才放心地讓宋太祖帶大兵出城。要知道，當人質是極其危險的，後周太祖郭威和周世宗柴榮留在開封的家屬，就被後漢殺了個乾乾淨淨。

陳橋兵變成功後，當宋太祖得意洋洋地回家拜賀母親的時候，杜太后卻當頭對他喝道：「我聽說過『為君難』的話。天子高居在天下民眾之上，你如果能做一個有道明君，治國有方，這個位子才會坐穩。否則的話，你就是想再去做一個普通的老百姓，也是不可能的！」宋太祖恍然大悟，連連磕頭感謝母親說：「我一定遵從您的教誨！」「為君難」，真是一針絕佳的清醒劑，很及時，很寶貴，就憑這一句話，杜太后就不愧為女中豪傑，不愧為優秀的政治家。

宋太祖本來就特別地孝順母親，杜太后去世時，他當皇帝剛剛一年半，皇帝的架子還沒有完全端起來，對母親的意見仍然是唯命是從。況且，宋太祖特別佩服母親的政治眼光，宋朝初期所有大的軍國決策，他都要特地聽取母親的意見。「昭憲太后聰明有智度，嘗與太祖參決大政」，這個當時公認的說法，是恰如其分的。既然如此，在事關大宋朝生死存亡的皇位傳承的問題上，宋太祖聽取了母親杜太后的建議，是很正常的。

金匱之盟訂立之後，原本只有皇室內部和少數高官知曉，一直到太平興國六年（西元九八一年）九月，宋太宗和趙普一起聯手，向朝廷群臣們公布。到了真宗咸平二年（西元九九九年）修訂《宋太祖實錄》（《太祖新錄》）的時候，才正式地把金匱之盟寫入了《宋太祖實錄》，也就是向天下臣民們公開了。令人意想不到的是，就在這個時候，卻爆出了一個驚

天的大祕密！

　　一般說來，像《實錄》一類官修的史書，史官們大多是應付公事而已，通常抄抄檔案，再加上些套話、官話就可以交差了，很少有人把官修史書真正當作傳之名山的事業來做。沒想到，《太祖新錄》的編纂團隊裡，卻有一位極其耿直、嚴謹和認真的士大夫，此人，就是山東巨野人王禹偁。

　　王禹偁在查閱了大量的宮廷檔案，走訪當事老人之後，就公開在朝廷上宣布：杜太后命宋太祖傳位給宋太宗不假，但這只是金匱之盟的一部分內容，杜太后遺命的全部內容是：宋太祖傳位給二弟宋太宗，宋太宗傳位給三弟趙廷美，趙廷美再傳位給宋太祖的兒子趙德昭。這就是金匱之盟的「三傳約」，官方公布的「獨指太宗」就被稱為「獨傳約」。

　　王氏此語一出，真是石破天驚！朝野為之震動。如果王禹偁之說屬實，就會置宋太宗還有趙普於篡改杜太后遺命的尷尬境地，宋太宗就會成為一個不孝的兒子，趙普則成為一個不忠的臣子。這無疑是一顆重磅炸彈！宋真宗無論如何都是不允許出現這一結果的。於是，王禹偁就被踢出了朝廷，貶官黃州（今湖北黃州）。

　　王禹偁十分的有骨氣，雖然被貶出了朝廷，仍堅持自己的見解，就把它們寫入了《建隆遺事》一書中。這本書部分保留在邵雍的兒子邵伯溫所撰《邵氏聞見錄》當中，一直流傳到今天。

　　如此一來，就出現了兩個版本的「金匱之盟」，一個是宋太宗和趙普公布的，宋朝官方承認的「獨指太宗」的「獨傳約」；另一個是王禹偁所披露的「宋太祖傳宋太宗、宋太宗傳趙廷美、趙廷美傳趙德昭」的「三傳約」。「獨傳約」和「三傳約」，究竟哪一個是真的，哪一個是假的呢？

　　答案應該是不言而喻的。大宋的江山畢竟是宋太祖出生入死打下來的，趙光義只是因人成事，沾哥哥的光坐得大位，「獨傳約」卻徹底剝奪

了宋太祖子孫繼承皇位的機會，太偏祖趙光義了。無論如何，身為母親的杜太后，都不可能提出這樣的要求，提出來了，宋太祖也不可能答應。

「三傳約」就不同了。這個兄弟三人依次相傳的安排，既比較合理，保證了大宋始終是「國有長君」，利於大宋穩定的大局；又比較合情，太宗和趙廷美都只不過是暫時的過渡，不過兩代，皇位就會重新回到宋太祖的子孫們手中。宋太祖做出了犧牲，但並非絕對不可接受。至於說宋太祖最終接受了「三傳約」的要求，說明他孝順母親，友愛兄弟，又考慮到了大宋王朝的命運，兼顧了親情和權欲，這是他能夠成為開國之君的過人之處。

金朝的開國皇帝完顏阿骨打，也做出了類似的選擇，他在臨終時，就把皇位傳給了自己的弟弟金太宗完顏吳乞買，而金太宗死後，又把皇位傳回了金太祖的嫡孫金熙宗完顏亶，完成了一齣兄弟同心的千古佳話，清代的學者趙翼在他的名著《廿二史札記》中，就大加讚揚說：

> 金朝開國之初，家庭間同心協力，皆以大門戶、啟土宇為念，絕無自私自利之心，此其所以奮起一方，遂有天下也。

相比而言，杜太后提出的金匱之盟，也是一個「開國之初，家庭間同心協力」的安排，宋太祖的所作所為及其度量，不亞於金太祖，但宋太宗卻遠不如金太宗了。

最早披露出「三傳約」的王禹偁，「文章冠天下」，是宋初文壇公認的領袖人物，更以耿直剛烈、不畏權貴、勇於直言的高貴品格，受到了士大夫們發自內心由衷的尊敬。王禹偁在士大夫們當中的影響是非常大的，他關於金匱之盟的說法，由於與宋朝官方的口徑太不一致，勇於公開接受和支持的人很少，但私下贊成和受其影響的卻很多。

司馬光在《涑水記聞》裡，就也把杜太后的遺言寫成了：「汝萬歲後，當以次傳之二弟。」「二弟」，相比於官方版本金匱之盟的「汝弟」，

雖然是只差了一個字，但卻是重逾千鈞。「汝弟」，指的是宋太宗一人；「二弟」，指的是「兩個弟弟」，即宋太宗和趙廷美兩個人。可見，司馬光是傾向於「三傳約」的。

李燾在編撰《續資治通鑑長編》的時候，不便否定宋朝官方的說法，就採取了兩存其說的筆法，在書中同時保留了「獨傳」和「三傳」兩種記載，也就是把判斷權交給了後代讀者，這是史家一種非常高明的做法。但他還是特地在「三傳約」那裡，特意留下了重重的一筆：

> 始太祖傳位於上，昭憲顧命也。或曰昭憲及太祖本意，蓋欲上復傳之廷美，而廷美將復傳之德昭。

「本意」這兩個字，恐怕才是真正的點睛之筆。事實上，他還是明顯傾向於「三傳約」。只是直接批評本朝的帝王，一般都是古代臣子和士大夫們所不願意做的事。

元代人所修《宋史》，大致也是按照李燾的模式，在〈后妃傳〉杜太后的傳記裡按官方口徑「獨傳約」書寫，在〈宗室傳〉趙廷美的傳記裡，則按「三傳約」書寫，也保留了「或謂昭憲及太祖本意」云云一句話。不過，《宋史》的真正主要撰稿人之一袁桷，在他的《清容居士集》裡，也再三肯定王禹偁說：「王禹偁修《太祖新錄》的時候，堅持直書其事，才被貶官到了黃州。王禹偁所著的《建隆遺事》，足見深意。」可見，他也是贊成「三傳約」的。

其實，「獨傳約」和「三傳約」究竟孰真孰假，最能說明問題的，還是金兵南下的時候，宋太宗的六代孫宋高宗趙構的所作所為。

建炎三年（西元一一二九年），趙構三歲的獨生兒子夭折了。紹興二年（西元一一三二年）五月，趙構就在宋太祖的七世孫當中，選了兩位小孩子，安排在皇宮中撫養，作為皇位的候選繼承人。其中的一位，就是後來的宋孝宗。從宋孝宗開始，宋朝的皇位從宋太宗一系，回到了宋太祖一系。在

一年以前的紹興元年（西元一一三一年），趙構還曾誠懇地對宰相們表示說：

> 太祖以神武定天下，子孫不得享之，遭時多艱，零落可憫。朕若不法
> 仁宗，為天下計，何以慰在天之靈！

趙構所說的「法仁宗」，是指宋仁宗無子，立自己的姪子輩為皇位繼承人的事情。宰相們當然都很會說話，紛紛迎合趙構說：「太祖皇帝不以大位私其子，比堯、舜還要聖明，陛下如今以太祖皇帝為榜樣，定將會得到上天的保佑，大宋興旺指日可待。」

話雖然是這麼說，但眾所周知，趙構在宋代的皇帝當中，是公認的最壞的大混蛋，為了保住自己的皇位，連自己的父親和哥哥都不要了，名將岳飛要北伐中原「迎回二聖」，結果就被他勾結奸相秦檜給害死了。為什麼在把皇位交還宋太祖一系這件事上，趙構倒表現得如此慷慨大方呢？

答案顯然只能有一個，那就是：趙構認為如果他不這樣做，就保不住他個人的皇位了。這又是怎麼一回事呢？

原來，在建炎四年（西元一一三〇年）前後，宋高宗趙構和他的小朝廷，外有如狼似虎的金兵步步緊逼，內部又剛剛爆發了逼他讓位下臺的兵變，真正是處於朝不保夕的風雨飄搖之中，滅頂之災隨時都有可能降臨。更慘的是，趙構的獨生兒子，三歲還不到，就在兵變當中受驚嚇過度而夭折了。

正當趙構極度痛苦、近乎絕望的時候，隆祐皇太后孟氏，悄悄地把他叫到一邊，向他指點迷津。據孟太后所說，她做了一個奇特的夢，夢中夢到了一個人對她說：南宋小朝廷若要逃脫覆滅的命運，就要早日把皇位交還宋太祖的後人。

孟太后當時已經五十八歲了，她是趙構的伯母、宋哲宗的皇后。金兵攻破開封城後，她是極少數躲過金兵搜捕的趙宋皇室成員之一，就成為當

時皇室的尊長。趙構能夠坐穩皇位，主要靠的是孟太后的扶持，既然孟太后如此表態，趙構就有了立宋太祖後人為皇位繼承人之舉。

孟太后做的這個夢，宋朝史官鄭重其事地寫入了《國史》，《宋史》也把它寫入了宋孝宗的本紀之中。那麼，孟太后夢到的人是誰呢？史書中都含糊其詞，顯然是在避諱什麼，根據宋高宗聽後急於立宋太祖後人為皇位繼承人的所作所為來看，這個人只能是宋太宗！

在現代科學和文明的視角之下，此類託夢的說法，當然是很可笑的，但在中國古代卻頗有市場。其實，日有所思，則夜有所夢。在國運艱難的時候，孟太后夢到了宋太宗，並沒有什麼可奇怪和神祕的地方。

況且，根據王禹偁的記載，杜太后在命宋太祖傳位給兩個兄弟的同時，也讓宋太宗和趙廷美兄弟倆立下毒誓，日後誰若違背了誓言，不傳位給宋太祖的後人，他本人及其子孫就要遭到上天最嚴厲的懲罰。金兵攻破開封城的時候，宋太宗一支的子孫，包括宋徽宗和宋欽宗兩位皇帝在內，絕大多數都當了金兵的俘虜，受盡了屈辱和折磨，後來就慘死在東北的五國城（今黑龍江依蘭）。如此慘禍，在古人眼裡往往視之為受了「天譴」。孟太后思來想去，在夢中把兩者連繫起來，是再正常不過的了。

在「天人感應」、「因果報應」觀念盛行的古代，指天發誓，可不是一件隨隨便便的小事，分量是很重的。違背誓言的不是沒有，但通常就會成為當事者及其家屬極其沉重的心理負擔。

當然，孟太后的夢也可能只是一個催化劑，或者是一種藉口，給趙構提供一個體面傳位宋太祖後人的臺階。不管怎樣，孟太后和趙構這樣做，也就等於公開承認了金匱之盟「獨傳約」是假的，「三傳約」才是真正的金匱之盟的事實。

█ 宋太祖誓碑：祖宗之法

　　開寶九年（西元九七六年）十月二十日，宋太祖去世，享年五十歲，太平興國二年（西元九七七年）葬河南鞏縣永昌陵。宋太祖在位十七年（西元九六〇至九七六年），對外平定南方各國，對內削除禁軍大將、節度使的兵權，剷除了中唐五代以來持續動亂的禍根，奠定了大宋朝一百餘年太平盛世的堅實基礎，不愧為與秦始皇、漢武帝、唐太宗、成吉思汗相提並論的一代開國名君。

　　特別引人注目的是，宋太祖雖然是武夫出身，自稱「鐵衣士」，但他對士大夫和讀書人卻十分的親近，對文化十分的尊重。在戎馬倥傯的開國之初，宋太祖就多次徵召魯地的儒生們入朝，當時，有老人就流著眼淚說：「讀書人出來了，天下這下真的是要太平了。」

　　開寶六年（西元九七三年），宋太祖開創了皇帝親自主持科舉考試的「殿試」制度，及第的進士從此就成為尊貴的「天子門生」。而且，在立於太廟的誓碑上，宋太祖還特地為宋朝的皇帝們制定了這樣的一條制度規範：「不殺上書言事人。」也就是硬性規定：不得殺害議論和上書批評朝政的人。

　　就憑這一句話，宋太祖就堪稱是讀書人的真正知音。「書生報國無長物，唯有手中筆如刀」！議論朝政、舞文弄墨，是最典型的「書生意氣」，是書生的本性和愛好，也是書生的價值所在。但在君主專制時代，議論朝政、批評權貴，都是很危險的事情，更遑論批評至高無上的帝王了。因言獲罪、身首異處血淋淋的事例，實在是不勝枚舉，秦始皇「焚書坑儒」，東漢時有「黨錮之禍」，明、清兩代，更有霸道、殘暴至極的「文字獄」！

　　在中國古代歷史上，可能只有宋代，大致上做到了「不以言罪人」，「不以文字罪人」。宋高宗雖然悍然殺害了批評他的陳東和歐陽澈，一手

製造了天水朝從來未有過的慘案，但他也知道這是無恥和丟人的事，就拚命地想把責任推到宰相黃潛善身上。黃潛善雖是個佞臣，卻也不願意擔這個惡名，就和皇帝踢起了皮球，宋高宗最後還是只能自己出面，為二人平反、修廟以示紀念。宋高宗和黃潛善，都是特別凶狠和無恥的角色，他們尚且如此，說明「不以言罪人」，「不以文字罪人」的觀念，在宋代確實是深入朝野人心。

如此一來，就形成了宋代非常好的一個傳統：那就是「宋人好議論」。上至官員，下至普通讀書人，人人都以批評朝政為榮，以阿諛奉承為恥。特別是御史臺和諫院的臺諫官們，都是皇帝和宰相大臣職業的批評者，蘇軾就曾以他特有的大手筆寫道：

> 歷觀秦、漢以及五代，諫諍而死，蓋數百人。而自建隆以來，未嘗罪一言者，縱有薄責，旋即超升，許以風聞，而無官長，風采所係，不問尊卑，言及乘輿，則天子改容，事關廊廟，則宰相待罪。

士大夫議論朝政，批評朝政，雖然有時也難免有不少廢話，有時也會誤事，甚至有「宋人議論未定，金兵已經渡河」的嘲諷，但總體上無疑是積極的，是宋代政治文明進步最重要的成果之一。對此，宋史研究名家王曾瑜先生有過精彩的評論，他說：

> 在君主專制的條件下，勇於直言是極其不易的。眾所周知，唐太宗虛心納諫、從善如流是出名的，但這只屬個人的政風，並未立下什麼制度性的死規矩。宋太祖立下祕密誓約，證明這個開國皇帝確有政治遠見，其誓約不僅是保證言路暢通和監察權實施的重大措施，也展現了專制時代難能可貴的寬容政治和政治文明的重大進步。

宋太祖的誓碑裡面，還有一條很了不起的規定，那就是：「不得殺害大臣。」因為宋代的大臣，大多是由士大夫出任，所以也寫成「不得殺害士大夫」。當然，宋太祖也規定，貪官污吏例外，貪贓枉法的士大夫，不

少就被處以極刑。

按照儒家的觀念，「君為元首，臣為股肱」，君臣之間，本來應該是親密無間的一體關係。但在現實當中，皇帝卻是高高在上，群臣匍匐在地。皇帝生殺大權在手，視群臣如奴僕，皇帝屠殺大臣，就如同宰殺豬羊一樣，往往是隨心所欲；群臣則戰戰兢兢，伴君如伴虎。最典型的是明代的皇帝們，動不動就用廷杖狠打大臣們的屁股，即便是不死，也讓他們顏面掃地。清代的大臣，很多對皇帝自稱「奴才」，真正的是奴顏婢膝。

有了宋太祖的這一條硬性規定，宋代的情況可就大不一樣了。宋代的大臣，不管怎麼樣，流放嶺南就是最嚴厲的處分，而不必擔心隨時會有掉腦袋的厄運。朝廷和朝政的血腥味，就自然淡了許多。被公認為漢奸的張邦昌、禍國殃民的賈似道，宋朝朝廷都沒有公開殺。即便是秦檜專權的時候，他也無法大開殺戒。

有了這一條底線，「以禮待大臣」，「與士大夫共治天下」，就逐漸成為了宋代皇帝的共識。宋代大臣們從政的主動性，也就要強得多。講究自尊自愛，講究以道進退，講究「道理最大」，講究「以天下為己任」，「先天下之憂而憂，後天下之樂而樂」，勇於在皇帝面前堅持自己的見解和主張，在宋代就成為士大夫們普遍遵循的原則。

　　　　宋神宗時，皇帝因陝西用兵失利，想殺一位士大夫文官。
　　　　宰相蔡確立即反對：「祖宗以來未有殺士大夫之事，不意自陛下開始。」
　　　　宋神宗猶豫了一陣，改口說：「那就改為臉上刺字，發配遠惡處。」
　　　　另一宰相章惇還是不同意，說：「這樣處理，還不如乾脆殺了他。」
　　　　宋神宗問：「這是為何？」
　　　　章惇大聲說：「士可殺，不可辱！」

宋神宗也氣憤地厲聲說：「我身為皇帝，快意的事卻做不得一件！」

　　章惇更不客氣地說：「如此沒有道理的快意事，不能做才好！」

　　宋哲宗即位後，因為和宰相蘇轍政見不同，在朝堂上喝罵蘇轍，另一宰相范純仁立即高聲制止：「陛下當以禮進退大臣，絕不可呵斥大臣如奴僕！」

「士可殺，不可辱」和「不可呵斥大臣如奴僕」，擲地有聲！在帝制時代，這是多麼罕見和了不起的事。

　　宋太祖誓碑的上述規定，加上他在陳橋兵變中所追求的不流血原則，「市不易肆」，「杯酒釋兵權」中的「杯酒論心」、「大將解印」，都被宋人準確地概括為「以仁立國」，「以忠厚為家法」，都成為宋代「祖宗之法」的靈魂和最重要的組成部分，為宋朝歷代皇帝所繼承。宋朝大理學家程頤曾經很直白地說過：

　　嘗觀自三代而後，本朝有超越古今者五事：如百年無內亂；四聖百年；受命之日，市不易肆；百年未嘗誅殺大臣；至誠以待夷狄。此皆大抵以忠厚廉恥為之綱紀，故能如此。蓋睿主開基，規模自別。

　　宋代政治運作的文明化和理性化，由此達到了古代空前未有的程度。不僅是「自古所無」，超越漢唐，此後的明、清兩代，與宋朝相比，反而也都倒退了。也正因為如此，宋代是士大夫、讀書人的黃金時代，這幾乎是所有人的共識。這些成就，當然不能都歸功於宋太祖，但他身為「創業垂統」的開國之君，無疑居功至偉。

▍燭影斧聲：真是謀殺嗎？

　　宋太祖死後，開寶九年（西元九七六年）十月二十一日，按照金匱之盟的約定，他的弟弟晉王、開封尹趙光義即位，他就是宋太宗。宋太

宗生於後晉天福四年（西元九三九年）十月初七，時年三十八歲，本名趙匡義，太祖時更名趙光義，太平興國二年（西元九七七年），又改名為趙炅。

十月二十七日，宋太宗以皇弟趙廷美為開封尹、兼中書令，封齊王；以哥哥宋太祖的長子趙德昭為永興軍節度使兼侍中，封武功郡王；次子趙德芳為山南西道節度使、興元尹、同平章事。第一宰相薛居正加左僕射，第二宰相沈義倫加右僕射，第三宰相盧多遜為中書侍郎，樞密使曹彬加宰相銜。楚昭輔為樞密使，潘美為宣徽南院使。

上述朝廷班底，顯然仍是由跟隨宋太祖開國的元老重臣們組成，朝政也得以有條不紊地平穩過渡。儘管如此，圍繞著宋太宗即位的前前後後，從宋朝開始，還是傳出了許多對宋太宗很不利的疑問和說法。

疑問之一，宋太宗究竟有沒有宋太祖的傳位遺詔？

在帝制時代，先皇傳位遺詔，毫無疑義是新君登基合法性最重要的憑據。宰相大臣宣讀遺詔，新君在先皇靈柩前即位，這是皇位傳承的標準程式。如若沒有遺詔，往重說就是徹頭徹尾的「篡位」，最輕也是「自立」，真是「悠悠萬事，唯此為大」。《遼史》當中，就是這麼說宋太宗的：「宋主趙匡胤殂，其弟炅自立。」這一說法，在當代宋史的研究者當中也很有影響，很多人認定：宋太宗在即位時，沒有向群臣宣讀宋太祖傳位給自己的遺詔，也就是大致等同於「篡奪」了。

事實上，傳位遺詔還是有的，也由宰相向群臣們宣讀了。這份名為《開寶遺制》的遺詔，與後來其他皇帝的傳位遺詔一起，都明白無誤地保存在《宋會要》當中。宋人編的《宋大詔令集》，也收錄了這一遺詔，並明確標明：宣讀的時間，是宋太宗即位的當天，即十月二十一日；宣讀者，則是「宰臣」，即薛居正或沈義倫。

《宋會要》和《宋大詔令集》，作為宋代官方原始檔案的彙編，在傳

世宋代史料當中，具有最高的權威性，這是眾所公認的。既然如此，《遼史》為什麼要說宋太宗是「自立」呢？這可能是得自捕風捉影的傳聞，也可能與宋太宗上臺後對契丹採取強硬政策，向契丹開戰有關，契丹為了醜化自己的對手，自然無所不用其極。

宋太宗趙光義像

疑問之二，宋太宗究竟為何急於改換年號？

在帝制時代，年號紀元是帝王的重要象徵。從《春秋》開始，儒家的禮法和歷朝歷代的慣例，新君即位，除了改朝換代的以外，通常都要度過一個新年之後，方才改換年號，這叫「逾年改元」，以此來表達對先皇起碼的尊重和懷念。宋太宗十月二十一日即位，十二月二十二日就把開寶九年改為太平興國元年，這已經是超出常規的了，而且改元的時候，離新年

只有八天了，連短短的八天都不願意等，寧可廢掉宋太祖的最後一年，宋太宗此舉確實令人費解。

明代人程敏政替宋太宗辯解說：「不逾年改元，五代常事。」其實，五代時主要就是南唐中主李璟在即位的當月就改元為「保大」，而且也受到了臣下嚴厲的批評，這個辯解是站不住腳的。也有人推測可能與天文星象有關，或者是為了向北漢、契丹等對手表明大宋朝國有長君。但不管怎麼說，宋太宗「太祖之崩不逾年而改元」，「後世不能無議焉」。

疑問之三，宋太宗究竟有沒有害死宋太祖？「燭影斧聲」真是謀殺嗎？

宋太祖去世於十月二十日四更天，即午夜三點前後。在他去世前的十九日晚上，宋太祖曾特地召趙光義進宮，兄弟二人閉門密談，內侍、宮女等人都不得近前。眾人們只是遠遠地看到：宋太祖的房間裡燭光搖曳，有時還看到趙光義起身離席，像是向宋太祖謙讓什麼。過了一會，眾人們又聽到：宋太祖連連用手裡的柱斧咚咚戳著地，還大聲地對趙光義喊道：「好好做！好好做！」

這就是「燭影斧聲」，中國歷史上最為有名的千古疑案之一。這一事件，最早是由一部名叫《續湘山野錄》的書披露出來的，李燾對其加以考證和修訂之後，就把「燭影斧聲」寫入了《續資治通鑑長編》之中：

> 上聞其言，即夜召晉王，屬以後事。左右皆不得聞，但遙見燭影下晉王時或離席，若有所遜避之狀，既而上引柱斧戳地，大聲謂晉王曰：「好為之。」

「燭影斧聲」究竟是怎麼一回事呢？從宋朝開始，時代越往後，就有越多的人相信「燭影斧聲」是宋太宗害死了自己的哥哥，甚至乾脆說是宋太宗親自下手殺人。如元代楊維楨《金匱書》詩曰：

> 夜闌鬼靜燈模糊，大雪漏下四鼓餘。
> 床前地、戳玉斧，史家筆、無董狐！

燭影斧聲：真是謀殺嗎？

至於殺人的具體方法，看法主要有兩種：一是認定宋太宗「燈下弄斧」，用斧頭砍死了宋太祖，「斧聲」就是殺人的聲音；一是認定宋太宗是酒中下毒，用毒藥毒死了宋太祖，因為酒裡有毒，所以他才再三起身謙讓。

這可真是天大的指控！在任何時代，殺人都是天大的罪名，更何況殺的是自己的親哥哥，是大宋王朝勞苦功高的開國皇帝！如果指控屬實，宋太宗可就不僅是身敗名裂的問題了，他就是殺害自己哥哥的凶手，理應受到歷史的譴責！如果指控不能成立，也不能老是把「莫須有」的殺人嫌疑硬扣在宋太宗的頭上。

那麼，「燭影斧聲」有可能是趙光義「燈下弄斧」嗎？

柱斧，與「斧聲」相連繫，似乎特別聳人聽聞，也特別像殺人的凶器。其實，柱斧，又名玉斧，《萍洲可談》、《朱子語類》、《方輿勝覽》等宋人的著述中早已有相關的明確記載，谷霽光、王瑞來等當代學者也有精密的考證，現在大家都清楚了：柱斧，是用水晶或玉石等其他材料，打造的長柄小斧頭，只能當文具或生活用品用，根本不大可能用來殺人。此其一。

各種史料上都記載，使用柱斧戳地的，是宋太祖，而不是趙光義。此其二。

兄弟兩人當夜閉門密談不假，但內侍和宮女們，既然能看見燭光和人影，能聽見柱斧戳地聲和宋太祖說話的聲音，說明眾人離宋太祖的寢宮並不太遠。在這種情況下，單身入宮的趙光義，即便再怎麼喪心病狂，無論如何也是不敢動手殺害宋太祖的。此其三。

宋太祖是著名的猛將，而且武功超群，拳術、棍法樣樣精通，趙光義不過是個養尊處優的公子哥兒，要說僅憑一把長把水晶或玉石小斧頭，趙光義就能要宋太祖的命，顯然是不太可能的。此其四。

至於酒中下毒，那就更不可能了。

除了《續湘山野錄》之外，《續資治通鑑長編》等史書都沒有提到兄弟倆當夜喝了酒，如果兩人沒有喝酒，自然就不存在趙光義在酒中下毒的問題。此其一。

即便是兄弟二人喝了酒，因為趙光義是被召到皇宮的，酒食自然都由皇宮提供，趙光義不可能有經手和在其中動手腳的機會。此其二。

既然是兄弟喝酒，趙光義再謙讓，也不可能完全滴酒不沾，如果酒中下毒，很難只毒死宋太祖，他本人卻安然無事。此其三。

兄弟倆會面是在十九日夜，宋太祖死在二十日午夜，其間還有一天多的時間，當時的毒藥多是劇毒的急性藥，不會拖這麼長的時間。況且，中毒者往往七竅流血而死，宋太祖如果真是趙光義下毒毒死的，不會不露出些馬腳。此其四。

從犯罪學的角度來說，斷定一個人是否是殺人犯，通常還要看他是否具備殺人的動機。趙光義有殺自己哥哥的動機嗎？按說他已經是「一人之下，萬人之上」的晉王，又有金匱之盟傳位於他的約定，有什麼必要去殺人呢？他就不怕一旦失手，落個雞飛蛋打、身首異處的下場？當然，如果宋太祖不願意遵從金匱之盟的約定，不準備傳位於他，趙光義為了皇位鋌而走險，還是有一定的可能性的。問題是，宋太祖究竟想不想把皇位傳給趙光義呢？

史書中關於宋太祖痛愛弟弟趙光義的記載很多，有一次弟弟病了，宋太祖親手給弟弟針灸，弟弟喊痛，宋太祖趕緊用藥撚子燙自己，以此來安慰弟弟。而且說，宋太祖在政治上對趙光義期望很高，曾對身邊的人說：「光義龍行虎步，他日一定能成為太平天子！」宋太宗到了晚年，也多次深情地說起哥哥對他的疼愛和培養。要說這些記載，都是憑空捏造出來的，恐怕也不大可能。

最能說明問題的，還是在開寶六年（西元九七三年）八月的時候，宋太祖解除了宰相趙普的職務，外放河陽三城節度使，緊接著在九月封皇弟、開封尹趙光義為晉王，兼侍中，並明令規定：晉王趙光義排位在第一宰相之上。趙光義和趙普一升一降的人事安排，堪稱一錘定音，決定了宋初政局的基本走向。

趙普和趙光義是宋太祖的左右手，也是宋初政壇上的兩大巨頭。但正所謂「一山不容二虎」，杜太后活著的時候，兩人的關係還算融洽。杜太后死後，兩人之間的明爭暗鬥就愈演愈烈，很快就勢不兩立了。宋太宗後來曾當面對趙普說過：「我當年好幾次恨不得殺了你。」而他們兩人爭鬥的焦點，就集中在皇位繼承的問題上，趙普反對兄終弟及，多次向宋太祖建議立趙德昭為太子，這是他後來親口向宋太宗承認的，也是眾所周知的。宋太宗登基後，有一次忍不住脫口而出：「如果趙普還是宰相，我是當不了皇帝的！」

這句話，是句大實話。趙普是大宋王朝的開國元勳，陳橋兵變的前臺指揮者，有足夠的威望，也有能力駕馭禁軍的驕兵悍將。開國之後，趙普又獨自擔任了十年的宰相，真是大權獨攬，羽翼眾多。如果宋太祖去世，趙普這麼一個重量級的人物居於宰相的要害位置，他完全有可能阻攔趙光義即位。反過來，宋太祖罷趙普，趙光義卻封晉王，又位居宰相之上，就意味著在趙普和趙光義兩人之間，宋太祖最終選擇了趙光義，也就是最終選擇了傳位於趙光義，並完全昭告於朝廷群臣。

要知道，宋太祖給開封尹趙光義封的王號是「晉王」，並兼侍中，而當年的周世宗在繼承皇位之前，他的位置就是晉王、兼侍中、開封尹！趙光義與周世宗的位置竟然一模一樣，個中的政治含義，難道不是昭然若揭嗎？

不管怎麼說，宋太祖願意傳位給趙光義，這是一個不爭的事實。

凡認為「燭影斧聲」是一椿謀殺案的，還有一個重要的前提，那就是宋太祖身體一直很好，二十日那天是「猝死」，也就是非正常死亡。事實上，到十月十九日那天，因宋太祖身體不好，一個特地從陝西被召進京的道士張守真，已經祕密地在給宋太祖進行祈禱壽命的活動了，考慮到從陝西到開封足有千里之遙，去回之間，最快也需要半個多月以上的時間，這說明宋太祖的身體出問題，絕對不是一兩天的事情了，他二十日去世根本不是「猝死」。

　　要知道，當時的宋太祖已經年屆五十，多年征戰，積勞成疾，再正常不過，何況他又有酗酒惡習。只不過，在帝制的時代，帝王的身體狀況都是最高的機密，臣民們所能聽到的，始終是皇帝神采奕奕、永遠健康一類的官話，在臣民眼裡，大多數帝王似乎就都是「猝死」了。

　　綜上所述，不難得出如下結論：宋太祖十月二十日午夜去世，其實是正常逝世。十九日晚上的「燭影斧聲」，趙光義既沒有「燈下弄斧」，也沒有酒中下毒，而是兄弟之間再正常不過的、最後的訣別。宋太祖用柱斧戳地，連連向趙光義說：「好好做！好好做！」一是把大宋王朝託付於弟弟，二是提醒弟弟遵守金匱之盟「三傳約」的約定，別忘了把皇位再傳回自己的子孫。事情的真相，可能就是如此。

▌風波迭起：宋太宗立太子

　　太平興國四年（西元九七九年），大宋開國快二十個年頭了，宋太宗在這一年裡，就如同坐雲霄飛車一樣，經歷了從大喜到大悲的轉折。這年的五月，宋太宗終於攻克太原，平定了北漢，這可是周世宗和宋太祖都未能取得的成就。但在六月，宋太宗卻兵敗高梁河，這也是周世宗以來從未有過的慘敗。

　　宋太宗本人，也在戰鬥中身負重傷，儘管急於逃命，卻無法騎馬，只

能坐毛驢車，可見傷勢之重。更可怕的是，宋太宗箭傷的傷口感染一直都未能根治，每年都要發作，而且一年比一年嚴重。

此時的宋太宗，已經是四十一歲了，早就步入了中年，此番又身負重傷，確立皇位繼承人就成了迫在眉睫的問題。當然，如果宋太宗決心兌現金匱之盟「三傳約」，問題就再簡單不過了。那麼，宋太宗究竟想不想踐約呢？

答案應該是肯定的。宋太宗即位伊始的十月二十七日，就以皇弟趙廷美為開封尹、兼中書令，封齊王；以哥哥宋太祖的長子趙德昭為永興軍節度使兼侍中，封武功郡王；次子趙德芳為山南西道節度使、興元尹、同平章事。三人都掛宰相銜，趙廷美和趙德昭都位於第一宰相之上。

這個安排的政治意義，是一目了然的，那就是「明傳位之次」，即皇弟趙廷美以親王為開封尹，位宰相之上，和宋太宗在宋太祖朝的位置一樣，就是皇位當然的第一繼承人；皇姪趙德昭為第二繼承人；趙德芳為第三繼承人。當時有好幾位犯趙廷美名諱的官員，都改了名字，像大將劉廷翰，就改名為劉延翰。

意外也出現在太平興國四年（西元九七九年）。就在這年的八月，為了替將士討要平北漢的賞賜，皇姪趙德昭與宋太宗發生了激烈的口角，宋太宗後來氣憤地訓斥趙德昭說：「等你自己當了皇帝，再賞賜他們也不遲！」沒想到趙德昭一下子想不開，回家後竟然非常慘烈地自殺了。

原來，高梁河兵敗的時候，宋太宗狼狽逃命，無法通知幽州城下的大軍，宋軍大營失去了太宗的音訊，還以為他陣亡了，軍中石守信、劉遇、史珪等元老，就臨時擁戴趙德昭為皇帝。雖然這只是臨時性的應急措施，但一直是趙德昭的一塊心病。

宋太宗聞訊趕來，又驚又悔，抱著姪子的屍體大哭著說：「你這個傻孩子啊，怎麼要走這一步呢？」但事已至此，已經無法挽回了，趙德昭死

時，年僅二十九歲。

　　趙德昭的死，宋太宗身為叔叔，不管怎麼說，都脫不了干係。為了替宋太宗開脫，宋朝官修的《國史》竟然說趙德昭特別喜歡吃肥豬肉，結果不小心把自己噎死了，真是荒唐可笑。不過，宋軍新遭慘敗，宋太宗身負重傷，沮喪、懊惱、痛苦的心情可想而知，此時叔姪口角，也屬正常。再者，趙德昭被眾將擁戴在先，宋太宗心中十分不悅，但並未追究，只是在口角中發發牢騷，趙德昭就選擇了自殺這一最極端的方式，心胸也忒窄了些。

　　趙德昭這個人，當時貿然接受眾將的擁戴，犯了帝制時代最大的忌諱，按理說他應謙讓同在大營中的皇叔趙廷美才是。此時，他又受別人慫恿替眾將出頭討要賞賜，難免授人以籠絡軍心的把柄。這都說明趙德昭確實缺乏政治經驗，也易受別人控制。宋太祖當年如果真聽趙普的話立他當太子，說不定還真有成為趙普手中傀儡的可能。

　　更出人意料的是，太平興國六年（西元九八一年）三月，年僅二十三歲的趙德芳也病逝了。宋神宗的時候，趙德芳的後人曾把宋太宗賜給趙德芳的一枚皇帝玉璽，敬獻給了宋神宗，宋神宗還特地重賞了他們。從這枚皇帝玉璽看，趙德昭死後，在宋太宗心中，趙德芳就上升為比較優先的皇位繼承人了，但偏偏趙德芳年紀輕輕就去世了。

　　宋太祖兩個兒子的先後去世，給金匱之盟籠罩上了濃重的陰影，宋太宗的想法就此發生了重大的變化。按照明末清初的大學者王夫之在《宋論》中的分析，宋太宗的思路大致是這樣的：天下是哥哥宋太祖打下來的，傳位給哥哥的兒子天經地義，但哥哥的兩個兒子都去世了，與其由弟弟趙廷美白白沾這個大光，還不如乾脆讓自己的兒子即位。反正趙廷美對大宋開國的功勳，還遠遠在自己之下呢！

　　宋太宗既然不再想傳位給趙廷美了，趙廷美又居於「一人之下，萬人

之上」最顯赫的位置，除掉趙廷美，對宋太宗來說，就是別無選擇的事情了。

不管怎麼說，迫害自己的弟弟，都不是什麼光彩的事，宋太宗本人不宜直接出面。那麼，由誰來充當這個打手呢？宋太宗想到了趙普。

宋太宗這一手，可真是老到之極的高招。趙普是大宋的開國元勳，資歷沒得說。而且，趙廷美唯一的護身符就是金匱之盟，而趙普恰恰是當年金匱之盟的訂立者之一，由他出面公布一個經過篡改後的金匱之盟，把趙廷美剔除出皇位繼承人的行列，那是再合適不過了。反正金匱之盟另外兩位當事人杜太后和宋太祖都早已去世了，這就叫作死無對證。更絕妙的是，趙普一直和宋太宗有過節，甚至於水火不容，這是路人皆知的公開祕密。用趙普出頭，就可以最大限度地撇開宋太宗，避免讓人產生宋太宗與趙普互相勾結、陷害趙廷美的聯想。

趙普願意替宋太宗出頭，去充當落罵名的打手嗎？

此時的趙普，罷相在家閒居已經八年了，早已沒有了當年大權獨攬、勇於同皇弟趙光義大打出手的威風了。特別是宋太宗即位後，趙普一直過著戰戰兢兢、提心吊膽的生活，就怕宋太宗清算當年的舊帳。趙普的政敵們也乘機落井下石，用各種辦法排擠趙普。趙普這個人權力欲極強，既過不了門可羅雀的「退位菩薩」的日子，又不願在對手的逼迫下坐以待斃，早就在挖空心思地伺機復出了。

宋太宗和趙普兩人，真是一拍即合。至於迫害趙廷美是不是喪了良心，篡改金匱之盟是不是對宋太祖不忠，趙普就都顧不上了。再者，趙普也心知肚明，如果他拒絕充當打手，等待他的絕對只有死路一條。

太平興國六年（西元九八一年）九月，宋太宗私下召見了趙普，兩人一見面，宋太宗裝模作樣地表示要傳位給趙廷美，徵求趙普的意見。趙普是何等老辣的人物，一聽這話，早就猜到了太宗的心思，他當即說道：

「這事太祖皇帝已經錯了一次，陛下您絕對不能再犯同樣的錯誤了！」這句話，真是厲害，既把本來卑鄙無恥地迫害趙廷美、滿足宋太宗傳位給兒子的私欲，美化成了維護君臣父子、倫理綱常的義舉；又很好地替自己當年反對宋太祖傳位宋太宗做了分辯。難怪宋太宗聽後大喜過望，當場放下了皇帝的架子，為當年兩人的鬥爭，主動地向趙普致歉。兩個老冤家對頭，於是握手言歡了。

趙普答應幫宋太宗，可不是無條件的，他提出了兩個交換條件：一是伸手要官，自己提出要當第一宰相。二是要藉機除掉第三宰相盧多遜。對趙普的條件，宋太宗滿口應承。

趙普為什麼如此仇視盧多遜呢？盧多遜，進士出身，學識淵博，是宋初政壇上的後起之秀，宋太祖的名言：「宰相要用讀書人。」就是具體針對盧多遜說的。趙普卻讀書不多，兩人一直互相瞧不起。宋太祖改年號為「乾德」之後，有一次就當著兩人的面說：「這個年號好，以前沒人用過。」趙普隨聲附和，盧多遜卻說：「前蜀的王氏也用過這個年號。」宋太祖大吃一驚，派人一查，果然如此，他氣不打一處來，操起手邊的毛筆，蘸滿墨汁，把趙普塗了個大黑臉，邊塗邊罵：「你什麼時候才能像盧多遜那樣有點學問！」兩人由此成了死對頭。趙普開寶六年（西元九七三年）的罷相，主要原因之一，就是盧多遜向宋太祖告發了他很多的醜事。趙普下臺後，又是盧多遜落井下石，時常欺負落魄的趙普。

盧多遜當年敢有恃無恐地和炙手可熱的開國元勳趙普鬥法，除了宋太祖賞識「主寵臣驕」之外，皇弟趙光義的撐腰也是一個關鍵因素。宋太宗上臺，盧多遜是功不可沒的。按理說，宋太宗應該保盧多遜才是，但為了換取趙普支持迫害趙廷美，宋太宗就把盧多遜當作交易籌碼給拋棄掉了。再說，既然要替趙廷美羅織罪名，把他和宰相盧多遜綁在一起，打成一個奪權集團，正好可以坐實他拉幫結夥、有意篡位的罪名。

九月十七日，宋太宗發表對趙普的任命，趙普重新出山，擔任司徒兼侍中，這是最高一級的宰相頭銜了。

　　可憐的趙廷美，面對宋太宗和趙普兩大巨頭的聯手重擊，哪裡還有掙扎的機會。於是，「獨指太宗」的金匱之盟「獨傳約」由趙普公之於眾，趙廷美百口莫辯，他只好主動地要求退居趙普之下，也就是表態自動放棄皇位繼承人的位置，但這已經太遲了。太平興國七年（西元九八二年）三月和四月，趙廷美就先後被扣上了勾結盧多遜準備乘宋太宗遊覽金明池的機會發動兵變、奪取皇位的天大罪名，趙廷美和盧多遜都被逮捕。

　　懾於宋太宗和趙普兩個人的淫威，滿朝文武沒有誰敢公開站出來說句公道話，只有第二宰相沈義倫態度消極，也被罷了官。開國宰相王溥等七十四名高級官員，還很不光彩地聯名在趙廷美和盧多遜的罪狀上簽名，要求皇帝「秉公處理」，將這兩個「大逆不道」的亂臣賊子處以極刑。宋太宗「皇恩浩蕩」，只下令處死了兩人手下六個不大起眼的小卒子，趙廷美、盧多遜則予以特赦。但死罪饒過，活罪不免，趙廷美先是被軟禁在家，後被流放到房州（今湖北房縣）。盧多遜和全家，都被流放到了崖州（今海南三亞）。因為宋太祖有不殺大臣的誓約，對盧多遜如此處理，在當時算是最嚴厲的了，但他其實是冤枉陪榜的，主要是趙普官報私仇，雍熙二年（西元九八五年），盧多遜就死在了崖州。

　　案子了結之後，宋太宗還特地發布了一個《秦王盧多遜貶逐諭兩京軍人父老》的詔書，也就是皇帝給開封、洛陽兩京軍人、父老們的公開信，在詔書中，宋太宗說：

> 其秦王廷美，已勒歸私第，一房供給，並從優厚。秦府親吏及私署人等，並以分配諸處及停罷外，更不問罪。有敢以它事陳告者，以其罪罪之。朕敦睦乖方，委任非當。有弟若此，為兄失教之使然；有臣如斯，居上不明之所至。以包羞忍愧，靡敢自安。凡爾軍民，深體茲意。

這其實算是個罪己詔，意思也很明白。宋太宗為什麼有必要特意針對兩京的父老，發布這樣一個詔書呢？是不是因為老人們或多或少都知道一些當年金匱之盟的風聲呢？

　　趙廷美到了房州之後，又驚又嚇，很快就在雍熙元年（西元九八四年）正月得病死了。宋太宗在大年正月裡聽到了弟弟的死訊，雖然也難過了一陣，但為了坐實金匱之盟「獨傳約」，還是給死去的弟弟又潑了些髒水，親自向宰相說：「趙廷美並非杜太后親生，他的親生母親，其實是朕的奶媽耿氏。」太宗的潛臺詞是說，既然趙廷美不是杜太后親生的，杜太后自然不會在金匱之盟列上他的名字。

　　問題是，耿氏是在太平興國八年（西元九八三年）正月剛剛去世的，耿氏在世時宋太宗怎麼不說呢？這不明擺著又是死無對證嘛！宋代有人迎合宋太宗說，據趙廷美的年紀推算，杜太后生趙廷美時已經四十七歲了，意思是不可能的。但他怎麼不說宋太宗只大趙廷美八歲，生太宗時杜太后已經三十九歲了，不也很少見嗎？再者，按照史書的記載，杜太后在生趙廷美之後，還生了一個兒子叫趙匡贊，只是不幸夭折罷了。

　　至道三年（西元九九七年），宋真宗即位後，立即平反了趙廷美的冤案，恢復了趙廷美的王位。盧多遜此前也在事實上大致平反了，宋仁宗時，當他聽到盧多遜一案的原委之後，就對盧多遜表示很是同情，還特地接受了盧多遜兒子盧察的請求，追贈給盧多遜以尚書的高官，算是正式平反。

　　從此之後，宋人對趙普迫害趙廷美的口誅筆伐鋪天蓋地，都把趙普說成迫害趙廷美的罪魁禍首，《續資治通鑑長編》就大書特書說：「於是普復入相，廷美遂得罪。凡廷美所以得罪，則普之為也。」《宋史・趙普傳》也說：「晚年廷美、多遜之獄，大為太宗聖德之累，而普有力焉。」明代的岳正也有詩譏諷趙普說：

阿母要盟畢竟寒，個中書記獨相干。

晉王不肯輕傳弟，欲說陳橋事似難。

其實，在淳化三年（西元九九二年）趙普臨終之前，就有趙廷美前來索命等一類的傳說傳出來，還說趙普表示要到陰間和趙廷美繼續辯論去。《續資治通鑑長編》、《宋史》等史學著作，竟也收錄了這些不太嚴肅的神怪之說。

趙普要和趙廷美辯論什麼呢？可以想見，趙普不外是想向趙廷美說明：冤有頭，債有主。陷害的主謀，是他的哥哥宋太宗，自己不過是受人驅使的打手罷了。確實，當趙廷美被流放房州之後，趙普失去了利用的價值，就在太平興國八年（西元九八三年）十月，再一次地被踢出了朝廷。從這個角度說，趙普不折不扣地是替宋太宗擔了罵名。

趙廷美死了，宋太宗的長子趙元佐就理所當然地成了皇位的第一繼承人。太平興國七年（西元九八二年），宋太宗封他為楚王、同平章事，還移居東宮，儼然已經居於皇太子之位，有的史書就徑直地稱他為「皇太子元佐」。

按理說，皇位就在趙元佐的眼前了，他應該對自己的父親感恩戴德才是。然而，出乎所有人的意料，宋太宗、趙元佐父子倆，相貌長得很像，但為人卻大相徑庭。宋太宗是親情喪盡，為了把皇位傳給自己的兒子，不惜向自己的弟弟下毒手，也不顧杜太后和宋太祖的金匱之盟。趙元佐卻對父親的卑鄙行為極其不滿，當滿朝文武幾乎都向趙廷美落井下石的時候，只有趙元佐勇於挺身而出，替叔叔求情和講公道話。當父親要立他當皇太子時，趙元佐又拒絕接受靠不光彩方法得來的皇太子之位，還提議立宋太祖的孫子為皇位繼承人，令宋太宗難堪萬分。

雍熙二年（西元九八五年）九月，趙元佐因叔叔慘死於房州（今湖北房縣），氣憤難已，就親手在皇宮中放了一把大火。大丟臉面的宋太宗把

趙元佐廢為庶人，為了掩人耳目，就對外宣稱趙元佐得了神經病，成了瘋子。其實，趙元佐什麼病都沒有，只是瞧不起父親為了皇位，把親情都拋之腦後。當然，要親情，不要皇位，在很多人眼裡，不是瘋子，不是神經病又能是什麼呢？

趙元佐「發瘋」後，宋太宗就以自己的第二個兒子趙元僖為開封尹，趙元僖就成為事實上的皇位繼承人。令人啼笑皆非的是，淳化三年（西元九九二年），趙元僖的兩個小老婆爭風吃醋，都想爭奪太子妃的位子。其中的一個就在食物中下毒，想毒死對方，沒想到卻誤打誤撞，毒死了趙元僖。宋太宗悲痛欲絕，但都沒有用了。

宋太宗處心積慮地害死弟弟趙廷美，目的只有一個，就是把皇位傳給自己的兒子。不知道當宋太宗面對長子趙元佐與他決裂，次子趙元僖死於非命的人倫慘相時，是不是會產生「早知如此，何必當初」的懊悔呢？

淳化五年（西元九九四年）九月，宋太宗封第三子趙元侃為壽王、開封尹。到至道元年（西元九九五年）八月，就正式冊封他為皇太子，改名趙恆，他就是後來的宋真宗。說起來，宋真宗真是一個幸運兒。他原本至多就是皇位第六位的繼承人，沒想到在他之前的趙廷美、趙德昭、趙德芳、趙元佐、趙元僖等人，死的死，「瘋」的「瘋」，經過這麼多的風波，皇太子之位才最終落到了他的頭上。

▎事業付之書生：宋太宗與士大夫文官政治

至道三年（西元九九七年）三月，宋太宗去世，享年五十九歲。宋太宗在位，共二十二個年頭（西元九七六至九九七年），撇開備受非議的傳位於子的問題，其帝業可謂成敗參半，毀譽也參半。我們不妨拿宋太祖和宋太宗做一個比較，這也是宋太宗本人始終念茲在茲的，超越自己的哥哥一直是他的一個心結。

如果說宋太祖骨子裡終究是一個軍人，終究是一個真正的「俠客」，雖然他對文化特別的重視，對讀書人特別的親近和賞識，但騎馬射箭、指揮打仗才是他真正的本行。那麼，宋太宗骨子裡終究是一個書生，一個徹頭徹尾的文人士大夫，雖然他對戰場決勝特別有興趣，雖然他按捺不住馳騁疆場、建功立業的衝動，但都只是「千古文人俠客夢」而已，他哪裡真正會打仗？

　　「寫字作詩」、舞文弄墨才是宋太宗的強項。他讀書很多，精通書法，當了皇帝後仍然是手不釋卷，每天必看《太平廣記》或《太平御覽》至少三卷，留下了「開卷有益」的千古佳話。按宋太宗自己的話說，翰林學士其實才是他最想做的官。

　　如果說宋太祖是合格的「以神武定天下」的開國之君，宋太宗就是一個合格的「興致太平」的守成之君。宋太祖對他的評價：「光義龍行虎步，他日必為太平天子。」就是這個意思，也看準了宋太宗的優點。

　　問題是，宋太祖在有生之年，畢竟沒有能夠解決北漢和幽州的問題，導致軍事基本外行的宋太宗不得不面對比宋太祖時期更加慘烈的軍事衝突，因而把他的短處極度地暴露出來並放大了。高梁河之戰，宋太宗犯了輕敵冒進的錯誤；雍熙北伐，又犯了畏首畏尾、畏敵如虎的錯誤，不敢親臨前線指揮，又偏偏要「運籌帷幄之中，決勝千里之外」，濫發什麼陣圖和「錦囊妙計」。其實，戰場搏殺，瞬息萬變，生死存亡，就在一念之間，所謂「運籌帷幄之中，決勝千里之外」和「錦囊妙計」，本來就是書生們紙上談兵的幻想。自古以來，凡是從後方干涉前線指揮的，幾乎沒有不失敗的。宋太宗當然也不會例外。

　　尺有所短，寸有所長。宋太宗即位後，戰場上連吃敗仗，損兵折將，但他在治理國家、恢復經濟、繁榮文化特別是確立士大夫文官政治等方面所取得的成績，應當是超過了宋太祖的。正是從宋太宗開始，宋朝才完全

確立了「以儒立國」、「事業付之書生」的基本國策。

宋太祖開創了科舉考試的殿試製度，進士成為「天子門生」。但當時錄取的名額仍然是太少，宋太祖一朝十五榜，通共錄取了進士一百八十五人，諸科和特奏名兩百一十七人，合計不過四百五十五人，平均每榜不過二、三十人上下。

宋太宗則不然，他即位的第一榜，即太平興國二年（西元九七七年）呂蒙正榜，僅這一榜就錄取了五百餘人，比宋太祖一朝的總數竟然還要多！淳化三年（西元九九二年）孫何榜，更是取士多達一千三百餘人。宋太宗在位期間，共開八榜，錄取進士一千四百五十七人，諸科及特奏名四千三百五十九人，總計五千一百八十六人。這個數字，是宋太祖一朝的十餘倍，和唐朝兩百九十年間取士的總和相當！

科舉制是士大夫文官政治的基石。宋太宗空前大幅度地增加科舉錄取名額，是士大夫文官政治得以真正確立的一大關鍵。另外，科舉考試的基本精神是「以文取人」，江南地區的文士在科舉當中一直居於優勢地位。宋太宗科舉錄取名額，江南士大夫成為首當其衝的得利者，這對宋朝穩定南方的形勢，顯然是大有益處的。

宋太祖提出了「宰相須用讀書人」的口號，宋太宗則乾脆從中央到地方，都放手重用科舉及第的讀書人，文官用讀書人，武官也用讀書人，甚至開始任命讀書人做樞密使，讓書生去前線統兵，歷史性地出現了「滿朝朱紫貴，盡是讀書人」的新格局。

由此以來，宋朝「取士不問家世，婚姻不問閥閱」，官場和社會，普遍只講究是否科舉及第，不論門第如何。是否科舉及第，被稱為有無「出身」，非科舉進士及第的，稱「無出身」，即便是做了官，在官場裡也要被人瞧不起，更遑論不讀書的武夫了。科舉及第的，稱「有出身」，不僅當即就授予官職，以後也最容易得到優先提拔，特別是頭名狀元及第者，

往往十年左右的時間，就可以做到高官甚至宰相的位置。如太平興國二年（西元九七七年）榜的狀元呂蒙正，七年後的太平興國八年（西元九八三年），就當上了參知政事；十一年後的端拱元年（西元九八八年），就當上了宰相。

難怪宋代有人形容說：「狀元登第，雖將兵數十萬，恢復幽薊，逐強虜於窮漠，凱歌勞還，獻捷太廟，其榮亦不可及也。」也就是說：考中狀元，在宋人眼裡，竟然要比率兵數十萬，收復幽州城，還要榮耀得多。

宋太宗的兒子宋真宗，還以皇帝之尊，寫下了這樣一首〈勸學詩〉：

富家不用買良田，書中自有千鐘粟。
安居不用架高堂，書中自有黃金屋。
出門莫恨無人隨，書中車馬多如簇。
娶妻莫恨無良媒，書中自有顏如玉。
男兒若遂平生志，六經勤向窗前讀。

宋朝一個叫汪洙的人，也就此賦詩曰：「天子重英豪，文章教爾曹。萬般皆下品，唯有讀書高。」「萬般皆下品，唯有讀書高」，這一對中國人有著最為深遠影響的觀念，就是從這時開始形成的。

士大夫文官政治，取代五代的武夫橫行、長槍大劍指揮政治；「萬般皆下品，唯有讀書高」，取代魏晉隋唐以來的門第觀念。不管怎麼說，都是巨大的歷史進步。對此，宋太宗功不可沒。

不過，隨著士大夫文官政治的確立，科舉錄取名額的空前增加，一個新的問題 ──「冗官」開始隨之而來。「冗官」不僅造成了財政壓力，關鍵是嚴重影響行政效率。因此，「冗官」就與「冗兵」、「冗費」一起，被合稱為「三冗」。問題是，身處君王聖明、優禮文士的太平盛世，但凡是讀書人，又有哪個不想一沾雨露「終身立聖朝」呢？

▌宋真宗即位：呂端大事不糊塗

　　宋太宗去世後，宋真宗即位。他雖然是皇太子，但在他即位的時候，還是出現了一場宮廷政變的危機。宋太宗的皇后李氏，就公開提出改立趙元佐為皇帝，宣政使、大宦官王繼恩和參知政事李昌齡、知制誥胡旦、禁軍大將國舅爺李繼隆等一大批人，也都極力贊成。還有一說，眾人其實是想擁立宋太祖的孫子趙惟吉。

　　據說，宋太宗對此早有安排和考慮，在臨終前就向「大事不糊塗」的宰相呂端託孤，而呂端也是城府極深，對手都低估了他的手腕，結果被呂端臨機應變，將這場危機輕鬆化解在萌芽之中，宋真宗得以順利即位。

　　呂端是宋太祖參知政事呂餘慶的弟弟，他忠人之事，沒有辜負宋太宗的託孤，當然是不愧「諸葛一生唯謹慎，呂端大事不糊塗」的稱譽。

　　不過，從皇太后到將相大臣，有那麼多的人反對宋真宗即位，也說明大家對他並不看好。而從「澶淵之盟」和「東封西祀」等後來的歷史進程來看，宋真宗絕非英武之主，他能力有限，是一個特別容易受別人影響的皇帝，自己的主見不多。難怪他到了晚年的時候，大權就操縱在他的皇后劉氏手中。這麼說，擁立趙元佐為帝究竟是對是錯，究竟是誰「大事不糊塗」呢？還真是難以回答。

　　宋真宗的劉皇后，是宋朝歷史上非常傳奇的一位女子。她出身四川成都的貧寒人家，自幼父親就去世了，十幾歲時就和丈夫龔美從四川前來開封謀生。龔美是一個銀匠，由於生計艱難，只好把妻子賣給了襄王府。沒想到，劉氏能歌善舞，又有著四川女子特有的過人美麗、聰慧和潑辣，當時還是藩王的宋真宗，很快就拜倒在了劉氏的石榴裙下。

　　宋真宗即位後，劉氏就一步登天，在大中祥符五年（西元一〇一二年）被立為皇后。劉氏沒有生育過，真宗就把侍女李氏在大中祥符三年

（西元一〇一〇年）生的男孩交由她收養，這個小孩，名叫趙受益，天禧二年（西元一〇一八年）被冊封為皇太子，改名趙禎，他就是後來的宋仁宗。著名的戲曲故事《狸貓換太子》就是從這裡演繹出來的，但戲曲中的劉皇后被大大醜化了。其實，劉氏待仁宗的生母一直還算不錯，提攜她做到了宸妃的地位，對仁宗的撫養和教育也盡心盡力。從古代的宮廷禮法來說，她也沒有太過分的地方。

只是仁宗母子整日相見，卻不能相認，仁宗即位後，劉氏還把李宸妃打發去為宋真宗守陵。宋仁宗在劉氏死前，甚至根本就不知道李氏才是自己真正的親生母親，劉氏哪能沒有愧心的地方。李氏死於明道元年（西元一〇三二年），宋仁宗親政後，追尊她為莊懿皇太后，還給予了舅舅李用和和李氏家族榮華富貴，以表達對母親的思念。

宋真宗一直有酗酒的毛病，到了晚年時常神志不清，朝廷大權就掌握在了劉氏的手中。據說，在臨終的時候，宋真宗突然清醒過來，怕兒子只有十三歲，自己死後劉氏會專權。他當時已說不出話來，只能用手點著自己的胸口，又展開了五個指頭，再伸出三個指頭，向宰相丁謂等人示意，意思是讓他們擁立自己的八弟「八大王」趙元儼為皇帝，以求國有長君。當然，到了這個時候，沒有人會聽他的話了。

乾興元年（西元一〇二二年），宋真宗去世，宋仁宗即位，劉氏被尊為皇太后，全權處理軍國大政。她從此垂簾聽政，一直到明道二年（西元一〇三三年），執掌朝廷大權共十年。

可以說，此時的劉氏，權力絕對不亞於西漢時專權的呂后，也不次於唐代的女皇帝武則天。好在劉氏這個人，沒有呂后和武則天那麼大的政治野心。曾經有趨炎附勢之徒上書劉氏，建議她效法武則天立劉氏的宗廟，劉氏都置之不理。有個叫程琳的大臣還無恥地獻給劉氏一幅〈武后臨朝圖〉，劉氏把它扔到地下，喝道：「我不會做這種有負祖宗的事！」

當然，也有人說，劉氏嘴上雖然這麼說，心裡還是很受用的。有一次活動，她就穿戴著皇帝的龍袍出席。直到臨終之時，劉氏連話都說不出來了，還連連拽自己的皇太后衣服，意思是向宋仁宗要皇袍來給自己殯葬。宋仁宗是個大好人，感覺劉氏很可憐，想要滿足她最後的要求，讓她穿著皇袍下葬，但最終因臣下反對而未果。

　　不管怎麼說，劉氏有能力當呂后，有可能當武則天，而沒有去做，算是對得起大宋王朝了，算是「趙氏功臣」。而且，劉皇后這個人，精明幹練，又有社會底層的窮苦生活經歷，了解民間的疾苦，治國才能其實比她的第二任丈夫宋真宗，還有宋真宗的兒子宋仁宗，都要強得多，是個真正的鐵腕人物，堪稱女中豪傑。寇準、曹利用、丁謂等當時的幾個重臣，都被她踢出了朝廷。她執政期間，賞罰嚴明，政績卓著，特別是用心防範「太子黨」，限制那些達官貴人們的紈絝子弟當官，因而保證了宋朝政治、社會平穩地向前發展。

　　明道二年（西元一〇三三年）三月，劉氏去世，諡號章獻明肅。宋仁宗親政。至此，宋初的宮闈風雲最終塵埃落定。

宋朝開國六十年大事年表

▎宋太祖趙匡胤

建隆元年（西元九六〇年）正月，陳橋兵變，周恭帝禪位於歸德軍節度使、殿前都點檢、北面行營都部署趙匡胤。定國號為「宋」，大赦，改元建隆。贈後周韓通中書令。晉升石守信等禁軍大將官職。趙普為樞密直學士。皇弟殿前都虞候趙匡義賜名趙光義。二月，尊母太夫人杜氏為皇太后。四月，昭義節度使李筠與北漢聯兵反宋。五月，親征。六月，克澤州，李筠自焚。八月，趙普為樞密副使。九月，淮南節度使李重進起兵反宋。十月，親征。十一月，克揚州，李重進自焚。十二月，減免商稅。

建隆二年（西元九六一年）閏三月，殿前都點檢不復除授。六月，皇太后杜氏崩，立金匱之盟。七月，第一次杯酒釋兵權，解除石守信等禁軍大將兵權。皇弟趙光義為開封尹、同平章事。

建隆三年（西元九六二年）正月，雪夜訪趙普，定先南後北的統一方針。詔地方官勸課農桑。十月，趙普為樞密使。

乾德元年（西元九六三年）正月，命慕容延釗等伐湖南。二月，收荊南。三月，克朗州，湖南平。置通判。定折杖法。八月，頒布《宋刑統》。十月，整頓各州戶籍。

乾德二年（西元九六四年）正月，以趙普同平章事，李崇矩為樞密使。四月，始置參知政事，以薛居正、呂餘慶為之。六月，皇弟趙光美為同中書門下平章事，皇子趙德昭為貴州防禦使。十一月，命王全斌等伐後蜀。

乾德三年（西元九六五年）正月，後蜀平。三月，令各州錢帛皆送京師，制其錢穀。置封樁庫。八月，收藩鎮精兵，用趙普之謀。九月，榷蘄、黃等五州茶，置十四場，歲入百萬貫。

乾德五年（西元九六七年）正月，修黃河河堤。

開寶元年（西元九六八年）二月，納皇后宋氏。

開寶二年（西元九六九年）二月，親征北漢。三月，圍攻太原。閏五月，班師。十月，第二次杯酒釋兵權，罷資深節度使兵權。

開寶三年（西元九七〇年）四月，除河北鹽禁。五月，置便錢務。七月，裁減州縣官，增加俸祿。九月，命潘美等伐南漢。

開寶四年（西元九七一年）二月，克廣州，南漢平。六月，置廣州市舶司。是年，嚴階級法。大饑。

開寶六年（西元九七三年）三月，周恭帝去世。親試進士於講武殿，立科舉殿試製度。四月，限度僧法。行《開寶通禮》。六月，令宰執同議政。八月，趙普罷相。九月，參知政事呂餘慶罷。皇弟趙光義封晉王，位宰相上。薛居正、沈義倫同平章事。十二月，頒布《循資格》。

開寶七年（西元九七四年）九月，命曹彬等伐江南。十一月，契丹求和。

開寶八年（西元九七五年）三月，契丹使團來訪。七月，遣使回訪契丹。十一月，克金陵，江南平。

開寶九年（西元九七六年）八月，命党進等伐北漢。十月，燭影斧聲。宋太祖崩，享年五十。皇弟趙光義即位。以趙廷美為開封尹，封齊王；趙德昭封郡王；以趙德芳為節度使，並同平章事。薛居正、沈義倫、盧多遜同平章事。樞密使曹彬同平章事。十一月，詔趙廷美、趙德昭位宰相上。十二月，大赦，改元太平興國。

▌宋太宗趙光義

太平興國二年（西元九七七年）正月，取呂蒙正等進士、諸科共五百人。二月，置江南榷茶場。三月，置榷易局。編纂《太平御覽》、

《太平廣記》。閏七月，諸州上〈閏年圖〉。

太平興國三年（西元九七八年）二月，置崇文院。四月，陳洪進獻漳、泉二州。五月，吳越國王錢俶獻吳越地。十月，置內藏庫。

太平興國四年（西元九七九年）二月，親征北漢。三月，郭進大敗契丹於石嶺關。五月，北漢平。六月，親征契丹。圍攻幽州。七月，慘敗於高梁河。八月，趙德昭自殺。九月，敗契丹於滿城。

太平興國五年（西元九八〇年）二月，定差役法。十一月，親征，駐大名。

太平興國六年（西元九八一年）三月，趙德芳去世。九月，金匱之盟獨傳約公布。趙普復相。十一月，改武德司為皇城司。

太平興國七年（西元九八二年）四月，貶皇弟趙廷美、宰相盧多遜。五月，趙廷美安置房州。李繼捧獻定難軍五州地。六月，李繼遷起兵反宋。置譯經院。

太平興國八年（西元九八三年）十月，趙普罷相。

雍熙元年（西元九八四年）正月，趙廷美卒。九月，敗李繼遷於地斤澤。十月，召隱士陳摶，賜號希夷先生。十二月，立李氏為皇后。

雍熙二年（西元九八五年）二月，李繼遷誘殺曹光實。四月，始賞花釣魚宴。九月，廢趙元佐為庶人。

雍熙三年（西元九八六年）正月，曹彬等三路北伐契丹。五月，曹彬慘敗於岐溝關。七月，以田重進為侍衛馬步軍都虞候。八月，陳家谷慘敗，楊業被俘殉國。十月，以趙元僖為開封尹、兼侍中。十二月，《文苑英華》成書。劉廷讓慘敗於君子館。

雍熙四年（西元九八七年）五月，許文臣換武。賜諸將陣圖。

端拱元年（西元九八八年）二月，置司諫、正言。趙普復相。五月，置祕閣。十月，置四廂都指揮使。十一月，敗契丹於唐河。

端拱二年（西元九八九年）正月，詔陳備邊策。二月，下契丹攻劫罪己詔。七月，再敗契丹於唐河。

淳化元年（西元九九〇年）正月，趙普罷相。五月，鑄「淳化元寶」錢。十二月，契丹封李繼遷夏國王。立覆奏法。

淳化二年（西元九九一年）二月，寬商稅。三月，頒《淳化編敕》。五月，置折博倉。八月，置審刑院。

淳化三年（西元九九二年）六月，置常平倉。七月，趙普卒，太宗親撰《神道碑》。十一月，趙元僖中毒死。

淳化四年（西元九九三年）二月，置審官院、考課院。四川王小波、李順以「等貴賤，均貧富」為號召，起事反宋。

淳化五年（西元九九四年）正月，李順克成都。討李繼遷。討李順。五月，破成都，李順敗。九月，趙元侃為襄王、開封尹，大赦。寇準參知政事。下罪己詔。

至道元年（西元九九五年）四月，呂端拜相。宋太祖皇后宋氏崩，不成禮。六月，限度僧尼。重造州縣二稅版籍。八月，詔立趙元侃為皇太子。十二月，銅渾儀鑄成，置司天臺。

至道二年（西元九九六年）四月，討李繼遷。定任子出官法。九月，五路討李繼遷。

至道三年（西元九九七年）三月，太宗崩，真宗即位。六月，追復皇叔趙廷美官，贈皇兄魏王趙德昭太傅，岐王趙德芳太保。十二月，分天下為十五路。

▌宋真宗趙恆

咸平元年（西元九九八年）十月，呂端罷相。十一月，置估馬司。十二月，頒新《編敕》。

咸平二年（西元九九九年）十二月，契丹攻河北，親征。

咸平三年（西元一○○○年）正月，王均兵變成都，十月敗。

咸平四年（西元一○○一年）三月，分西川、峽路為四個路。六月，減冗吏。

咸平五年（西元一○○二年）三月，李繼遷陷靈州。

咸平六年（西元一○○三年）正月，授六谷部潘羅支朔方節度使。四月，王繼忠敗於望都，被俘。十二月，潘羅支敗李繼遷。

景德元年（西元一○○四年）正月，李繼遷重傷死。開封地震。八月，畢士安、寇準拜相。閏九月，契丹大舉南下。十月，契丹攻瀛州，不克。契丹來議和。十一月，親征，至澶州。十二月，宋、契丹達成和議，訂澶淵之盟。

景德二年（西元一○○五年）二月，開放北邊榷場。孫僅出使契丹。十月，頒《農田敕》。

景德三年（西元一○○六年）正月，置常平倉。二月，寇準罷，王旦拜相。九月，與党項議和。十月，封党項李德明西平王、定難軍節度使。

景德四年（西元一○○七年）五月，置登聞鼓、檢院。七月，開封城內外實行城鄉分治。復設諸路提點刑獄。十二月，令禮部糊名考校。

大中祥符元年（西元一○○八年）正月，天書降，大赦。十月，封禪泰山，大赦。

大中祥符二年（西元一○○九年）二月，賜應天府書院額。

大中祥符三年（西元一○一○年）閏二月，河北行預買法。六月，契丹前來購糧。十一月，契丹伐高麗。

大中祥符四年（西元一○一一年）二月，至汾陰祀後土地祇。

大中祥符五年（西元一○一二年）九月，《冊府元龜》成書。十月，

聖祖降，大赦。十二月，立劉氏為皇后。

大中祥符六年（西元一〇一三年）七月，除農器稅。

大中祥符七年（西元一〇一四年）正月，至亳州，謁太清宮。升應天府為南京。是年春，置謄錄院謄錄科舉試卷。

大中祥符八年（西元一〇一五年）六月，定茶法。

天禧元年（西元一〇一七年）八月，王欽若拜相。

天禧二年（西元一〇一八年）八月，立趙禎為皇太子。

天禧三年（西元一〇一九年）三月，天書降乾祐山。六月，寇準復相。八月，大會僧、道於大安殿，共一萬三千餘人。

天禧四年（西元一〇二〇年）四月，分江南路為江南東路和西路兩個路。寇準罷相。七月，貶寇準。十二月，嚴內侍傳旨覆奏法。

宋朝開國六十年大事年表

參考文獻

今人論著

王瑞來（2008）。〈「燭影斧聲」與宋太祖之死〉。《文史知識》，2008 年第 12 期。

于濤著（2006）。《三國前傳》。北京：中華。

陶懋炳（1985）。《五代史略》。北京：人民。

王曾瑜（2009）。《王曾瑜說遼宋夏金》。上海：上海科學技術文獻。

張其凡（1993）。《五代禁軍初探》。廣州：暨南大學。

鄧廣銘（1997）。《鄧廣銘治史叢稿》。北京：北京大學。

何冠環（2003）。《北宋武將研究》。香港：香港中華。

王育濟（1997）。〈論陳橋兵變〉。《文史哲》，1997 年第 1 期。

王育濟（1996）。〈論杯酒釋兵權〉。《中國史研究》，1996 年第 3 期。

張其凡（1997）。《宋太宗》。長春：吉林文史。

劉子健（1990）。〈宋太宗與宋初兩次篡位〉。《中國史研究》，1990 年第 1 期。

何冠環（1989）。〈宋太宗箭疾新考〉。《香港中文大學中國文化研究所學報》，第 20 卷。

王育濟（1994）。〈宋太祖傳位遺詔的發現及其意義〉。《文史哲》，1994 年第 2 期。

龔延明（1997）。《宋代官制辭典》。北京：中華。

張邦煒（2005）。《宋代政治文化史論》。北京：人民。

聶崇岐（1980）。《宋史叢考》。北京：中華。

陶晉生（2008）。《宋遼關係史研究》。北京：中華。

喬幼梅（1995）。《宋遼夏金經濟史研究》。濟南：齊魯。

〔日〕竺沙雅章著，方建新譯（2006）。《宋朝的太祖與太宗》。杭州：浙江大學。

王育濟（1993）。〈金匱之盟真偽考〉。《山東大學學報》，1993 年第 1 期。

何冠環（1993）。〈金匱之盟真偽新考〉。《暨南學報》，1993 年第 3 期。

鄧小南（2006）。《祖宗之法》。香港：三聯。

漆俠（2008）。《漆俠全集》。河北：河北大學。

張希清（2007）。《澶淵之盟新論》。上海：上海人民。

古籍文獻

〔宋〕樂史撰，王文楚等點校（2007）。《太平寰宇記》。北京：中華。

〔宋〕錢若水。《太宗皇帝實錄》。《四部叢刊三編》本。

〔清〕趙翼著，王樹民校證（1984）。《廿二史札記校證》。北京：中華。

〔宋〕王曾。《王文正公筆錄》。《叢書集成初編》本。

〔宋〕魏泰撰，李裕民點校 (1983)。《東軒筆錄》。北京：中華。

〔元〕陳世隆。《北軒筆記》。《景印文淵閣四庫全書》本。

〔宋〕薛居正 (1976)。《舊五代史》。北京：中華。

〔宋〕文瑩撰，鄭世剛、楊立揚點校 (1984)。《玉壺清話》。北京：中華。

〔清〕丁傳靖 (2003)。《宋人軼事彙編》。北京：中華。

〔宋〕佚名 (1962)。《宋大詔令集》。北京：中華。

〔宋〕呂中。《宋大事記講義》。《景印文淵閣四庫全書》本。《宋元方志叢刊》，中華
　　　　　書局 1990 年版。

〔元〕脫脫 (1977)。《宋史》。北京：中華。

〔宋〕徐松 (1957)。《宋會要輯稿》。北京：中華。

〔明〕王夫之著，舒士彥點校 (1964)。《宋論》。北京：中華。

〔宋〕楊億撰，李裕民輯校 (1993)。《楊文公談苑》。上海：上海古籍。

〔宋〕邵伯溫撰，李劍雄、劉德權點校 (1983)。《邵氏聞見錄》。北京：中華。

〔宋〕楊仲良撰，李之亮校點 (2006)。《皇宋通鑑長編紀事本末》。黑龍江：黑龍江人民。

〔宋〕陳均編，許沛藻等點校 (2006)。《皇朝編年綱目備要》。北京：中華。

〔宋〕司馬光撰，鄧廣銘、張希清點校 (1989)。《涑水記聞》。北京：中華。

〔宋〕司馬光 (1956)。《資治通鑑》。北京：中華。

〔元〕袁桷。《清容居士集》。《景印文淵閣四庫全書》本。

〔宋〕李燾 (2004)。《續資治通鑑長編》。北京：中華。

〔宋〕文瑩撰，鄭世剛、楊立揚點校 (1984)。《續湘山野錄》。北京：中華。

〔宋〕文瑩撰，鄭世剛、楊立揚點校 (1984)。《湘山野錄》。北京：中華。

〔宋〕歐陽脩撰，徐無黨注 (1974)。《新五代史》。北京：中華。

後記

　　自從拜讀同窗畏友于濤兄大著《三國前傳》之後，我不禁為于兄學識之高、文筆之健而折服，同時產生了也寫一本有點個性的宋代歷史的想法，即每一句話，甚至每一個字，都要做到有出處，有史料依據，有研究支持，但通常並不直接徵引史料原文，採取用一種敘述式的、評議式的筆調，來為讀者講述宋代歷史上的一些精彩片段和細節，為讀者剖析宋代歷史發展中的大環節和大關鍵。正好齊魯書社以「宋朝開國六十年」的題目約稿，我於是高興地接受了任務。

　　思路是有了，但著手之後，卻頻有無從下筆之慨，好在業師王育濟教授時常耳提面命，又有于兄大著可作鞭策，有書社及時督促，有宋史學界諸大家高文典冊釋疑解惑，酷暑命筆，深夜靜思，神遊故國，倒也一抒思古之幽情，時有所悟，略有心得。

　　文中涉及的許多問題，史書中原本就有相互歧異的記載，學界研究也有不同的認知，甚至是十分激烈的爭論，本文或擇一而從，或兼採眾說，或另提新解。在歷史真相的擷取層面，我自信本書「雖不中，不遠矣」，但在歷史認知、人物品評諸層面，「橫看成嶺側成峰，遠近高低各不同」，「欲把西湖比西子，淡妝濃抹總相宜」，只有體悟不同，沒有高下之分，本書最多只是一家之言，供讀者參考而已。

　　大宋開國的歷史，不僅精彩絕倫，而且內容繁富，自然不是本書所能完全涵蓋得了的。書末附有參考文獻，對這段歷史有興趣的讀者，不妨自行深入探研，定會有所獲益。另外，文中雖也盡量呈現了各家觀點，但限於文體的要求，恕未能一一指明出處，也一併在文末參考文獻中展現，這是需要特別說明的。

「糟粕所傳非粹美，丹青難寫是精神」。文中這樣那樣的問題，肯定在所難免，誠懇地歡迎讀者批評指正。

范學輝

凌晨，於山東大學

大宋開國，黃袍加身：

陳橋兵變 × 杯酒釋兵權 × 澶淵之盟，在和平中建立王朝，巧妙解決外交危機，為仁宗盛世奠定基礎！

作　　者：范學輝

發 行 人：黃振庭

出 版 者：崧燁文化事業有限公司

發 行 者：崧燁文化事業有限公司

E-mail：sonbookservice@gmail.com

粉 絲 頁：https://www.facebook.com/
　　　　　sonbookss/

網　　址：https://sonbook.net/

地　　址：臺北市中正區重慶南路一段六十一號八
　　　　　樓 815 室

Rm. 815, 8F., No.61, Sec. 1, Chongqing S. Rd.,
Zhongzheng Dist., Taipei City 100, Taiwan

電　　話：(02)2370-3310

傳　　真：(02)2388-1990

印　　刷：京峯彩色印刷有限公司（京峰數位）

律師顧問：廣華律師事務所 張珮琦律師

定　　價：375 元

發行日期：2023 年 06 月第一版

◎本書以 POD 印製

國家圖書館出版品預行編目資料

大宋開國，黃袍加身：陳橋兵變 ×
杯酒釋兵權 × 澶淵之盟，在和平
中建立王朝，巧妙解決外交危機，
為仁宗盛世奠定基礎！/ 范學輝著 .
-- 第一版 . -- 臺北市：崧燁文化事
業有限公司 , 2023.06
　面；　公分
POD 版
ISBN 978-626-357-440-3(平裝)
1.CST: 北宋史
625.1　　112008741

電子書購買

臉書